DROEMER

Sebastian Fitzek

Fische, die auf Bäume klettern

Ein Kompass
für das große Abenteuer
namens Leben

DROEMER

Besuchen Sie uns im Internet:
www.droemer.de

FSC
www.fsc.org
MIX
Papier aus verantwortungsvollen Quellen
FSC® C083411

Ein Imprint der Verlagsgruppe
Droemer Knaur GmbH & Co. KG, München
Dieses Werk wurde vermittelt durch die AVA International GmbH
Autoren- und Verlagsagentur, München
www.ava-international.de

Redaktion: Regine Weisbrod
Covergestaltung: ZERO Werbeagentur, München
Coverabbildung: Pixxwerk.de / Helmut Henkensiefken
Satz: Adobe InDesign im Verlag
Druck und Bindung: CPI books GmbH, Leck
ISBN 978-3-426-27782-9

4 5 3

Jeder ist ein Genie.
Aber wenn du einen Fisch danach beurteilst,
ob er auf einen Baum klettern kann,
wird er sein ganzes Leben glauben,
dass er dumm ist.

Albert Einstein

Inhalt

Wie dieses Buch überhaupt entstand …

Im Januar 2014 saß ich in der Wartehutschachtel am Gate 9 des Flughafens Tegel und wollte nach München zu einem Treffen mit meinen Lektorinnen im Verlag fliegen. Kurz vor dem Einsteigen – die Maschine war mit einer halben Stunde Verspätung endlich aufgerufen worden – bekam ich einen Anruf von meiner Frau Sandra, die mir mit der Frage »Hast du eigentlich dein Testament gemacht?« noch rasch beruhigende Abschiedsworte mit auf den Weg geben wollte.

Nein, hatte ich nicht. Eigentlich müsste man ja davon ausgehen, eine Person, die sich beruflich mit dem Tod beschäftigt (und zwar täglich, wenn auch nur fiktional), würde als Vater von drei Kindern mal auf den Gedanken kommen, das Thema »proaktiv« anzugehen, wie es unter Menschen heißt, die den falschen Rhetorik-Kurs besucht haben.

Hatte ich aber nicht.

Kontovollmacht? Patientenverfügung? Einen Wegweiser durch den Unterlagendschungel, der nach dem Chaos-Prinzip geordnet meine Schreibtischschubladen bevölkert? Passwortaufstellung, damit erst mein Computer und dann die Datei mit dem noch unveröffentlichten Buch geöffnet werden kann, das zwar in der ersten Fassung fertig ist, aber noch nicht abgegeben wurde?

Fehlanzeige. Nein, hatte ich nicht. Kein Testament. In solchen Dingen benehme ich mich wie der Arzt, der seinem Patienten rät, das Rauchen einzustellen, und sich dabei selbst eine Fluppe ansteckt.

Tatsächlich hatte ich mir bislang nur überlegt, was mal auf meinem Grabstein stehen soll: meine Handynummer. Kein Witz (oder doch ein Witz, aber eben mein Humor) – ich habe mir überlegt, dass ich es lustig fände, wenn Menschen, die vor meiner letzten Ruhestätte stehen, eine auf meinem Grabstein eingravierte Nummer wählen und dann folgende Ansage hören: *»Leider bin ich derzeit für eine vermutlich sehr lange Weile nicht zu erreichen. Sobald ich hier eine Möglichkeit gefunden habe, meine Mailbox abzuhören, werde ich mich bei Ihnen melden. Kann aber etwas dauern. Bis dahin können Sie mir Ihre Nachricht nach dem folgenden Signalton hinterlassen!«*

Die Nachrichten würden dann auf meine Homepage geroutet und könnten von allen Menschen auf der ganzen Welt abgehört werden. Unsinn? Ganz genau! Ich liebe Unsinn, wenn er Menschen zum Lachen bringt und dabei niemanden verletzt. Allerdings, und das fiel mir dann beim Abheben des Fliegers auf, scheiterte diese einzige Überlegung, die ich für den Fall meines Ablebens bislang angestellt hatte, an ebenjenem fehlenden Testament, das Sandra zu Recht angemahnt hatte, sollte ich in Zukunft häufiger alleine in Maschinen steigen, die einen mit Brachialgeschwindigkeit in über zehn Kilometern Höhe durch die Luft schießen.

Denn wer bitte soll veranlassen, dass mein Handyvertrag bis in alle Ewigkeit fortläuft? Wer soll einen Dauerauftrag einrichten, damit auch noch nach meinem Tod die Grundgebühr bezahlt wird? Wer die Mailbox pflegen und all die betrunkenen Nachrichten meiner verhaltensauffälligen Freunde löschen, wenn niemand davon weiß, dass ebendies mein Letzter Wille ist?

Während ich mir etwa über Hannover einen Tomatensaft bestellte (meine Theorie ist, dass wir die dicke Brühe da oben so lieben, weil wir von den Fluggesellschaften kaum noch etwas zu essen bekommen, wenn wir nicht bereit sind, zehn Euro für ein labbriges Brötchen zu bezahlen, und da ist Tomatensaft sozusagen ein 2-in-1-Drink: sättigt und löscht den Durst, vorausgesetzt, man kippt sich nicht wie ich eine Wagenladung Salz und Pfeffer rein, aber ich schweife ab) … Während ich also einen Tomatensaft bestellte, dachte ich nach. Mein Testament. Ich ging im Geiste durch, was ich alles regeln musste, und dabei machte ich mir weniger darüber Gedanken, ob zum Beispiel David meine Uhr bekommt, Felix mein Schlagzeug oder Charlotte das Von-Hassel-Bild, denn das und alles andere wird Sandra schon regeln, auch ohne meine Anweisungen. Viel mehr, so stellte ich fest, beschäftigte mich mein ideeller Nachlass.

Unsere Kinder sind klein. Richtig klein. Die Älteste war zu diesem Zeitpunkt fünf. Viel konnte ich ihr also noch nicht mit auf den Weg geben. Sollte ich jetzt die Grätsche machen, dann würde das, was ich meinem Nachwuchs noch hätte sagen wollen, ein ganzes Buch füllen. Aber ich würde es eben nicht mehr schreiben können! Ich würde die Chance für immer vertan haben, ihnen etwas fürs Leben mitzugeben.

Und so beschloss ich, lange noch bevor wir in das Luftloch über dem Frankenwald gerieten und der Tomatensaft meinen Schritt vollkleckerte, dieses Projekt anzugehen.

Unter der Fragestellung »Was würde ich meinen Kindern heute sagen wollen, wenn ich morgen nicht mehr die Gelegenheit dazu hätte?« begann ich meine Gedanken zu sortieren. Und heraus kam dieses Buch.

Nicht sofort und nicht unbedingt in Rekordzeit, um ehrlich zu sein. Dabei war ich zu Beginn der Arbeit felsenfest davon überzeugt, dass es nicht allzu schwer sein könnte, meine grundlegenden Überzeugungen, Prinzipien und Werte einfach und verständlich in Worte zu fassen. Doch ich sollte rasch eines Besseren belehrt werden.

Ich wollte ausformulieren, was ich im Leben (für mich, rein subjektiv) für wirklich wichtig halte. Und ich musste feststellen, dass mir selten etwas so schwergefallen ist, wie mich hier unmissverständlich festzulegen.

Dabei hatte ich mich als Autor von Psychothrillern schon oft mit grundlegenden Werten beschäftigt. Viele denken jetzt womöglich, ich mache mal wieder einen meiner merkwürdigen Scherze, aber die wenigsten Thriller-Schriftsteller schreiben ausschließlich über Tod, Gewalt und die dunkle Seite des Schicksals. Wir beschäftigen uns mit dem Leben und seinen Werten, die es gegen die größten Angriffe zu verteidigen gilt. In *Der Augensammler* habe ich kaum ein Wort über den Modus Operandi des Täters verloren, aber seitenlange Abhandlungen über die falsche Prioritätensetzung zwischen Familie und Beruf geschrieben.

Je mehr ich versuchte, mich zu meinen Ansichten über Lebenssinn, Freundschaft, Erfolg und Glück zu positionieren, desto mehr merkte ich, wie verdammt schwierig das war.

Mir wurde klar, dass all die großen Reden, die ich im Freundeskreis über Prinzipien und Charakterstärke geschwungen hatte, längst nicht so fundiert gewesen waren, wie sie in meinen Ohren geklungen hatten. Und dass mein Standpunkt im Leben längst nicht so gefestigt war, wie ich geglaubt hatte. Und so machte ich mich an die Arbeit, ihn zu definieren.

Meinen Standpunkt, wohlgemerkt. Ich maße mir hier nicht an, irgendeine bahnbrechende, neue Erkenntnis gewonnen zu haben. Meine Gedanken sind nicht weltbewegend, oft banal, wurden von vielen klügeren Frauen und Männern schon sehr viel früher gedacht und von eloquenteren Menschen sehr viel besser diskutiert. Sie mögen nicht einzigartig und neu sein, auch tauge ich ganz bestimmt nicht zum Vorbild, das anderen ein Wegweiser sein könnte.

Dieses Buch ist folglich kein Masterplan, sein Nutzen liegt nicht darin, es wie ein Rezept zu verwenden. Es ist vielmehr als ein Stolperstein gedacht, für jeden, der darauf stößt. Keine Aufforderung zur Zustimmung, sondern eine Ermunterung, selbst zu Stift und Papier zu greifen und ein Abenteuer zu versuchen: Markieren Sie Ihren Standpunkt im Leben.

Ich habe das hiermit getan. Und als ich endlich fertig war, wollte ich dieses Buch selbstverständlich nicht veröffentlichen, schon alleine, damit meine Kinder mir keinen Spiegel vorhalten können, sollte ich mal gegen meine eigenen Prinzipien verstoßen, nach dem Motto: »Wie, ich soll mein Zimmer aufräumen? Du hast doch in Kapitel 11 selbst geschrieben, es wäre sinnlos, gegen das Naturgesetz der Entropie anzukämpfen, das besagt, dass alles im Universum dem Zustand der geringsten Energie und damit der größten Unordnung zustrebt.«

Der Satz »Was kümmert mich mein Geschwätz von gestern?« ist noch sehr viel schwerer auszusprechen, wenn das Geschwätz sogar schriftlich festgehalten wurde.

Aber genau diese Bedenken gaben am Ende den Ausschlag. Ich will mich festlegen. Ich will, dass meine Kinder mich an etwas Greifbarem messen können.

Erstmals musste ich die Hosen runterlassen und klipp

und klar Stellung beziehen. Ich habe dieses Buch also nicht nur für meine Kinder, sondern auch für mich geschrieben. Um meine Gedanken zu ordnen und mir über mich selbst klar zu werden. Darüber, wofür ich stehe.

Die Veröffentlichung dieser Gedanken war am Ende ein für mich zwingend notwendiger Schritt. Hätte ich nur einen Ausdruck für mich allein in der Schublade, könnte ich ihn je nach Lebenssituation anpassen. Dann aber wäre es so, als würde ich ein Spiel spielen, dessen Regeln ich nach Lust und Laune zu meinem Vorteil abändern kann.

Hoffentlich werden David, Felix und Charlotte diese Seiten hier erst in vielen, vielen Jahren und in meinem Beisein lesen. Hoffentlich ist das hier nur die Feuerversicherung, die man nie braucht, es sei denn, man hat vergessen, sie abzuschließen.

Aber wie heißt es so schön: Der Mensch plant, und Gott lacht. Weswegen mein erster Tipp schon mal lautet: Lachen wir mit ihm gemeinsam!

Oder mit ihr.

1. Kapitel

Fische, die auf Bäume klettern

Liebe Charlotte, lieber David, lieber Felix,

als ich jung war, also vor mindestens dreißig Jahren, wollte ich nur eines: Spaß haben. Möglichst viel und möglichst lange. Spaß war für mich damals ein anderes Wort für »Glück«, und ich dachte, das finde ich, wenn ich gut aussehe und/oder viel Geld verdiene.

Na ja, mit dem Gut-Aussehen ist das so eine Sache, wenn man eine »Kartoffelnase« hat, wie eine Journalistin in einem ansonsten sehr netten Artikel einmal über mich schrieb, und die Geheimratsecken die Ausmaße von Landebahnen eines Flughafens annehmen. (Sorry, Jungs, ich fürchte, das könnte ich euch neben diesem Buch hier auch vererbt haben.) Also brauchte ich wohl, so dachte ich früher, mehr Geld, um von meiner fehlenden Brad-Pitt-Optik etwas abzulenken.

Die meisten Menschen machen in frühen Jahren den gleichen Fehler wie ich und denken, um im Leben glücklich zu sein, müsse man Millionär sein oder wenigstens für einen Millionär gehalten werden, weil man berühmt ist.

Keine Sorge, ich belästige euch jetzt nicht mit Allgemeinplätzen wie »Geld macht nicht glücklich« (obwohl mir der Zusatz »Aber wenn ich die Wahl habe, weine ich lieber im Taxi als in der U-Bahn« schon sehr gut gefällt).

Keine Frage: Geld ist wichtig. Ohne Geld fehlt euch

aber nicht das Fundament, um glücklich zu sein, sondern das Fundament, um überhaupt zu leben. Es ist eine triviale Überlegung, doch wenn wir die Dinge von Beginn angehen, sollten wir den Gedanken wenigstens einmal gemeinsam zu Ende denken: Um zu leben, braucht ihr Wasser, Lebensmittel, Energie, Kleidung, eine sichere Wohnung und medizinische Versorgung. Und das kostet Geld.

Auf alles andere könntet ihr verzichten und dennoch achtzig Jahre alt werden. Ich sage nicht, dass ihr darauf verzichten *sollt,* aber Autos, Handys, Flugreisen, Puppen, Computerspiele, Fahrräder, Bücher – alles nicht zwingend notwendig. Anders als ausreichend zu essen, ein warmes Dach über dem Kopf und Hilfe im Krankheitsfall.

Das sind alles Dinge, die wir meist für selbstverständlich halten, aber auch nur, weil wir in der Spermalotterie gewonnen haben und in Europa zur Welt gekommen sind, und hier sogar in Deutschland, einem der reichsten Länder der Erde.

Einige Tausend Kilometer weiter südlich geboren, und wir würden mit einiger Wahrscheinlichkeit zu der knappen Milliarde Menschen zählen, die aktuell hungern und keinen Zugang zu frischem Trinkwasser haben.

Ohne Geld könnten wir uns den Luxus überhaupt nicht leisten, darüber nachzudenken, wie wir glücklich werden können. Jeder einzelne Gedanke würde allein darum kreisen, den Tag zu überstehen und die Nacht zu überleben.

Solange sich unsere Welt- und Wirtschaftsordnung also nicht gravierend ändert, ist Geld eine notwendige Voraussetzung, um das Leben bestreiten zu können.

Was für ein Glück also, dass ihr euch um Geld keine Gedanken machen müsst. Das sage ich nicht, weil ihr einmal sehr viel erben werdet. Wie ihr vielleicht schon mitbekommen habt, hat euer Vater einige kostspielige Hobbys, unter anderem das Reisen. Es ist gut möglich, dass ihr irgendwann bei der Testamentseröffnung sitzt und dem Nachlassverwalter an die Gurgel wollt, weil er euch erklärt, dass sämtliche Buchtantiemen für die einjährige Weltreise draufgegangen sind, zu der euer Erzeuger auch noch seine gesamten Freunde eingeladen hat. Schon meine Mutter wusste, dass ich große Probleme haben würde, mein Geld zusammenzuhalten. Das war eine ihrer größten Sorgen.

Und dennoch, selbst wenn ich euch Schulden hinterlasse und ihr deshalb das Erbe ausschlagt, braucht ihr nicht fürchten, verhungern zu müssen. Denn ihr lebt in Deutschland.

Was ist das Schlimmste, was euch hier in ökonomischer Hinsicht widerfahren kann?

Richtig, aktuell Hartz IV. Das ist übel, in keiner Weise erstrebenswert und für die meisten Bezieher dieser Unterstützung ein deprimierender, zum Teil diskriminierender Zustand. Man kann damit nicht »gut leben«, wie einige der wohlhabenderen Menschen es sich und anderen gerne einzureden versuchen. Aber man kann »überleben«. Die unabdingbaren Grundvoraussetzungen zum Leben sind in Deutschland, anders als in vielen, vielen anderen Ländern auf der Welt, gesichert.

Wenn sich die Dinge bei uns nicht dramatisch zum Schlechteren wandeln, werdet ihr nicht Joghurtbecher auf Müllkippen auskratzen oder auf der Straße verdursten, so, wie es unzählige Kinder in den Entwicklungsländern tun.

Für eure minimale Grundversorgung wird also bereits gesorgt, und zwar ohne dass ihr etwas dafür tun müsst. Dass das Wasser aus dem Hahn kommt, der Strom aus der Steckdose, dass die Apotheken mit Medikamenten bestückt sind, die Feuerwehr losfährt, sobald man die 112 wählt, und ihr auf dem Weg zur Schule keinen Heckenschützen aus dem Weg gehen müsst – das ist toll, aber nicht euer Verdienst.

Bitte, vergesst das nie: Kein Mensch hat das Schicksal, in das er geboren wurde, verdient. Weder im positiven noch im negativen Sinne.

Der sechsjährige Junge in Bangladesch zum Beispiel, der sich an Sextouristen verkaufen muss, um zu überleben, hat sich sein Elend nicht ausgesucht. Er wurde in seine Welt hineingeboren – so wie ihr in eure Welt, in der es eine staatliche Rechtsordnung gibt, die Kinderarbeit und Schlimmeres unter Strafe stellt.

Aber das ist nicht eure Leistung, auch nicht meine, sondern die von zahlreichen Frauen und Männern vor unserer Zeit, die diese Gesellschaft erschaffen haben. (Ein Grund, weshalb ihr im Geschichtsunterricht nicht auf Durchzug stellen solltet.)

Im Übrigen gilt das ebenso im Umkehrschluss: Auch das Schicksal der sexuell versklavten Kinder in Bangladesch ist nicht eure Schuld, denn auch deren Welt habt ihr nicht geschaffen. (Allerdings könnt ihr sie gestalten, dazu später mehr!)

Aus den bisherigen Überlegungen folgen zwei wichtige Erkenntnisse, die ihr auf eurem Lebensweg immer und immer wieder beachten solltet:

Habt kein Anspruchsdenken!
Habt keine Schuldgefühle!

Lebt euer Leben nicht im ständigen Gram, weil es Menschen gibt, denen es schlechter geht als euch. Aber bitte denkt auch nie, nie, nie, dass euch das Leben, das ihr führen dürft, zusteht. Nichts im Leben ist selbstverständlich. Allein die Tatsache, *dass* ihr lebt – mit anderen Worten: dass ihr, nachdem ihr aus dem Bauch eines anderen Wesens gequetscht wurdet, auf einer rotierenden Kugel hockt, die mit einer Umlaufbahngeschwindigkeit von 20,1 Kilometern pro Sekunde durchs Weltall rast, während sie sich dabei im Rotationsschleudergang von 1650 Kilometern pro Stunde befindet –, ist ein unglaubliches Wunder. Dass ihr Deutsche seid und weiße Hautfarbe habt, ist reiner Zufall und keine Vorherbestimmung, wie manche Rassisten euch glauben zu machen versuchen werden.

Doch nun, da ihr das unverdiente Glück habt, in Deutschland zu leben, nutzt dieses wunderbare Geschenk, um ein erfülltes, glückliches, sprich: ein gutes Leben zu genießen.

Doch was ist das? Was macht ein Leben zu einem guten Leben?

Viele, gerade konservative Menschen denken, es käme im Leben darauf an, tolle Noten zu haben, einen anerkannten Berufsabschluss zu machen, Geld zu verdienen und rechtzeitig etwas für die Altersvorsorge zurückzulegen. Das ist sicher ein vernünftiger Plan, um ein möglichst komfortables Leben zu führen, und dagegen ist natürlich nichts einzuwenden. Wenn man anderen Menschen gefallen will. Was im Grunde ja nicht verwerflich ist, aber meiner Meinung nach nicht lebenserfüllend sein kann. Daher die Frage, die ihr euch ganz egoistisch stellen dürft und sollt: Was ist mit mir? Was will ich vom Leben?

Bevor ihr jetzt über das Ziel nachdenkt, möchte ich eure Aufmerksamkeit auf das wichtigste Wort in dem Satz lenken: *ich!* Nicht: Was wollen andere?, sondern: Was will *ich* vom Leben?

Das ist die schwierigste aller Fragen. Und weil sie so schwierig zu beantworten ist, verdrängen wir sie gerne und lassen andere entscheiden, was das Beste für uns wäre. Am Anfang sind das aus gutem Grund die Eltern, aber – ja, ich gebe es zu, wenn auch ungern – auch die haben nicht immer die Weisheit mit Suppenkellen gelöffelt.

Ich zum Beispiel war ein Lehrerkind und bin stinkkonservativ erzogen worden. Einer der Lieblingssprüche von Mama und Papa war der von der »Leistungsgesellschaft«. Um in ihr zu bestehen, sprich, um ein »erfolgreiches« Leben führen zu können, sollte ich am besten immer gute Noten haben und studieren.

Und auch ihr seid in eine Welt geboren, in der man von Anfang an von euch verlangt, dass ihr funktioniert. Wenn es nach meist selbst ernannten Karriereexperten geht, sollt ihr schon möglichst im Kindergarten zweisprachig erzogen werden, ballett- und kampfsporterfahren von der Grundschule an gute Noten nach Hause bringen, mit Auslandspraktika gestützt in Rekordzeit das Studium absolvieren, um danach der Gewinnmaximierung eines Konzerns zu dienen, also reiche Menschen noch reicher zu machen, die ihr gar nicht kennt.

Dabei ist euer Lehr- und Auswendiglernplan so vollgestopft mit prüfungsrelevantem Wissen, dass ihr gar nicht mehr zum Nachdenken kommt. Und das will auch kaum jemand. Ihr sollt nicht nachdenken, zumindest nicht über euch und schon gar nicht über den Sinn und Unsinn dessen, was ihr da gerade lernt.

Ich selbst bin das beste Beispiel für einen Hamster im Laufrad gewesen. Ich habe Anfang der Neunzigerjahre Jura an der FU Berlin studiert. Da ich das Studium möglichst schnell hinter mich bringen und eine gute Note erzielen wollte, sah ich mir den Prüfungsstoff fürs erste Staatsexamen an. Es war so unglaublich viel, dass ich wusste: »Sebastian, in acht Semestern bekommst du das niemals alles in deinen Kopp!«

Also ging ich strategisch vor und strich alle Fächer aus meiner Lernliste, die nicht oder nur selten geprüft wurden. Mit anderen Worten: Ich besuchte keine einzige Vorlesung in Rechtsgeschichte, Rechtsphilosophie oder Rechtsethik.

Ich legte ein Prädikatsexamen ab, das dazu führte, dass mich die besten und größten Kanzleien für sich gewinnen wollten. Dabei hatte ich mich nicht ein einziges Mal mit dem Sinn und Unsinn unseres Rechtssystems beschäftigt. Ich hatte auch gar nicht die Zeit dazu, denn ich musste eine Prüfung bestehen. Ich musste sie gut bestehen, weil ich funktionieren wollte. In einem System, dessen Regeln ich zwar auswendig gelernt, aber nie infrage gestellt hatte.

So ergeht es Millionen von jungen Menschen weltweit. Und es passiert nicht nur an der Uni, schon bereits in der Schule. Die Lehrpläne sind so überfrachtet, dass einige Schüler nach dem Unterricht bis dreiundzwanzig Uhr Hausaufgaben machen müssen und es schon Grundschüler gibt, die wegen Burn-out in psychologischer Behandlung sind. Und das – ich sage es noch einmal –, um in einem System zu funktionieren, das sich andere ausgedacht haben.

Man könnte den Eindruck gewinnen, die Gesellschaft erwarte von euch Sprösslingen, dass ihr noch vor dem Einser-Abi an die Altersvorsorge denkt und zu Sportskanonen werdet, später neben einer Sechzig-Stunden-Arbeitswoche die formvollendeten (verheirateten) Ehepartner seid, also die statistischen 1,3 Kinder mit Wonne ins Bett und in den Kindergarten bringt, zwischen den ehrenamtlichen Tätigkeiten und der politischen Aktivität, den Fortbildungsmaßnahmen und regelmäßigen medizinischen Check-ups.

Wenn wir euch das alles tatsächlich abverlangen würden, würdet ihr in einem Leben funktionieren, das womöglich sogar ein Traumleben ist. Nur nicht eures, sondern das eurer Eltern, denen ihr keine schlaflosen Nächte bereitet, eurer Lehrer, denen ihr keinen Ärger in der Klasse macht, und das eures Chefs, für den ihr schöne Umsätze erwirtschaftet.

Aber ist es *euer* Leben?

Ein Literaturkritiker schrieb einmal über meine Bücher: »Fitzek sollte sich lieber mit dem Schreiben von TV-Drehbüchern versuchen. Das würde besser funktionieren.«

Vorab muss ich eines klarstellen: Ich habe mir nicht ausgesucht, Schriftsteller zu werden. Die wenigsten Menschen, die ich kenne, wachen eines Tages auf und sagen: »Oh, ich glaub, ich werde doch nicht Anwältin.« Oder: »Die Mechatroniker-Ausbildung sagt mir nicht zu. Ich mach eine Lehre als Schriftsteller.«

Schreiben ist, wenn es ernsthaft betrieben wird, ein Ausdruck der Persönlichkeit. Auf die Frage: »Wieso schreiben Sie?«, antworte ich mit der Gegenfrage: »Wieso atmen Sie?«

Doch nicht, um zu funktionieren. Sondern, um zu leben.

Als der Kritiker also meinte, ich solle etwas machen, das besser funktioniert, hatte ich nichts als Fragezeichen im Kopf: Wieso?

Warum sollte ich mich und mein Schreiben (und damit mein Leben!) verändern? Für wen? Wem ginge es dann besser? Ihm, dem Kritiker, dem ich nie begegnet bin?

Oder mir? Aber woher weiß der Kritiker, der mich als Mensch gar nicht kennt, womit es mir besser gehen würde? Und was ist der Maßstab dieses »Funktionierens«? Immerhin war ich damals nicht ganz erfolglos mit meinen Büchern. Auflage konnte er nicht meinen. Klar war nur, dass er meine Bücher nicht mochte.

Ich konnte also nur davon ausgehen, dass der Mann meinte, ich als Autor solle etwas schaffen, das für ihn, einen mir unbekannten Menschen, funktioniert, indem ich mich für ihn beruflich verändere. Selten spricht jemand so deutlich aus, dass er Mitbürger für Menschen hält, die einem von ihm festgelegten Daseinszweck zu entsprechen haben.

Sollte euch jemals Ähnliches passieren (und das wird es, wenn ihr euer Leben selbstbestimmt lebt, es ist nur eine Frage der Zeit), dann denkt bitte an diesen Satz:

Ihr seid keine Mikrowellen!

Kaffeemaschinen funktionieren, Computer, Flugzeuge (hoffentlich), und manchmal tun es sogar Tipps, zum Beispiel, wie man im Laden testen kann, ob einem die Hose passt, ohne sie anziehen zu müssen. (Einfach zugeknöpft den Bund einmal um den Hals legen. Wenn er einmal rumgeht, ohne zu eng oder zu weit zu sein, dann passt es!)

Aber der Daseinszweck eines Menschen besteht niemals darin, eine Funktion erfüllen zu müssen. Auch ihr müsst leben und nicht funktionieren, wie häufig man auch immer es euch einzureden versucht. Ihr seid Menschen, keine Mikrowellen. Das allerdings macht die ganze Sache mit dem Leben so schwer. Wir alle bekamen keinen Beipackzettel von der Hebamme in die Hand gedrückt, kaum dass wir unsere Lungen freigebrüllt hatten und unter der Wärmelampe strampelten. Wir müssen selbst herausfinden, was wir vom Leben wollen und welchen Platz wir uns in ihm suchen müssen.

Setzt euch eigene Ziele und keine fremden.

Doch wie gelingt das? Am besten, indem ihr eurem Talent folgt. Ich bin felsenfest davon überzeugt, dass jeder Mensch irgendein Talent hat, oftmals ist es jedoch eins, das von seinen Mitmenschen keine Wertschätzung erfährt.

Einstein sagte einmal: »Jeder ist ein Genie! Aber wenn du einen Fisch danach beurteilst, ob er auf einen Baum klettern kann, wird er sein ganzes Leben glauben, dass er dumm ist.« Und ich ergänze: Lasst euch umgekehrt auch nicht davon abhalten, auf einen Baum zu klettern, nur weil andere euch für einen Fisch halten. Hört nicht auf diejenigen, die euch sagen: »Das geht nicht, das kannst du nicht!«

Seid Fische, die auf Bäume klettern wollen.

Versucht es, aber ärgert euch nicht, wenn ihr zurück in den Bach plumpst und es vergebene Liebesmüh war. Oder wenn euch der Ausblick auf dem Baum nicht so gut gefällt wie in eurer Vorstellung.

Solltet ihr aber auf dem Weg erkennen, dass ihr gar keine Fische seid, so wie euch alle immer einzureden versuchten, sondern die besten Baumkletterer der Welt – dann habt ihr eure Leidenschaft gefunden. Hegt und pflegt sie.

Was ich euch mit alledem also sagen möchte:

Lebt nicht das Leben anderer.

Ich ermutige euch, wie ihr sicher längst mitbekommen habt, zu einem eigenständigen, selbstbestimmten Leben, in dem ihr die Entscheidungen anderer stets hinterfragt. Allerdings kommt hier eine wichtige Ergänzung, die ihr jetzt vermutlich gar nicht hören wollt: Leider gibt es eine Phase in eurem Leben, in der euch eher wenig Spielraum für Eigenständigkeit in dem hier beschriebenen Sinne gewährt wird. Sie heißt Kindheit, und sie endet meistens nicht vor der Volljährigkeit.

Hier gibt es einige Spielregeln, die ihr im Grundsatz nicht infrage stellen könnt. Allen voran die Schulpflicht, die sogar gesetzlich verankert ist. Ihr müsst zur Schule gehen. Überhaupt werdet ihr in vielen, vielen Punkten das Gefühl haben, in einer Diktatur zu leben, in der euch eure Stalin-Eltern Dinge befehlen, die ihr aus tiefstem Herzen hasst, ablehnt oder einfach nur total doof findet, wie vor Mitternacht zu Hause zu sein, das Zimmer aufzuräumen, die Hausaufgaben zu machen und keine Böller im Briefkasten des Nachbarn zu zünden.

Sorry, aber durch diese Phase müsst ihr durch. Die Natur hat es nun einmal leider so eingerichtet, dass wir, anders als viele Tiere, ziemlich unfertig ins Leben kommen.

Denken wir an unseren Stuhlgang. Glaubt mir, auch wir hätten es schöner gefunden, wenn ihr mit dem ersten Schrei um ein Töpfchen gebeten hättet, aber so mussten wir Tonnen von Pupu in stinkenden Windeleimern zur Mülltonne tragen. Als ihr drei gleichzeitig noch in die Windeln gemacht habt, war das einmal so viel, dass die Müllabfuhr bei uns klingelte und sich weigerte, die schwere Tonne auf ihr Fahrzeug zu wuchten, kein Witz.

So, wie wir uns um euren Stuhlgang kümmerten, so müssen wir auch an eure sprachliche Entwicklung denken und an Millionen andere Dinge, die wir euch fürs Leben beibringen müssen. Nicht damit ihr funktioniert, sondern damit ihr später einmal selbst herausfinden könnt, was ihr wollt.

Also, was wollt ihr? Nun, da die Geschmäcker bekanntlich verschieden sind, kann ich euch keinen »Ich bastle mir das perfekte Leben«-Baukasten in die Hand drücken. Es gibt keine allgemeingültige Gebrauchsanweisung namens »Leben für Dummies«.

Eine gute Freundin von mir zum Beispiel liebt es zu campen. Ich als Warmduscher krieg schon beim Gedanken ans Zelten einen Bandscheibenvorfall, weswegen mir der Ratschlag »Mach Urlaub in der Natur« nicht zur Glückseligkeit verhelfen würde. Der eine läuft gerne Marathon, der andere würde eher eine Wurzelkanalbehandlung ohne Betäubung erleben wollen, als bei Kilometer 30 auf den Herztod zu warten.

Ein guter Freund von mir feiert gerne die Nacht durch, andere bekommen schon nach zehn Minuten in der Disco einen Tinnitus. Es hilft also nichts: Was euch im Leben glücklich macht, müsst ihr selbst herausfinden.

Ich kann euch nicht sagen, was ihr auf jeden Fall tun *müsst,* um eure Ziele zu erreichen (auch wenn ich – das haben Eltern so an sich – euch natürlich trotzdem mit Vorschlägen nerven und täglich in eure Lebensplanung reinreden werde).

Doch am Ende müsst ihr euch euer eigenes Urteil bilden, wonach es sich im Leben zu streben lohnt. Ein Eigenheim oder eine Mietwohnung? Die Luxusvilla am Strand oder ein Nomadenleben? Ein Leben im Dienst der Wissenschaft oder der Familie? Wollt ihr die Welt bereisen, oder reicht es euch, eure Gedanken auf Reisen zu schicken, indem ihr täglich ein Buch lest? Wollt ihr die Welt verändern oder sie bewahren? Kinder zeugen, adoptieren oder ohne Nachwuchs bleiben?

Findet es heraus, denn genau das ist es, was das Leben ausmacht: ein unentwegter Erkenntnisprozess. Oder – anders ausgedrückt – eine hoffentlich lange Reise, die sich aus vielen einzelnen Reisen zusammensetzt.

2. Kapitel
Die Reisen eures Lebens

Viele Menschen vergleichen das Leben mit einer einzigen, langen Reise. Man bricht auf ins Ungewisse (Geburt), man zieht durch fremde Welten (Leben im Allgemeinen), und man kehrt zurück (Tod). Dieser Vergleich greift aber im Grunde genommen zu kurz.

Das Leben ist nicht *eine* Reise, sondern es besteht aus unglaublich vielen unterschiedlichen Reisen. Und meine These lautet: Je mehr Reisen ihr erlebt, desto erfüllter und glücklicher ist euer Leben.

Ihr merkt schon, mit Reisen meine ich nicht den All-inclusive-Malle-Urlaub mit deutschsprachiger Reiseleitung und Barfuß-Ausdruckstanzkurs am Strand. »Reise« ist eine Metapher und steht für alles im Leben, was euch in eine neue Erlebniswelt entführt.

Ihr habt in eurem kurzen Leben schon einige Reisen in diesem Sinne absolviert: Jeder Tag war und ist für euch ein neues Abenteuer mit einer weiteren Herausforderung, der ihr euch stellt. Meist unter der Beobachtung eurer fürsorglichen Eltern (wenn sie nicht gerade auf ihr Smartphone starren), aber das nimmt den ersten Krabbelversuchen, dem ersten Rutschen auf dem Spielplatz, den ersten Schritten in neue Gefilde, der ersten Tretroller-, Fahrrad-, Skateboardtour nicht den aufregenden Charakter des Aufbruchs in eine neue, unbekannte Welt. Das gilt im Kleinen für den ersten Sprung ins kalte Swimmingpoolwasser beim Schwimmkurs wie im Großen für eure Kita-

Zeit, die ebenfalls eine Reise war. Sie endete mit dem Aufbruch in die Schulzeit.

Die Reisen eures Lebens gehen ineinander über oder laufen parallel. Auch eine Freundschaft ist eine Reise in diesem Sinne. Sie beginnt mit dem zaghaften Annähern, den ersten Einladungen zum Geburtstag und währt hoffentlich über eine lange Zeit, während der ihr permanent in neue Welten aufbrechen werdet: in eure Ausbildung oder euer Studium, in eure Berufswelt, in eine Ehe oder Partnerschaft.

Manche eurer Reisen sind mühselig, andere lehrreich und belebend. Sie führen euch durch unbekannte Regionen, bringen euch in entlegene, gefährliche Gegenden. Sehr oft werdet ihr entlohnt mit sagenhaften Erlebnissen, unvergesslichen Momenten. Ihr werdet Freunde finden, vielleicht sogar die Liebe, euch Feinde machen und Widersacher überwinden müssen.

Und wir, eure Eltern, können euch nicht vor allen Lasten und Beschwerlichkeiten bewahren. Es wird uns nicht gelingen, alle Hindernisse für euch aus dem Weg zu räumen, und auf keinen Fall werden wir stellvertretend für euch das Glück empfinden können, endlich am Ziel der Träume angekommen zu sein. Die Wege müsst ihr selbst gehen.

Wir können euch nur das nötige Rüstzeug mit auf den Weg geben, euch beim Kofferpacken helfen, damit ihr für die Reisen eures Lebens für (fast) jede Situation das passende Gepäckstück dabeihabt.

Ist euch schon einmal aufgefallen, dass sehr viele Geschichten im Kino, TV und in Büchern von Reisen handeln? Nemos Vater schwimmt durch den Ozean, um seinen Sohn zu finden, Jack springt auf die *Titanic,* um in die neue Welt zu schippern, Harry Potter steigt von Gleis 9 ¾ in den Zug nach Hogwarts.

Wir lieben diese Geschichten, weil die Personen in ihnen stellvertretend für uns auf Reisen gehen und sich in Welten wagen, in die die meisten von uns niemals aufbrechen würden.

Wir brüllen Clarice Starling zu, sie solle hinab zu Hannibal Lecter in den Psychokeller steigen, obwohl wir selbst die Beine in die Hand nehmen und abhauen würden.

Wir freuen uns, dass Liam Neeson in *Taken (96 Stunden)* ganz Paris in Schutt und Asche legt, um seine Tochter wiederzufinden, während wir selbst brav zur Polizei gehen und abwarten würden.

Und natürlich soll Omar Sy in *Ziemlich beste Freunde* gegen jede Konvention in der Behindertenbetreuung verstoßen, weil wir auch gerne mal die Regeln brechen und das »Richtige« tun würden, aus Angst aber brav bleiben (uns anpassen), damit wir nirgendwo anecken und bloß den Job nicht verlieren. (Wir wollen funktionieren!)

Ergo: Wir lieben die Helden in Büchern und Filmen, weil sie stellvertretend für uns auf eine Reise gehen und fremde (Erfahrungs-)Welten betreten, in die wir uns nicht hineinwagen. (Auch ihr hättet euch nicht an dem Raumschiff festgehalten, mit dem Wall-E durch den Orbit schießt!)

Es ist übrigens höchst aufschlussreich für das eigene Leben, wenn man sich mal mit der Struktur von Geschichten beschäftigt, die wir gerne hören, sehen, lesen oder erzählen. Kern ist also oft eine Reise. Sie beginnt damit, dass wir den Helden in seiner gewohnten Welt kennenlernen. Nehmen wir Harry Potter. Die gewohnte Welt dieses armen Kindes ist ein Verschlag unter der Treppe.

Der Held, also Harry, bekommt im ersten Akt den Ruf des Abenteuers angetragen, in eine fremde Welt zu reisen – nach Hogwarts.

Das Angebot wird in der Regel nicht sofort angenommen, sonst wäre es ja kein Abenteuer. Oftmals verändert sich etwas in der gewohnten Welt des Helden, es gibt einen Schlüsselmoment, zum Beispiel taucht ein Mentor auf und gibt ihm einen klugen Rat, vielleicht wird unser Held gegen seinen Willen gezwungen, auf die Reise zu gehen, oder eine Notlage verschärft sich, und er muss sich auf die Suche nach etwas begeben, was es nur in der neuen, ungewohnten Welt gibt, in die er dann (mit Beginn des zweiten Aktes) aufbricht.

Falls euch die Struktur genauer interessiert, solltet ihr irgendwann unbedingt *Die Odyssee des Drehbuchschreibers* von Christopher Vogler lesen, der sich die Mühe gemacht hat, die Geschichten, die wir einander erzählen, bis zu den Zeiten Homers zurückzuverfolgen und archetypische Strukturen zu analysieren, die immer und immer wiederkehren.

Wichtig ist für euch an dieser Stelle erst einmal nur die Erkenntnis, dass der Beginn jeder großen Reise mit Zweifeln einhergeht. Im Kino wie im realen Leben. Bei Harry Potter ebenso wie bei euch. Es ist ein wenig schizophren: Wir lieben es, fremde Welten zu erkunden, aber wir haben Angst, unsere gewohnte Umgebung zu verlassen.

Ich habe als kleiner Junge zum Beispiel immer davon geträumt, ein Austauschjahr in den USA zu verbringen. Am Ende aber bin ich dem Ruf des Abenteuers nicht gefolgt, da ich ein zu großer Schisser war. Ich stellte Fragen wie: »Wird mir die Gastfamilie gefallen?«, »Werde ich neue Freunde finden?«, »Verliere ich meine Freunde zu Hause?«, »Und was wird mit meiner Band (ich spielte damals Schlagzeug), was ist mit den Auftritten, ruiniert das Austauschjahr am Ende meine internationale Popstarkarriere?« (die, nebenbei bemerkt, schon damals so wahrscheinlich war, wie dass die Regierung alle Steuern abschafft).

Im Unterschied zu einem fiktiven Helden entschied ich mich, die Reise nicht anzutreten und zu Hause zu bleiben. Meine Schüchternheit beraubte mich vermutlich eines sehr frühen Abenteuers, einer Reise, auf der ich Erinnerungen hätte sammeln können, worauf es im Leben meiner Meinung nach ankommt.

Es heißt oft, dass man am Ende seines Lebens nur die Dinge bereue, die man nicht ausprobiert hat.

Das ist so verallgemeinert natürlich Blödsinn. Ich habe zum Beispiel niemals die Droge Krokodil ausprobiert oder an einem Käfigkampf teilgenommen, und das werde ich vermutlich nie bereuen.

Eine weitere Schwierigkeit dieser merkwürdigen Erfindung, die wir Leben nennen, ist also, zu erkennen, *welche* Reisen wir antreten wollen und welchen Ruf des Abenteuers wir ignorieren.

Meine Faustregel hierfür lautet: Probiert im Leben so viel wie möglich aus, »reist«, so viel es nur irgend geht, aber stellt euch bei allem, was ihr ausprobiert, folgende drei Fragen:

1. Beschädigt es eure Gesundheit?
2. Kostet es euch die Freiheit?
3. Schadet es jemand anderem?

Dies ist die Reise-Checkliste, die ihr vor jedem Aufbruch vor Augen haben solltet. Wenn ihr nur eine dieser Fragen mit »Ja« oder »Wahrscheinlich« beantworten müsst, nehmt Abstand von der Reise.

Nehmen wir zur Überprüfung dieser Liste mal eine Reise, die ihr hoffentlich alle einmal antreten werdet: Ihr verliebt euch.

Es beginnt mit dem Ruf des Abenteuers (der erste Blick, ein schüchternes Lächeln, ein Match bei Tinder, was weiß ich). In der realen Welt dauert der Aufbruch lange, weil ihr nicht wisst, wie ihr auf die Person zugehen sollt, die euch in der U-Bahn verstohlene Blicke zuwirft. Ihr fragt euch zweifelnd, ob der Mensch eure Gefühle erwidert, und habt Angst, dass ihr euch vielleicht lächerlich macht, wenn ihr offen zu ihm seid. Ihr überlegt, ob ihr eure gewohnte Welt (alleine, ohne Partner) verlassen wollt, um zu einer Reise aufzubrechen (Kennenlernen), die hoffentlich mit der Rückkehr in die gewohnte Welt endet, nur dass ihr dann euer Ziel erreicht habt, nämlich nicht mehr alleine zu sein und die Dame oder den Herrn eures Herzens an eurer Seite zu wissen. (Womit im Übrigen die nächste Reise beginnt, und die heißt womöglich Lebensgemeinschaft, Ehe oder gar Elternschaft.)

Eigentlich spricht nichts dagegen, dem Ruf des Abenteuers zu folgen und sich auf die Jagd nach der Handynummer der (noch) heimlichen Liebe zu machen, und dennoch zögern wir gerade vor dem Aufbruch zu dieser Reise häufig sehr lange.

Dabei spricht die Faustregel nicht dagegen:

Kommst du in den Knast, David, wenn du – sagen wir mal – Elina fragst, ob sie mit dir gehen will? Nein. Deine Freiheit bleibt unangetastet, abgesehen von den blöden Regeln, die dir deine Eltern reindrücken, wann du zu Hause zu sein hast, wenn ihr in die Disco wollt.

Wirst du auf Dauer krank, wenn du, Charlotte, Max

nach seiner Telefonnummer fragst? Kurzfristig könntest du an Liebeskummer leiden, wenn er dir einen Korb gibt, aber extreme Langzeitschäden sind eher nicht zu erwarten.

Und was meinst du, Felix, schadest du irgendjemandem, wenn du dich verliebst?

Nein. Es sei denn …

Es sei denn, ihr verliebt euch in einen verheirateten Menschen. Jemanden, der Frau und Kinder hat zum Beispiel. Hier müsst ihr überlegen: Folgt ihr wirklich eurem Herzen, oder ist es für euch nur ein kurzer Ausbruch aus dem Alltag ohne ernste Hintergedanken? Dann solltet ihr euch zurückhalten, denn am Ende zerstört ihr durch euer Verhalten womöglich eine Ehe, worunter vor allen Dingen die Kinder leiden, die aus dieser Ehe stammen.

Bei euren Reisen dürft und müsst ihr Fehler machen. Aber die Fehler dürfen nicht unumkehrbar sein. Wenn das, was ihr auf der Reise zu erleben erwartet, euch krank machen oder dazu führen kann, dass ihr ins Gefängnis müsst, tretet sie besser nicht an. Alles andere könnt ihr wieder ausbügeln. Doch eure Gesundheit und eure Freiheit sind Geschenke, die euch niemand wiedergeben kann, wenn ihr sie verliert. (Auch die spätere Entlassung in die Freiheit bringt euch die verlorene Lebenszeit nicht zurück!)

Macht so viele Reisen wie möglich.

Im übertragenen Sinne wie im eigentlichen Wortsinn.

Die einzigen Reisen, die ihr auf jeden Fall meiden solltet, sind a) solche, die euch umbringen oder krank machen, b) der Freiheit berauben oder c) anderen Schaden zufügen.

Wie immer bei klugen Ratschlägen: Sie klingen anfangs einleuchtend, doch bei näherem Hinsehen gibt es jede Menge Fallstricke.

Zum ersten Punkt der Checkliste: Gibt es ungefährliche Reisen? Nein. Schon der Gang über die Straße oder der Besuch eines Fischrestaurants – alles lebensgefährlich. Oder der Kindergarten, mein Gott! Manchmal glaube ich, Kindergärten sind Testlabors, mit deren Hilfe untersucht wird, wie viele Krankheitskeime Kinder an ihre Eltern weitergeben können.

Auch euer Schulweg ist mit Gefahren gepflastert, die Eltern, denken sie erst einmal darüber nach, in den Wahnsinn treiben. Zum Glück kann ich ganz gut verdrängen und muss nicht ständig an betrunkene Lkw-Fahrer, tote Winkel, umstürzende Baugerüste, schockauslösende Wespenstiche oder psychopathische Kindermörder denken. Nun, Letzteres ist gelogen.

Fakt ist: Das Leben ist lebensgefährlich, und damit sind es auch die Reisen eures Lebens. Ihr müsst Risiken eingehen. Die Frage ist nur, welche?

Ihr werdet jetzt nicht bass erstaunt sein, keine allgemeingültige Antwort von mir zu bekommen. Es ist natürlich immer eine Frage des Einzelfalls und der besonderen Umstände. Aber es kann nicht schaden, sich den Unterschied zwischen »möglich« und »wahrscheinlich« vor Augen zu rufen.

Natürlich ist es *möglich,* beim Spazierengehen von einem Meteoriten erschlagen zu werden. Aber ist es so *wahrscheinlich,* wie nach dem Zug an einer Crack-Pfeife drogenabhängig zu sein? Eher nicht. Also könnt ihr getrost spazieren gehen, solltet dabei aber um den Görlitzer Park einen großen Bogen machen.

Die Faustregel lautet: Gefährliche Wahrscheinlichkeiten sollten vermieden werden. Gefährliche Möglichkeiten gehören zum allgemeinen Lebensrisiko (Autounfälle, Flugzeugabstürze, Entführungen, Sportverletzungen etc.). Hier könnt ihr nur prüfen, ob es Absicherungen gibt, die im unwahrscheinlichen Fall des Falles den Schaden mildern (Gurt, Fahrradhelm, Schienbeinschützer, nicht gerade eine »Never come back«-Airline buchen, nur weil es billig ist, etc.).

Im Einzelfall sind das alles jedoch nur Näherungswerte. Das Leben ist zum Glück zu vielfältig, um jede mögliche Reise in ein Schema zu pressen. Nehmen wir etwa das Beispiel Fallschirmspringen.

Möglich, dass das Ding sich nicht öffnet und ihr als Knochen-Mus auf der Wiese endet. Ist es wahrscheinlich? Nun, wahrscheinlicher, als wenn ihr es nicht macht. Und unbedingt nötig ist diese Nahtoderfahrung ja nicht wirklich, aber auf der anderen Seite – was im Leben ist schon unbedingt notwendig?

Hier gilt die Regel: Je irreparabler der mögliche Schaden ist, desto besser sollten die Gründe sein, ihn in Kauf zu nehmen. Und umso zuverlässiger die Schutzmechanismen, um sein Eintreten zu verhindern oder zumindest abzumildern. Sprich: Nehmt das beste und erfahrenste Sprungunternehmen, wenn ihr schon unbedingt aus einem Flugzeug hüpfen müsst. Ob es überhaupt sein muss, entscheidet ausschließlich ihr. Zumindest, sobald ihr es dürft, also volljährig seid.

Punkt zwei, der Verlust der Freiheit, erklärt sich von selbst, oder? Ich meine, wer will die schon verlieren? Sie ist eines der kostbarsten Güter, die euch gegeben sind.

Der dritte Punkt der Checkliste ist da schon weniger einfach zu überprüfen. Denn, Hand aufs Herz, gibt es Reisen, die niemandem schaden?

Kaum.

Wenn ihr das Schleifchenturnier beim Tennis gewinnt, verdrängt ihr den Zweitplatzierten. Wenn ihr die Jobzusage bekommt, gehen die anderen Mitbewerber leer aus. Kommt ihr mit der Liebe eures Lebens zusammen, bleibt ein anderer Verliebter möglicherweise auf der Strecke.

Jede Reise ist eine Grenzüberschreitung.

Manchmal ist sie offensichtlich, etwa wenn ihr ein fremdes Grundstück betretet, um euch den Ball wiederzuholen, der über den Zaun geflogen ist. Sehr oft geschieht sie unbemerkt, zum Beispiel, wenn ihr ein Mädchen oder einen Jungen anlächelt, in das euer bester Freund, eure beste Freundin verliebt ist – und ihr das gar nicht wusstet.

Ihr könnt euch jede eurer Reisen wie die Kreise vorstellen, die ein Stein erzeugt, den ihr in einen See plumpsen lasst. Von euch ausgehend im Mittelpunkt ziehen sie über die Oberfläche und stoßen unweigerlich an die Kreise der anderen Reisenden. Sie berühren und überschneiden sich.

Bei sieben Milliarden Kreise erzeugenden Reisenden auf diesem Planeten sind solche Überlagerungen gar nicht zu vermeiden. Und im Grunde dreht sich seit Anbeginn der Zeit nahezu jeder Streit um die Frage, welche Überschneidung noch zulässig ist und wo die Kreise sich am besten gar nicht treffen dürfen. Zur Klärung der Probleme werden Kriege geführt, Familienfehden entfacht und im besten Fall die Gerichte bemüht.

Darf ich in meinen eigenen vier Wänden Musik machen? Na klar, das ist ja Ausdruck meiner Persönlichkeit, aber die Schallwellen stören die Kreise des Nachbarn, der gerade schlafen will. Also einigt man sich auf Ruhezeiten.

Darf ich Auto fahren? Nun, ein Benziner oder Diesel verpestet die Luft, das kann zu Lungenkrebs führen, außerdem stört der Krach die Umwelt. Aber wie sollst du sonst zur Arbeit oder mit fünf Personen und Skigepäck in den Urlaub kommen? Mit der Bahn, okay, aber mit Luft und Liebe alleine fährt die ja auch nicht.

Das Problem auf all unseren Reisen ist: Wir hinterlassen zwangsläufig Fußabdrücke. Und da können wir noch so umsichtig, behutsam und vorausschauend gehen, fahren, schwimmen oder uns sonst wie fortbewegen – diese Fußabdrücke hinterlassen negative Spuren.

In Indien soll es einen Mönchsorden geben, dessen Anhänger versuchen, diese Spuren auf null zu reduzieren. Diese Mönche essen kein Fleisch, tragen kein Leder am Körper, dürfen noch nicht einmal die sprichwörtliche Fliege töten. Um nicht aus Versehen doch kleinste Lebewesen beim Spaziergang einzuatmen, tragen sie einen Mundschutz. Und dennoch ist es ihnen nicht möglich, durchs Leben zu gehen, ohne anderen zu schaden. Wieso? Weil ihre Sandalen mit jedem Tritt wenigstens Mikroben zertreten. Weswegen die Mönche jetzt vor jedem Gang ihre Sandalen weihen!

Das ist ein schönes Sinnbild für das Leben des Menschen an sich: Wir können uns nicht durch unser Leben bewegen, ohne andere zu beeinträchtigen. Mit dieser Erkenntnis sollt ihr jetzt nicht in die Depression getrieben werden, aber es kann nicht schaden, wenn ihr euch mal mit Themen wie dem Ökologischen Fußabdruck beschäftigt oder recherchiert, welche Auswirkungen etwa ein

Langstreckenflug auf eure Bio-Bilanz hat. Zunächst aber reicht es aus, wenn ihr euch folgende Regel merkt, von der es leider keine Ausnahme gibt:

Jeder Schritt auf euren Reisen tangiert irgendein anderes Lebewesen.

Sehr oft schädigt er es sogar. (Siehe das Beispiel der Mikroben, die bei jedem Schritt zerstört werden.)

Vielleicht tritt der Schaden nicht sofort auf, sondern erst in hundert Jahren, wenn es kein Öl mehr gibt, das wir Menschen unter anderem verbraucht haben, um bei vierzig Grad Außentemperatur in der Wüste von Dubai eine Skihalle zu betreiben.

Mein Ratschlag an dieser Stelle heißt: Geht trotzdem auf Reisen. Unterlasst sie nicht nur deshalb, weil euer Handeln Auswirkungen auf andere Menschen, Dinge oder die Umwelt haben könnte. *Aber:* Seid euch der Tatsache bewusst, dass es sich so verhält.

Überprüft euer Verhalten, ob es für Mensch, Tier oder Pflanze einen Schaden verursacht, und dann tut alles dafür, um die unvermeidbaren schädlichen Auswirkungen so gering wie möglich zu halten.

Okay, wir könnten jetzt wochenlang um die Definition von »vermeidbar« und »gering« streiten, und glaubt mir, als Jurist gab es eine Zeit, da habe ich das liebend gerne getan. Aber alles im Leben ist vermeidbar, selbst das Leben an sich. Und nichts ist alternativlos.

Wir müssen bei dieser Betrachtung also über die Krücke springen, dass »unvermeidbar« die Beeinträchtigungen meint, die notwendigerweise mit der Selbstverwirklichung des eigenen Lebens einhergehen.

Und hier gilt aus meiner Sicht folgender Gradmesser:

Ist die Selbstverwirklichung überwiegend egoistisch motiviert, also primär darauf ausgerichtet, dass es einem selbst besser geht, dann sollte man die Wellen, die das eigene Verhalten schlägt, eher vermeiden, als wenn man Ziele verfolgt, die losgelöst von einem selbst sind.

Platt ausgedrückt: Die oben aufgeführte Skifahrt in einer künstlichen Skihalle in der Wüste sollte man besser unterlassen; anders als die tägliche Fahrt zur Arbeit, auf der ihr nicht nur den eigenen Lebensunterhalt verdient, sondern auch Dinge herstellt, die das Leben anderer Menschen verbessern.

Lasst euch von den Kreisen der anderen nicht vereinnahmen.

Ihr kennt das Sprichwort: »Der Klügere gibt nach.« Stimmt. In vielen Fällen ist der Streit die Lebenszeit nicht wert. Aber wenn man das Sprichwort ernst nimmt, wird die Welt am Ende nur noch von Idioten regiert. Kann ja auch nicht sein.

Tatsächlich mag man manchmal den Eindruck gewinnen, dass wir in einer Welt leben, in der die Intelligenten ihr Wissen ständig reflektieren und infrage stellen, während die Ignoranten ihre Unwissenheit für ein ehernes Gesetz halten.

Je umsichtiger ein Mensch handelt, desto mehr läuft er Gefahr, ausgenutzt zu werden.

Beispiel: Ihr habt Vorfahrt. Eure Um- und Voraussicht und euer Wille, niemanden mehr als nötig zu gefährden, lässt euch dennoch abbremsen; es könnte ja ein Radfahrer vorbeikommen, der die Vorfahrtregeln nicht beachtet, vielleicht ein Kind. Tatsächlich aber schiebt sich ein Protz-SUV vorbei; der Fahrer macht sich über eure defensive

Fahrweise sogar lustig, zeigt euch den Mittelfinger, weil er euch für einen Schwächling hält.

Wenn mir etwas in der Art passiert, wünsche ich mir regelmäßig eine Knarre im Handschuhfach, mit der ich aussteigen und dem Idioten in die Reifen schießen will – so viel zum Thema »Die Ruhe in Person«. Dennoch fahre ich nicht in einen Waffenladen, und ihr solltet auch nichts an eurer Empathie und Umsicht ändern, nur weil es da draußen Idioten gibt, die Respekt für ein Fremdwort halten (was es im Grunde ja auch ist, aber ihr versteht, was ich meine). Aber:

Eure Umsicht muss Grenzen haben!

Dass ihr eure Kreise so eng wie nötig haltet, ist schön und gut, bedeutet aber nicht, dass andere sich so weit in eurem Terrain ausbreiten dürfen, dass sie euch an die Wand drücken.

Dabei handelt es sich bei solchen Mitmenschen keineswegs immer um den Prototyp des über Leichen gehenden Egoisten, der bei allem und jedem immer nur nach seinem Vorteil strebt. Manchmal kann die- oder derjenige, die oder der euch unzulässig vereinnahmt, gar nichts dafür, dass sie oder er eure Kreise der Selbstverwirklichung stört.

Ein Beispiel: Ich hatte einen sehr guten Freund, der im Berufsleben auch mein Mentor war. Aufgrund des großen Altersunterschieds war er wie ein zweiter Vater für mich. Ich liebte ihn wegen seiner Kreativität, seiner emotionalen Intelligenz, seiner andersartigen Sicht auf die Dinge. Er brachte mir bei, dass es die Fantasten sind, die mit ihren unkonventionellen Ideen die Welt verändern, aber auch, dass man die Erbsenzähler braucht, wenn das Luftschloss, das man sich erträumt, ein funktionierendes Fundament aufweisen soll.

Leider war mein Freund und Mentor sehr krank. Es war kein Krebs, der ihn innerlich zerfraß, sondern eine psychische Anomalie, die ich in meinen jungen Jahren nicht erkannte und/oder nicht verstand. Ich wusste, er trank. Aus seinen Erzählungen schloss ich, dass er das wegen seiner privaten Probleme tat: Sorgerechtsstreitigkeiten, Umgangsverbot mit der eigenen Tochter und so weiter.

Wenn mein Freund, nennen wir ihn Paul, sich mir anvertraute, gab er mir das Gefühl, der einzige Mensch auf der Welt zu sein, der ihn verstand. Der eine Vertraute, der sein Leid, das er sonst im Wein ertränkte, allein durch Zuhören lindern konnte. In meinen jungen Jahren gab mir das ein enormes Selbstwertgefühl. Tatsächlich aber schadete ich, wie ich erst lernen sollte, als es längst zu spät war, gleich zwei Menschen: Paul und mir selbst.

Pauls Schicksal hat mich, wie ihr gleich erkennen werdet, in mehrfacher Hinsicht zu meinem ersten Roman *Die Therapie* inspiriert.

Denn wann immer ich Paul in seiner Wohnung in der Nähe des Ku'damms besuchte, erzählte er mir eine neue, interessante Geschichte, die so unglaublich war, dass ich sie einfach glauben *wollte.* Zum Beispiel eröffnete er mir, er wäre ein berühmter Schriftsteller, dessen Werke bereits verfilmt worden seien, er aber lieber unter Pseudonym arbeite. So verknappt berichtet, müssen jedem vernünftigen Menschen Zweifel an dieser aberwitzigen Story kommen. Wieso sollte ein nach eigener Aussage millionenschwerer Bestsellerautor in einer völlig normalen Zweizimmerwohnung hausen und nebenbei noch einem mittelmäßig bezahlten Job in den Medien nachgehen? Aber Paul hatte ein solches Erzähltalent, dass nicht nur ich, sondern auch viele Kollegen ihm seinen Hollywood-Starautor-Status abnahmen und verzweifelt versuchten, herauszufinden, unter welchem Namen er in der Autorenwelt denn bekannt war. (Die Haupttheorie war damals: Patrick Süskind!)

Und ich fünfundzwanzigjähriger Grünschnabel war mehr und mehr davon berührt, wie es mir (und nur mir allein) gelang, dieses fragile, vermutlich alkoholabhängige Genie auf der Spur zu halten. Ich entschuldigte ihn, wenn er Meetings verpasste, vermittelte im Streit mit anderen, vertuschte seine Exzesse, indem ich seine Wohnung aufräumte, bevor Besuch kam. Und ich fuhr mit ihm in den Urlaub, da er ja außer mir niemanden hatte.

Ich kannte Pauls Gefühlswelt nach einigen Jahren so gut, hatte mich so intensiv in seine komplexe Psyche hineinversetzt, dass ich immer sorgfältiger darauf achtete, ihn durch mein eigenes Verhalten nicht zu verletzen. Wenn ich zum Beispiel mit meiner Freundin verreist war, rief ich ihn jeden Tag an und vermied jeden Hinweis auf meine Begleitung; log sogar, behauptete, dass es mir nicht gefiele und ständig regnete. Weil ich dachte, es würde ihn noch mehr deprimieren, alleine zu sein, wenn ihm bewusst wurde, dass sein einziger Freund es sich gerade mit seiner Liebe in der Sonne gut gehen ließ. Das war natürlich krank. Von mir.

Im vorauseilenden Gehorsam schränkte ich meine Kreise auf ein Minimum ein, warf nur noch kleine Kiesel ins Wasser und ließ zu, dass die Kreise eines anderen (Pauls Depressionen) meine eigenen Reisen beschnitten.

Natürlich hatte Paul begriffen, dass er mit mir einen besonders leicht zu beeinflussenden, weil empathischen Menschen vor sich hatte. Und am Ende war ich derjenige, der sich verbiegen ließ. Nicht allein aus Nächstenliebe, sondern aus einer Art Co-Abhängigkeit heraus, wie ich später bei einigen Sitzungen mit einem Psychotherapeuten erfuhr.

Paul sah in mir seinen einzigen emotionalen Anker. Er überhöhte mich. Ich wiederum brauchte diese Anerkennung und sonnte mich insgeheim in dem Wissen, ein so kluger, einzigartiger Kopf zu sein, der sogar eine so schwierige Persönlichkeit handeln konnte.

Ich kann euch nur dringend warnen. Versucht, niemals in eine vergleichbare Situation zu kommen.

Habt Mitgefühl, aber verleugnet euch nicht.

Versetzt euch in andere Menschen. Seid taktvoll, wenn ihr merkt, dass sie sensibel und leicht zu verletzen sind. Aber erliegt nicht der gefährlichen Versuchung, den Weg eurer Reise anzupassen, nur um geliebt zu werden, wenn ihr selbst diesen Weg nicht liebt.

Macht nicht den Fehler eures Vaters und sprecht »barmherzige Lügen« aus, nur weil die Wahrheit eine empfindsame Person eventuell verletzen könnte. (Ihr müsst natürlich nicht immer freiwillig mit jeder Wahrheit sofort rausrücken und etwa im Fahrstuhl »Ich war's!« schreien, wenn ihr einen Pups gelassen habt. Aber lügt nicht, wenn ihr gefragt werdet!)

Wenn die Sonne scheint, dann scheint sie. Wenn ihr euch über einen ersten Platz freut, dann freut euch.

Macht euch nicht kleiner, weil andere sich dadurch besser fühlen könnten.

Bescheidenheit ist gut, aber sie darf nicht zur Selbstverleugnung führen.

Um Pauls tragische Geschichte zu Ende zu erzählen: Eines Tages lud er mich zum Essen in ein Restaurant nahe seiner Wohnung ein. Ich lernte seine Frau und seine kleine Tochter kennen. Die Stimmung war angespannt, aber war das nicht normal, wenn man sich nach langer Trennung wieder annäherte? Immerhin gelang es ihnen, wieder zu einem freundschaftlichen Umgang miteinander zu finden.

Zwei Jahre später rief Paul mich völlig aufgelöst an, er lallte, stand offenbar unter Beruhigungsmitteln, die mehr schlecht als recht wirkten. Seine Tochter sei überfahren worden und gestorben. Fahrerflucht, als sie mit ihrer Mutter in Berlin war, um Paul zu besuchen. Sie hatten wieder zusammenkommen wollen, dann die Tragödie. Ich war fassungslos. Paul war wie von Sinnen. Er wollte den geflüchteten Fahrer des Unfallwagens ausfindig machen, um ihn zu töten.

Ich bin zu ihm gefahren und schaffte es nach langem Zureden, ihn in eine psychiatrische Privatklinik zu bringen, wo er einen Drogen- und Alkoholentzug begann. Am Tag nach seiner Selbsteinweisung stand die Polizei vor meiner Tür. Ob ich einen gewissen Paul kennen würde. Den Beamten war zu Ohren gekommen, dass mein Freund nach einem Auftragskiller herumgefragt habe, um einen Mann ermorden zu lassen. Ich versuchte, die Polizisten zu beruhigen. Paul könne nicht klar denken, nach dem Tod seiner Tochter stünde er unter Schock.

Dann kam, wie in meinen Büchern, der eine Satz. Der Wendepunkt, der mir den Boden unter den Füßen wegriss: »Welche Tochter?«

Paul war nie verheiratet gewesen. Hatte nie Sorgerechtsprobleme gehabt. Hatte nicht einmal eine Tochter. Die Frau, die er mir vor dem Betreten des Restaurants als seine Ex angekündigt hatte, war eine ehemalige Kollegin aus seinen beruflichen Anfangsjahren gewesen. Das Mädchen war ihre Tochter, aber nicht die von Paul. (Und wer fragt schon bei einem Kennenlerngespräch: »Ach, und Sie sind wirklich verheiratet gewesen?«)

Paul lebte in einer Scheinwelt, in einer Lüge, an die er selbst glaubte. Er trank nicht, weil er einen Schicksalsschlag erlitten hatte. Er war psychisch krank. Und immer, wenn ihm seine Krankheit bewusst wurde, wenn es ihm nicht mehr gelang, die Scheinwelt unter Kontrolle zu halten, betäubte er in diesen grausamen lichten Momenten seinen Geist mit Drogen. Und ich? Ich hatte mich jahrelang angepasst. Als Co-Abhängiger hatte ich alles unternommen, was in meiner Macht stand, dass es ihm besser ging. Dabei habe ich alles falsch gemacht.

Meinen Freund Christian (ja, genau den, mit dem ich immer auf Lesereise bin) hatte Paul damals ebenfalls angerufen und ihn nach einem Auftragskiller gefragt. Christian hat als Einziger richtig reagiert. Er handelte normal, vernünftig. Passte sich nicht an. Tat nicht so, als könne er diese Ausnahmesituation alleine regeln. In seiner Überforderung rief er die Polizei um Hilfe, die dann zu mir kam.

Ich hätte schon viel früher meine Selbstanmaßung erkennen und Hilfe holen müssen. Denn selbst wenn Paul in meinen Augen »nur« ein Alkoholiker gewesen war, so war ich nicht befähigt, ihm mit dieser Krankheit zu helfen. Ich war und bin kein Arzt.

Wäre er mit einem wuchernden Krebsgeschwür zu mir gekommen, hätte ich auch nicht gedacht, ich könnte ihn auf dem Küchentisch operieren. Aber der Fluch psychischer Krankheiten ist, dass wir sie nicht erkennen oder – schlimmer noch – nicht ernst nehmen und glauben, man könne sie mit etwas emotionaler Intelligenz und guten Worten selbst behandeln. Niemand würde einem Diabetes-Patienten seine Insulin-Dosis verweigern mit den Worten: »Reiß dich mal zusammen!«

Ich war damals ähnlich ignorant. Hätte ich gewusst, dass Alkoholismus (und nur den sah ich ja) nicht durch gutes Zureden und »Dasein« heilbar ist, hätte ich schon sehr viel früher einen Psychologen oder eine Psychiaterin eingeschaltet.

Vielleicht wäre Paul heute noch am Leben.

Mein Appell an dieser Stelle ist: Holt euch Hilfe, wenn ihr Hilfe benötigt (darauf werde ich in Kapitel 16 ausführlich zurückkommen). Überschätzt niemals eure Fähigkeiten, gerade dann nicht, wenn die Psyche im Spiel ist.

Und – nicht weniger wichtig: Solltet ihr auf euren Reisen auf hilfebedürftige Menschen stoßen, dann helft ihnen. Aber nie, nie, nie, indem ihr euch selbst verleugnet.

Wenn euer Partner traurig ist, weil ihr im Job besser vorankommt, dürft ihr nicht hinter euren Möglichkeiten zurückbleiben, nur damit es ihm oder ihr vielleicht besser geht. Wenn ihr gerne ans Meer reist, der Rest der Familie aber die Berge liebt, dürft ihr nicht ein Leben lang auf den Anblick der Wellen verzichten. Wenn nötig, müsst ihr euch im Urlaub aufteilen.

Und wenn ihr mit einem alkohol-, drogen- oder psychisch kranken Menschen zusammenkommt, unterstützt ihn nicht in seiner Sucht, begleitet ihn auf seinem schweren Weg nicht in die falsche Richtung. Wenn ihr, dafür bete ich, gesund seid, dann kennt ihr den richtigen Weg. Streckt eurem Mitmenschen die Hand aus und helft ihm, ihn zu finden. Gehen muss er ihn alleine. Und wenn er sich von euch abwendet, weil er eine andere Vorstellung hat, weil er partout in eine andere Richtung will, dann lasst euch nicht beirren. Egal, wie sehr die andere Person versucht, euch zu überzeugen. Ob mit Schmeicheleien, Drohungen, Belohnungen oder Beleidigungen – ihr seid nur für ein einziges Leben verantwortlich.

Für euer eigenes.

3. Kapitel

Der Kompass

Wie ausgeführt, habt ihr in eurem hoffentlich langen Leben nicht nur eine, sondern viele Reisen vor euch. Oft seid ihr wochen-, manchmal monate-, wenn nicht jahrelang unterwegs. Es versteht sich also von selbst, dass ihr mit möglichst wenig Ballast durchs Leben ziehen solltet.

Das, was ihr am dringendsten braucht, ist ein funktionierender Kompass. Bevor ihr euch auf den Weg macht, müsst ihr ihn eichen. Die Nadel muss euch den richtigen Weg weisen. Dafür gibt es einen einfachen Test: Überprüft ganz ehrlich, auf welches Ziel sie ausgerichtet ist. Es darf niemals »Geld verdienen« heißen.

Oder, um es mit den Worten Peter Pranges auszudrücken:

Das Leben ist zu kurz, um es mit Geldverdienen zu verplempern.

Das Streben nach Geld ist der sicherste Weg ins Unglück. Denn habt ihr einmal diese Büchse der Pandora geöffnet, geratet ihr flugs in einen Teufelskreis, aus dem es kein Entkommen mehr gibt. Und das hängt mit einem einzigen, unschuldig daherkommenden Wort zusammen: »genug«.

Menschen, die allein nach Geld streben, kennen dieses Wort nicht.

Schaut euch den Film *Wall Street* an, der erste, grandiose

Teil mit Michael Douglas und Charlie Sheen. Achtet auf die Szene am Ende, als Bud Gordon Gekko fragt: »Hinter wie vielen Jachten willst du noch Wasserski laufen? Wann ist genug genug?«

Und Gordon Gekko gibt die ehrliche Antwort eines unglücklichen Menschen: »Das Ganze ist ein Nullsummenspiel. Es gibt kein Genug!«

Als ich zehn Jahre alt war, fuhr ich mit meinem besten Freund gemeinsam mit dem Fahrrad zur Schule. Auf dem Weg unterhielten wir uns darüber, was wir einmal werden wollten, und ich weiß noch, dass wir beide uns einig waren: »Wenn wir irgendwann einmal tausend Mark (also fünfhundert Euro heute) verdienen, dann sind wir reich und können jeden Monat die Hälfte spenden!«

Tausend Mark waren damals die unvorstellbare Summe, mit der man sich jeden Tag ein Eis, zwei weiße Schaumgummimäuse sowie einmal das neue BMX-Rad sowie ein Kinderschlagzeug kaufen konnte, um dennoch am Monatsende noch etwas fürs Kino übrig zu haben. Wahnsinn!

Nun, ich gebe es offen zu, mit fünfhundert Euro könnte unsere fünfköpfige Familie heute kaum am Sozialleben teilhaben. Meine Vorstellung von »genug« hat sich im Lauf der Zeit also drastisch geändert. Aber wieso eigentlich?

Weiter vorne habe ich es bereits beschrieben: In unserem Land haben wir genug. Nicht, um gut zu leben, wohl aber, um zu überleben.

Nun werdet ihr einwenden: »Papa, ich will leben, nicht überleben.« Richtig. Es ist ja auch nur ein Gedankenspiel, mit dem ich euch eines klarmachen will:

Genug, um zu »überleben«, lässt sich definieren: Solange ihr nicht krank werdet, also physisch und psychisch gesund bleibt, habt ihr in diesem Sinne genug. Genug, um »gut zu leben« hingegen, ist ein Fass ohne Boden.

Braucht jeder von euch einen Computer, oder ist ein gemeinsamer genug?

Braucht ihr das neueste Handy, oder reicht meine alte Gurke?

Ist ein Auto genug? Braucht es eine Sitzheizung? Hinten und vorne?

Urlaub? Eine Woche oder zwei Wochen? Müssen wir eine Flugreise nach Australien machen, oder reicht es, wenn wir an die Mecklenburgische Seenplatte fahren?

Braucht ihr ein eigenes Haus, oder genügt eine Wohnung? Und muss das Haus groß sein, mit Garten, oder könnt ihr euch ein Zimmer teilen?

Ich habe bei dem Bau unseres Hauses lange darauf bestanden, dass wir eine Temperaturanzeige in der Duschregulierung bekommen, bis eure Mutter mich fragte, ob ich wirklich zu blöd bin, heiß und kalt auf der Haut zu unterscheiden.

Ein Bekannter von mir wird deprimiert, wenn sein Whirlpool nicht funktioniert, den er in seinem Garten mit Blick auf den See errichtet hat. Sein Nachbar ist einige Millionen schwerer und hat ähnliche Probleme, nur dass sein Whirlpool auf dem Außendeck der Luxusjacht blubbert und er sich ärgert, wenn im Hafen noch dickere Schiffe neben ihm ankern.

Daraus folgt die wohl wichtigste Regel:

Vergleicht euch nicht mit anderen!
Vergleiche sind der sichere Weg ins Unglück.

Wie aber soll das gehen? Widerspricht das nicht dem Naturgesetz, das da lautet: Lernen bedeutet vergleichen? Du, David, hast dir in ganz jungen Jahren sehr viel von Charlotte abgeguckt. Du hast zum Beispiel beobachtet, wie sie sich die Zahnbürste in den Mund steckte, und wolltest es dann genauso machen. Leider hast du dir auch abgeschaut, wie sie einmal mit Edding die Tapete verschönert hat. (Schwamm drüber!)

Wir alle haben Vorbilder, denen wir nacheifern, und das ist gut so. Die gesamte Geschichte der Menschheit – ob in ethischer, moralischer, technischer, politischer oder kultureller Hinsicht – ist eine Entwicklung, in der eine Leistung auf der vorherigen aufbaut.

Unser eigenes Leben kann daher gar nicht losgelöst von denen anderer geführt werden. Auf unseren Reisen benötigen wir Straßen, die andere gebaut haben, oder nutzen zumindest Materialien zum Wegebau, die uns andere zur Verfügung stellen.

Ich glaube fest daran, dass der Mensch ein gemeinschaftliches Wesen ist. Autark zu sein ist ein verständlicher Wunsch, aber eigentlich einer, der unserem geselligen Wesen widerspricht. Doch auch das ist nur meine Meinung; wenn ihr irgendwann ganz alleine in einer selbst gezimmerten Hütte im Wald von dem leben wollt, was euch die Natur zur Verfügung stellt, könnte es das tollste Leben sein, das es gibt, eben weil es euer selbstbestimmtes Leben ist.

Kein Wunder also, dass wir Menschen darauf geeicht sind, uns mit anderen zu vergleichen, und dass viele von uns das Leben einer Kopie führen.

Viele, auch ich, streben nach Abziehbildern, die andere uns vorgelegt haben: Wir formen unser Aussehen nach den Rollenmodellen, die uns die Männer- und Frauenzeitschriften vorgeben (gut, ist mir jetzt nicht ganz so gelungen), wir leben in Wohnzimmern, die man so ähnlich auch in jedem Ikea-Katalog finden kann, und haben Verträge unterschrieben, die uns verpflichten, acht Stunden am Tag am Arbeitsplatz zu sein, eben weil es das Standard-Arbeitspensum ist.

Und dann, spätestens dann, fühlen wir uns oft nicht mehr wohl in diesem Leben. In einer Existenz, die zwar vielen Vergleichen standhält, aber gerade deswegen nicht unsere eigene ist.

Ich werde später noch auf die (scheinbare) Schizophrenie verschiedener, einander widersprechender Ratschläge eingehen (die ich Wegweiser nenne); hier stoßen wir schon auf das erste Paradoxon: Auf der einen Seite müssen wir vergleichen, um zu lernen und um unsere Ziele auszurichten. Auf der anderen Seite führt der Vergleich oft ins Unglück, wenn wir die selbst gesteckten Ziele nicht erreichen, und/oder er führt dazu, dass wir das Leben eines anderen führen, mit dem wir uns ständig messen, obwohl das Erreichen anderer Maßstäbe uns vielleicht sehr viel mehr erfüllen würde.

Nun, anders als bei den unten noch zu behandelnden Widersprüchen ist dieser im Prinzip einfach zu lösen:

Vergleicht nur, um zu lernen und/oder um euer Vorbild zu finden. Vergleicht nie, um euer Selbstwertgefühl zu stärken oder es herabzusetzen.

Wenn wir die Mechanik hinter einem System, den Ursprung eines Talents, das wir bewundern, erkennen wollen, lohnt ein vergleichender Blick.

Wenn wir aber nur vergleichen, um uns einen scheinbaren emotionalen Vorteil zu verschaffen, weil wir überprüfen wollen, ob wir schneller, besser, höher oder weiter als andere durchs Leben springen können, machen wir einen schweren Fehler.

Ich wiederhole es gerne noch mal: Vergleiche sind der

sichere Weg ins Unglück. Und ergänze: Ein Vergleich, der nicht darauf ausgerichtet ist, etwas zu lernen oder zu verstehen, sondern der mich darin bestätigen soll, dass ich besser dastehe als die anderen, ist der direkte Weg ins Elend. Irgendjemand hat immer bessere Noten, größeren Erfolg oder mehr Geld. Aber ist er auch gesünder als ihr? Hat er schönere Träume? Bessere Orgasmen? (Ja, ich weiß, Eltern, die über Sex reden, sind eklig, sorry, aber das Beispiel ist zu gut, um es aus Scham zu verstecken.)

Unser gesamtes aktuelles Leben droht auf Vergleiche ausgerichtet zu sein: Wer verdient mehr Geld? Wer hat mehr Freunde auf Facebook? Wer steht in der Bundesligatabelle ganz oben? Wer hat den größeren Garten? Welcher Klassenkamerad hat die besten Noten?

Fällt euch etwas auf?

Vergleichen kann man im Leben nur die Dinge, die unsichere Menschen normiert haben, um die Welt nach ihren Kriterien zu katalogisieren. Doch wie steht es mit dem, worauf es ankommt? Zum Beispiel: Gefühle.

Welcher Mensch spürt die intensivste Liebe auf Erden? Welche Person riecht den schönsten Duft? Wer hat den tiefsten und erholsamsten Schlaf? Wer ist der glücklichste Mensch auf Erden? Ob jemand einen höheren Genuss beim Essen hat oder ein erfüllteres Sexualleben, entzieht sich jedem vernünftigen Maßstab, dabei ist das doch sehr viel interessanter. Was nutzen mir ein pralles Konto und ein toller Abschluss, wenn ich das Leben nicht genießen kann?

Der Kompass, den ihr für die Reisen eures Lebens einpackt, sollte also nicht auf Geld geeicht sein. Selbst die geldgierigsten Menschen bestätigen übrigens sofort, dass Geld allein nicht glücklich macht. Denn »Geld allein«

sind bedruckte Scheine oder Zahlen auf einem Kontoauszug. Darauf kann man gut verzichten. Nicht aber auf den Wert, den wir diesen Dingen zumessen. Denn diese Scheine und Zahlen versetzen euch in die Lage, Dinge zu kaufen und zu unternehmen, von denen ihr der Meinung seid, dass sie euch *glücklich* machen.

Sollte der Kompass für die Reisen unseres Lebens also auf »Glück« geeicht sein? Zumindest schon eher als auf »Geld«. Das Problem ist nur: Woher wisst ihr, was euch glücklich macht?

Geld macht es, wie ausgeführt, nicht allein. Nach Geld zu streben, um glücklich zu sein, ist so, als würde man in der Hoffnung heiraten, sich dadurch zu verlieben. Das kann funktionieren, ist aber risikoreich.

Besser ist es, die Dinge logisch, also umgekehrt anzugehen:

Verliebt euch erst und heiratet dann!

Ergo:

Findet erst heraus, was euch glücklich macht, und verdient am besten damit euer Geld.

Oder, wie Steve Wozniak, der Mitbegründer von Apple, es ausgedrückt hat: »Mein Ziel war es nicht, Tonnen von Geld zu verdienen. Ich wollte einfach nur gute Computer bauen.«

Ich kann förmlich sehen, wie ihr bei diesen Sätzen mit euren kleinen Köpfen nickt, denn sie scheinen so logisch und richtig. Aber wie immer bei simplen Aussagen gilt: Nichts ist einfach im Leben.

Ich will euch das an einem Beispiel verdeutlichen: Ihr fahrt in jungen Jahren am Sacrower See vorbei, die Waldstrecke zwischen Potsdam und Kladow. Und auf diesem wunderschönen Weg passiert ihr eine stattliche Villa. Mit eigenem Bootsanleger und herrlichem Blick Richtung Berlin auf die Pfaueninsel. In euch keimt der Wunsch: »Später will ich hier wohnen.« Ihr macht euch sachkundig und erfahrt, dass diese Villa aktuell drei Millionen Euro kostet.

Ihr fragt eure Eltern, womit ihr einmal so viel Geld verdienen werdet, und erfahrt, dass ihr die Wahl zwischen einer Karriere als Hedgefonds-Manager oder als Drogenbaron habt, und es ist uns vielleicht sogar gelungen, euch den Unterschied klarzumachen.

Nun studiert ihr BWL, macht zusätzlich eine Banklehre und zieht das Ding durch, obwohl es euch keinen Spaß macht, aber irgendwann, später einmal, wollt ihr ja in diese Villa einziehen. Ihr kämpft euch bis in den Vorstand einer Investmentbank vor, schiebt Sechzehn-Stunden-Tage, rackert euch ab für euren Traum. Und als ihr schließlich die sechs Millionen zusammenhabt (die Villa ist nach fünfundzwanzig Jahren Berufsleben natürlich im Wert gestiegen), steht ihr bereits mit Mitte fünfzig das erste Mal auf dem Bootssteg und schaut auf die kleine Jacht, die dort ankert.

Dieses Bild, das sich euch zeigt, ist so schön, dass ihr die Aussicht festhalten wollt. Nicht mit einem Foto, sondern auf Papier. Glücklicherweise habt ihr einen Notizblock und einen Bleistift dabei. Und ihr geht ins Haus, aber der Möbelwagen war noch nicht da, ihr habt keinen Schreibtisch, also macht ihr einen Spaziergang, und ihr kommt zu einer kleinen Bank, direkt am Wannsee. Sie steht in der Nähe der Heilandskirche, und die Aussicht von dort ist noch atemberaubender, da die Sonne gerade hinter der Glienicker Brücke untergeht. Ihr beginnt, die

Szenerie zu malen. Und stellt fest, dass es richtig gut aussieht. Noch besser: Ihr erinnert euch daran, dass ihr früher immer so gerne gemalt habt und welch wunderbares Gefühl es war, wenn ihr bei Oma am Tisch den Zeichenblock mit Feen und Piratenschiffen gefüllt habt. Wie glücklich ihr gewesen seid.

Wie so oft im Leben hat diese einfache Geschichte keine einfache Moral. Natürlich könnte ich jetzt vorrechnen: Um »Glück« zu erleben, hättet ihr nicht sechs Millionen Euro für eine Villa in Sacrow ausgeben müssen, sondern nur sechs Euro für Block, Bleistift und das Ticket für die öffentlichen Nahverkehrsmittel zum Wannsee.

Doch das greift zu kurz: Denn einerseits kann ich nicht ausschließen, dass euch das Leben in der Villa noch viele weitere schöne Tage und Erlebnisse bescheren wird. Zudem hat euch ja erst jener Tag am Bootssteg dazu gebracht, den Sonnenuntergang zu malen.

Und auch wenn es nicht gleich Millionen bedarf – ganz ohne Geld wird man nur selten alle seine Träume verwirklichen können.

Schon wieder sind wir bei einem logischen Teufelskreis angekommen: Es wäre besser, man wüsste, was einen glücklich macht, *bevor* man versucht, das dafür nötige Geld zu verdienen. Aber ohne etwas Geld wird man auf der Suche nach dem Glück kaum ausprobieren können, ob man überhaupt auf dem richtigen Weg ist.

Sollte uns die Kompassnadel also einen Mittelweg anzeigen?

Keine schlechte Idee, aber wie sollte der aussehen? Und wo sollte er liegen? Irgendwo zwischen Glück und Geld?

Heißt das Ziel einer jeden Reise womöglich: Traumerfüllung?

4. Kapitel

Der Treibstoff

Viele glauben, das Ziel im Leben wäre es, seine Träume zu verwirklichen. Ich sehe das anders. In meinen Augen sind Träume der dringend benötigte mentale Treibstoff, den wir brauchen, um ein anderes, noch zu klärendes Ziel zu erreichen.

Damit widerspreche ich nahezu allen Glücksratgebern, die empfehlen, sich große Ziele im Leben zu setzen, seine Träume zu visualisieren. Wenn man nur ernsthaft und lange genug daran glaube, würden sie sich über kurz oder lang auch einstellen,

Im Grunde ist nichts dagegen einzuwenden. Davon zu träumen, wie man die Medaille um den Hals gehängt bekommt, ist allemal besser, als sich mit dem trüben Gedanken, man werde das Tennismatch morgen früh so oder so verlieren, in den Schlaf zu weinen. Ich glaube daran, dass eine gesunde Psyche die Selbstheilungskräfte des Körpers unterstützt und dass eine schlimme Krankheit besser überwunden werden kann, wenn man auch geistig gegen sie ankämpft.

Doch ich halte das Leben nicht für ein Wunschkonzert, bei dem ich nur die Augen schließen und ganz fest an etwas denken muss und schwups – ist der Krebs verschwunden oder der Parkplatz aufgetaucht.

Ihr könnt das anders sehen, aber im Zweifel würde ich euch doch eher zu einem Helm beim Motorradausflug raten, als allein auf die Macht des positiven Denkens zu vertrauen; sonst könnte es euch später auf der Intensivstation schwerfallen, überhaupt noch einen sinnvollen Gedanken zu entwickeln.

Aber gehen wir spaßeshalber davon aus, die Nadel eures Kompasses, mit dem ihr gerade eine der vielen Reisen eures Lebens unternehmt, stünde auf »Ich erfülle mir einen Traum«.

Ihr brecht auf zu eurer Traumreise, zum Beispiel, um euren Traumpartner zu finden, den Traumjob anzutreten oder – bleiben wir bei dem vorigen Beispiel – in eure Traumvilla am See zu ziehen.

Zunächst hattet ihr den Traum, morgens nach dem Frühstück vom eigenen Steg aus direkt in den See zu springen, dann habt ihr euch überlegt, wie ihr ihn euch erfüllen könnt. Sprich: Ihr habt das nötige Kleingeld verdient. Erst der Traum von der Villa, dann der Job als Drogen…, äh, Hedgefonds-Manager. Erst verlieben, dann heiraten.

Im Grunde ist das die richtige Reihenfolge, nur können wir bei Träumen nie wissen, ob uns deren Erfüllung am Ende wirklich gefällt. Und je teurer der Traum ist, desto mehr Zeit müssen wir womöglich aufbringen, um ihn uns erfüllen zu können.

So betrachtet ist jede Reise, die wir im Leben antreten, auch eine Wette. Wir wetten darauf, dass uns das Ziel der Reise am Ende gefällt: die Fahrt mit dem Porsche, der Urlaub in der Karibik, die Villa am Wasser. Deshalb investieren wir etwas, das wir niemals zurückbekommen, nämlich unsere Lebenszeit. Wir investieren sie, um zu arbeiten, und ganz oft sagen wir: »Die Arbeit macht mir zwar keinen Spaß, aber mit dem damit erwirtschafteten Geld erfülle ich mir meinen Traum.«

Daraus ergibt sich – zumindest bei materiell erfüllbaren Träumen – eine ganz einfache Faustregel: Je mehr Lebenszeit wir für die Erfüllung unseres Traums einsetzen, desto risikoreicher ist die Wette.

Vielleicht hilft euch diese Überlegung weiter: Stellt euch vor, euch würde jemand sagen, ihr würdet so viel Geld bekommen, dass ihr es in eurem Leben nie mehr ausgeben könntet. Ihr könntet euch jeden Tag Schoki, Disney-Puppen, Fahrräder, Handys, Computer, Autos und überhaupt alles kaufen, wovon ihr träumt. Das Geld wird nie, nie, niemals alle. Es gibt nur eine Auflage: Ihr müsst jeden Tag sechzehn Stunden lang in einem leeren Zimmer sitzen. Ohne den Besuch von Freunden. Wie hört sich das an?

Nach der Hölle? Ganz genau. Und nun sage ich euch etwas, was ihr mir einfach glauben müsst, weil ich euer Vater bin und etwas mehr Lebenserfahrung habe als ihr: Die meisten Millionäre, die ich kenne, sitzen in so einem leeren Zimmer. Sie beschäftigen sich jeden Tag stundenlang mit Dingen, die sie nicht leiden können. Die sie langweilen und die sie manchmal sogar für sinnlos halten. Aber sie erledigen sie, weil sie dadurch enorm viel Geld verdienen. Komischerweise haben sie am Ende des Tages keine Zeit mehr, um das Geld auszugeben. Klingt paradox? Ja, so ist das Leben, wenn man es allein zum Zwecke des Geldverdienens lebt.

Und das tun die meisten.

Wir verwetten unsere Zeit gegen Geld, das wir später einmal gegen Glück einzutauschen hoffen.

Daraus ergibt sich aber auch eine richtig gute Nachricht: Kinder, ihr seid bereits reich! Nämlich an Zeit. Ihr seid jung, euch steht noch so viel zur Verfügung.

Zeit ist das Wichtigste in jeder eurer Lebenswetten, euer wertvollster Einsatz, der kostbarste Tauschposten.

Euer wichtigstes Tauschgut ist die Zeit.

Die besten, weil risikoärmsten Wetten sind die, bei denen ihr die Zeit direkt gegen euren Traum eintauschen könnt. Eine Stunde für einen Spaziergang mit eurem Schwarm etwa. Auch wenn sich der- oder diejenige beim Gespräch als Idiot entpuppt, war eure Zeitinvestition recht überschaubar.

Musstet ihr erst einen Monat Zeitungen austragen, um sie oder ihn auf ein Konzert einladen zu können, und war das Konzert dann auch noch ein Reinfall, weil ihr die Band nur ihm oder ihr zuliebe gehört habt, rutscht euer Konto etwas mehr ins Minus. Wohlgemerkt: das Konto eurer Lebenszeit. Ihr habt sowohl vergeblich Zeitungen ausgetragen als auch eure Lebenszeit beim Konzert verschwendet.

Je mehr Zeit ihr aufwenden müsst, um zunächst ein anderes Tauschgut (meistens Geld) zu erwerben, das euch einem vermeintlichen Glück näher bringt, desto höher ist die Chance, sehr viel zu verlieren. Doch das Gute ist: Ihr selbst habt es in der Hand, das Risiko eurer Lebenswetten zu steuern.

Hier gibt es die feige, die mutige und die kluge Steuerungsoption:

1. Die feige Option
   Ihr geht nur risikoarme Wetten ein. Ihr setzt euch keine großen, keine zeitaufwendigen Ziele. Ihr macht möglichst kleine Schritte im Leben und investiert nur die Zeit, die ganz sicher nicht verloren erscheint.
2. Die mutige Option
   Ihr setzt alles auf eine Karte. Arbeitet euch den Buckel krumm in der Hoffnung, die viele, viele eingesetzte Lebenszeit irgendwann einmal gegen euren Traum vom

Glück eintauschen zu können (siehe oben, der 16-Stunden-Manager).

3. Die kluge Option
(Dreimal dürft ihr raten, was ich euch empfehle …): Ihr hört in euch hinein, setzt euch mit euch selbst auseinander und begebt euch auf die Suche nach dem, von dem ihr glaubt, dass es euch glücklich macht. Euch ist bewusst, dass ihr das nicht mit Sicherheit sagen könnt, ihr also ein Risiko eingeht. Deswegen habt ihr nicht nur das Ziel, sondern auch immer die Zeit vor Augen, die ihr einsetzen müsst, um das Ziel zu erreichen.

Je zufriedener ihr die Zeit auf eurem Lebensweg verbringt, desto risikoärmer ist die Wette. Denn selbst wenn sich am Ende der Reise herausstellen sollte, dass der erfüllte Traum euch nicht glücklich macht, so habt ihr auf dem Weg dorthin sehr viel erlebt. Je unglücklicher und unzufriedener ihr aber in der Lebenszeit seid, die ihr für ein vermeintlich höheres Ziel aufwenden müsst, umso stärker solltet ihr die Wette hinterfragen. Der Spruch »Der Weg ist das Ziel« greift also etwas zu kurz. Ziel und Weg sind nicht voneinander zu trennen, sondern sollten auf der Reise immer wieder in Relation gesetzt werden.

Ihr könnt bestimmen, wofür ihr eure Lebenszeit einsetzt. Ihr selbst wisst, ob euch der Einsatz (beispielsweise Arbeit, Schul- und Übungsstunden etc.) erfüllt oder unglücklich macht. Ihr könnt nicht wissen, ob der Traum die Anstrengungen, den Schweiß und womöglich sogar das Unglück, das ihr auf dem Weg dorthin in Kauf nehmt, tatsächlich kompensiert. Sicher ist nur, dass ihr die Lebenszeit nicht mehr zurückbekommt. Das Unglück hingegen könnt ihr selbstbestimmt abstellen, indem ihr euch eine neue Herausforderung sucht.

Dazu scheint es viel Mut als Antriebskraft zu brauchen. Mut, einen Job zu kündigen, der keinen Spaß macht, selbst wenn man gutes Geld mit ihm verdient. Mut, auf die innere Stimme zu hören und einen auf den ersten Blick schwierigen Weg zu wählen, der den eigenen Neigungen entspricht, anstatt auf Freunde und Verwandte zu hören, die einem zu einer »ordentlichen Ausbildung« raten, die vermeintlich »sicherer« ist. Ich aber finde es sehr viel mutiger und risikoreicher, meine kostbare Lebenszeit mit Dingen zu verbringen, die ich nicht mag, nur in der Hoffnung, dass am Ende alles gut wird. Da versuche ich doch lieber, jede Sekunde das Beste aus dem Leben herauszuholen.

Oder, wie ein guter Freund sagte: »Wenn mein Leben erst nach acht Stunden Arbeit beginnt, schrumpft meine Lebenszeit nach Abzug des täglichen Schlafes auf ein Drittel.« Womit, rein rechnerisch, ein Mensch mit einer durchschnittlichen Lebenserwartung von fünfundsiebzig Jahren nur fünfundzwanzig Jahre wirklich *leben* würde.

Es ist also gut und wichtig, im Leben Träume zu haben. Wir können uns allerdings nicht sicher sein, ob uns deren Erfüllung glücklich macht. Wir müssen damit rechnen, zu viel kostbare Zeit zu opfern, ohne uns einer Gegenleistung gewiss sein zu können.

Auch kann ein Traum unerfüllt bleiben und somit zum Gegenteil von dem Glück werden, das wir uns erhofft haben. Denn das Wesen von Träumen ist, dass sie nicht leicht zu erreichen sind und regelmäßig verfehlt werden.

Euer Vater wollte als kleiner Junge ein berühmter Musiker werden. Als nicht besonders hip gekleidetes Kind mit Hängeschultern und Topfhaarschnitt rechnete ich mir bessere Chancen bei Mädchen aus, wenn ich ihnen von der Waldbühne aus zulächelte. Das war mein Traum: mit meinen Kumpels im Tourbus zu sitzen und angesichts der jubelnden Fanmenge vor dem Hotel kaum aussteigen zu können.

Gemessen an diesem Traum bin ich ein ziemlicher Versager, denn ich habe ihn mir nie erfüllt. Nicht einmal ein Praktikum bei einem Plattenlabel wollte man mir geben. Zwar stand ich auf der Bühne – immerhin sogar vor fünfhundert zahlenden Gästen 1989 in der Berliner Konzerthalle »Quartier Latin« – doch mit den Mädchen? Nun, kleiner Tipp am Rande: Wenn ihr gesehen werden wollt, solltet ihr euch nicht hinter einem Drum-Set verstecken, das man nach dem Gig auch noch stundenlang abbauen muss, während Sänger und Gitarrist bereits an der Bar die Kontaktaufnahme anbahnen.

Mein Traum, Musiker zu werden, hielt mich jahrelang auf Trab. Ich lag im Urlaub am Strand, hörte Musik (damals noch über Walkman) und träumte mich in eine Welt von Plattendeals, Konzertreisen und frenetischem Applaus. Wäre dieser Traum mein Hauptziel auf der Reise meines Lebens gewesen, wäre ich gescheitert. Und tatsächlich fühlte es sich so an, wenn nicht einmal eine Handvoll Zuschauer zum Auftritt im Studentenwohnheim kamen und Musikverlage die Demotapes ungehört wieder zurückschickten.

Auf der anderen Seite konnte ich viele tolle Erlebnisse verbuchen. Das Open-Air-Konzert in der Kiesgrube Mölln, wo wir im Auto pennen mussten und die Bühne fast abgebrannt wäre, weil der Tontechniker betrunken seine Kippe in die Heuballen geworfen hatte – rückblickend ein Highlight meines jungen Lebens. Oder die Stunden im Tonstudio, in denen wir das Demo für den Hansa Musik Verlag einspielten, das am Ende niemanden überzeugen konnte. Aber die gemeinsame Zeit war unbezahlbar. Auch, dass ich zumindest meine erste große Liebe nach einem Konzert küssen und dann für eine lange Zeit durchs Leben begleiten durfte. Um nichts auf der Welt würde ich das missen wollen. Dennoch: Das Ziel, an dem sich mein Kompass ausrichtete, den Traum, habe ich nicht erreicht.

Und das ist das Problem, das ich mit dem »Think Big« der Motivationstrainer habe. Es ist der beste Nährboden für eine handfeste Depression. Wenn ich mir meine Ziele immer höher stecke, freue ich mich eben nicht darüber, wenn ich sie zu achtzig Prozent erreicht habe, sondern ich halte mich wegen der fehlenden zwanzig Prozent für einen Versager.

Die meisten Menschen (und ihr merkt schon, ich wünsche mir, ihr würdet nicht so wie »die meisten«) würden auch die Reise meines Jurastudiums als gescheitert ansehen.

Nach herkömmlichen Maßstäben wäre sie nur dann erfolgreich gewesen, wenn ich mein Ziel erreicht, sprich das Studium erfolgreich abgeschlossen hätte. Nun habe ich tatsächlich das erste Staatsexamen mit einer Traumnote absolviert, die mich selbst am meisten überraschte, und ich habe meinen Doktor mit magna cum laude im Urheberrecht erworben, und dennoch darf ich nicht als Anwalt arbeiten, denn ich habe das Studium nicht abgeschlossen; mir fehlt das zweite Staatsexamen. Gemessen an den Zielen der Gesellschaft bin ich ein Abbrecher.

Das ist allerdings überhaupt nicht schlimm, weil es im Leben nicht auf die Ziele anderer Menschen ankommt, sondern nur auf die eigenen. Und ich wollte nie Anwalt werden, sondern Plattenboss oder wenigstens Bandmanager. Ich dachte mir, wenn mein Talent als Schlagzeuger für die große Bühne nicht ausreicht, lebe ich meine Leidenschaft für Musik wenigstens hinter den Kulissen aus. Hat auch nicht geklappt.

Erfolg definiert sich allgemein als Übererfüllung der Erwartung. Ein Independent-Musiker, der über Nacht eine Million Downloads seines selbst produzierten Songs verkauft hat, ist am nächsten Tag ein Weltstar. Verkauft Lady Gaga nur eine Million, gilt sie als gescheitert. Die Messlatte liegt unterschiedlich hoch. Wohlgemerkt: die Messlatte der anderen.

Wichtig und für euer Leben unabdingbar ist, dass ihr im Lauf der Zeit euer eigenes Maß findet. Wenn ihr euch dem Höher-schneller-weiter Außenstehender unterwerft, werdet ihr scheitern und unglücklich werden.

Natürlich dürft ihr die Messlatte auch nicht voreilig zu tief legen, wie es der Klassenstreber vor einer Klausur gerne tut, wenn er den anderen verkündet, er habe gar nicht gelernt und ein ganz schlechtes Gefühl. Nicht weniger wichtig ist aber auch, dass ihr eure Ziele nicht zu hoch steckt. Das amerikanische Sprichwort »Wenn du deine Hand nach den Sternen ausstreckst, wirst du nicht mit Staub zurückkehren« mag stimmen, aber vielleicht hast du dir bei dem Versuch, etwas Unmögliches zu erreichen, den Rücken oder – schlimmer noch – deine Psyche ausgerenkt.

Wer seine Ziele zu hoch steckt, wird sie nicht erreichen, und das schädigt am Ende die Seele.

Das ist einer der großen Drahtseilakte, die es im Leben zu meistern gilt. Einerseits müsst ihr träumen. Visualisieren. Visionen haben. Und diese Träume sollten hochgesteckt sein, denn dieses verrückte Leben bietet so viele Möglichkeiten, und ihr solltet nicht eine Sekunde daran zweifeln, dass alles möglich ist. Andererseits solltet ihr aber auch nicht verzweifeln, wenn sich nicht jede Möglichkeit realisieren lässt.

Wie findet man nun das rechte Maß zwischen inspirierendem Traum und demotivierender Überforderung?

Mir hat dabei stets die Metapher geholfen, die ich zu Anfang des Kapitels kühn in den Raum gestellt habe:

Ein Traum ist nicht das Ziel.
Er ist der Treibstoff
für die Reisen eures Lebens!

Um in Bewegung zu bleiben, braucht man Treibstoff. Die Träume sind es, die uns stets von Neuem antreiben.

Ihr kennt sicher die Lebensweisheit: »Träume nicht dein Leben, sondern lebe deinen Traum.« Ich halte diese Formulierung allerdings für unscharf und damit falsch – da kommt vermutlich der Erbsen zählende Jurist in mir durch … Aus meiner Sicht muss es heißen: »Träume dein Leben *und* lebe dann deinen Traum.« Denn wie soll man etwas leben, was man zuvor nicht visualisiert hat?

Der frühere Bundeskanzler Helmut Schmidt irrte, als er sagte, wer Visionen hat, solle zum Arzt gehen. Das klingt lustig, ist aber ein ziemlich dummer Ausspruch eines so klugen Mannes.

Jede herausragende Leistung entsprang einer Idee, die zunächst einmal gedacht werden musste. Natürlich gab es große Zufallsentdeckungen – wie Penicillin, Tesa oder Vaseline –, doch auch hier ging eine Idee ihres Entdeckers voraus. Dass sich diese konkrete Idee nicht verwirklichte, sondern etwas anderes entstand, ist der normale Lauf der Dinge. Denn der Mensch ist von seiner Natur aus kein Hellseher, sondern Forscher. Wir erforschen das Leben, setzen uns Ziele und kommen auf unseren Reisen oft ganz woanders an, als wir ursprünglich wollten.

Ich wollte Musiker oder Musikproduzent werden, bekam aber kein Praktikum bei einer Plattenfirma, sondern »nur« bei einem Radiosender. Meine Bemühungen, die Welt der Musik zu erforschen – getrieben von dem Traum, als berühmter Plattenproduzent einmal goldene CDs an den Wänden zu haben –, führten mich in die Welt des Hörfunks, die ich nach wie vor liebe und in der ich die schönsten Stunden meines Arbeitslebens erleben durfte.

Man sagt, die Kunst im Leben ist nicht, das zu bekommen, was man will, sondern es immer noch zu wollen, nachdem man es bekommen hat. Ich ergänze: Die Kunst ist es, im Leben nach etwas zu streben, was man sich erträumt hat, und die Traumerfüllung so zu gestalten, dass man sich über das Erreichte freut. Selbst dann, wenn man das eigentliche Ziel verfehlt hat, womöglich nicht einmal in die Nähe dessen gekommen ist, was man hatte erreichen wollen.

Wenn ich ein neues Buch anfange, skizziere ich auf etwa zwanzig Seiten den groben Handlungsverlauf und die wichtigsten Charaktere. Schon nach achtzig geschriebenen Seiten aber kann ich mein Exposé eigentlich wegwerfen, denn kein Buch entwickelt sich so, wie ich es abstrakt vorhergesagt habe. In *Passagier 23* musste ich die ersten zehn Kapitel komplett löschen, weil die Hauptfigur nicht auf dem Kreuzfahrtschiff hatte bleiben wollen, wofür sie gute Gründe anführte, die ich in der Vorbereitung des Buches nicht beachtet hatte. Allerdings wollte ich keinen Hamburger-Hafen-Krimi schreiben, sondern die unbekannte Welt der nicht öffentlichen Bereiche auf einem Kreuzfahrtschiff ausloten. Und da ich meine Figuren nicht verbiegen, wohl aber sterben lassen kann, musste ich schweren Herzens noch mal von vorne anfangen. Mit einer anderen Hauptfigur.

Auch jedes Buch ist für mich eine Reise und damit ein

Erkenntnisprozess: Wie entwickelt sich die Story, welches Eigenleben haben meine Figuren?

Wüsste ich vor dem ersten Satz schon jede Wendung des Romans, würde ich ihn vermutlich gar nicht schreiben. Das wäre mir viel zu langweilig. Ich lasse mich lieber von meinen eigenen Figuren überraschen und folge ihnen durch die Geschichte, die ich angestoßen habe.

Um auf das Thema dieses Kapitels zurückzukommen: Das Exposé ist der verschriftlichte Traum eines Buches, das noch nicht existiert. Ich weiß, dass das fertige Buch niemals diesem Traum entsprechen wird. Während ich früher noch bei der geringsten Abweichung Angst vor einer möglichen Schreibblockade bekam, begrüße ich heute diese Momente, in denen ich merke, dass die Figuren meiner Romane sich verselbstständigen. Denn ich weiß: Der Traum, ein fertiges Buch in Händen zu halten, ist nicht mein Ziel, sondern nur der Treibstoff, der mich über Hunderte von Stunden an den Schreibtisch treibt.

Das, was euch im Leben voranbringt, ist nicht der konkrete Fakt, von dem ihr träumt, sondern das Gefühl, das ihr auf euren Reisen zu erleben hofft.

Mein Tipp: Engt euch nicht durch starre Ziele ein.

Strebt mit euren Träumen nicht nach Fakten, sondern nach Emotionen.

Konkret: Träumt nicht davon, eine bestimmte Note zu erreichen, eine definierte Menge Geld zu verdienen oder in der Rangliste einen konkreten Platz zu besetzen. Überlegt euch lieber, an welchem Ort ihr euch nach der Rückkehr von eurer Reise seht.

Als ich zu meiner Reise, Schriftsteller zu werden, aufbrach, träumte ich nicht von Platz 1 der Spiegel-Bestsellerliste. Ich hatte ein Bild vor Augen, wie ich im Supermarkt im Drehregal an der Kasse meinen eigenen Roman entdecke. Stephen King träumte davon, dem *Playboy* ein Interview zu geben, und führte es schon einmal im Geiste, während er in der Badewanne lag, zu einem Zeitpunkt, zu dem er noch weit davon entfernt war, entdeckt zu werden.

Vielleicht träumt ihr davon, als Anwalt ein flammendes Plädoyer zu halten; erschöpft im Zelt zu liegen, nachdem ihr in einem von einem Tsunami zerstörten Dorf die Not leidende Bevölkerung mit Medikamenten versorgt habt; mit den Kumpels von der Band im Tourbus zu schlafen; als letzte Rettung in einem wichtigen Fußballspiel eingewechselt zu werden.

Je emotionsgeladener die Bilder sind, die ihr euch vorstellt, desto größer ist der Antrieb, sie realisieren zu wollen.

Ihr werdet merken: Wenn ihr es geschafft habt, diese (weichen) Ziele zu erreichen, spielt es überhaupt keine Rolle, ob ihr am Ende auch die (harten) Erfolge eingefahren habt, nach denen euch die Außenstehenden bewerten, auf die es aber nicht ankommt.

Vielleicht werdet ihr durch euer Plädoyer den Fall nicht gewinnen, vielleicht ist das Konzert nicht ausverkauft, vielleicht schießt ihr nicht das entscheidende Tor, und womöglich wird es euch nicht gelingen, die Not eines gesamten Dorfes zu lindern. Aber ihr habt es versucht, und ihr habt eure emotionalen, sprich wichtigen Ziele erreicht. Ihr wart erfolgreich, und dieser Erfolg wird euch Kraft verleihen, euch weitere (emotionale) Ziele zu setzen. Ihr werdet zu neuen Reisen aufbrechen und weitere Erinnerungen in eurem selbstbestimmten Leben sammeln. Es kommt auf eure Ziele an, nicht auf die der anderen.

Träumen ist also wichtig, um voranzukommen. Ohne Vision, eine emotionale Vorstellung, eine Idee – einen Traum – fehlt uns der Treibstoff, um überhaupt eine Richtung im Leben einzuschlagen.

So wichtig Träumen ist, so schwierig ist es auch. Denn Träumen setzt Langeweile voraus. Wer ständig unter Strom steht, hundert Anrufe am Tag bekommt, dreihundert E-Mails, von Termin zu Termin hetzt oder von seinen Sorgen beinahe erdrückt wird, hat keine Zeit zu träumen. Er ist abgelenkt, müde, erschöpft, deprimiert.

Gerade in unserer heutigen Zeit nimmt die Fähigkeit zu träumen immer mehr ab. Wenn ich früher an der Bushaltestelle wartete, habe ich meinen Gedanken freien Lauf gelassen. Ich beobachtete die Menschen, versuchte, mich in ihr Leben hineinzuversetzen, dachte über Geschichten nach, die sie erlebt haben könnten.

Heute zücke ich mein Handy, checke mehrere Foren und Gruppen sozialer Netzwerke, zappe durch die Nachrichtenkanäle und beantworte E-Mails.

Deswegen bin ich ein Freund von Boxhandschuhen und rate euch dringend, immer mal wieder welche überzustreifen.

Klingt komisch? Soll es auch, damit ihr das nie vergesst.

Hin und wieder solltet ihr euch nämlich Boxhandschuhe überziehen, denn mit denen könnt ihr kein Smartphone, keine Fernbedienung und keine Computertastatur bedienen. (Falls doch, habt ihr eine neue Leidenschaft entdeckt und solltet weiter für Cirque du Soleil trainieren.)

Und jetzt, mit den Boxhandschuhen an den Händen, setzt euch hin und tut einfach mal … nichts. Denkt nach.

Langweilt euch!
Nehmt euch die Zeit, nichts zu tun.

Und zwar wirklich gar nichts – außer vielleicht Musik zu hören (das inspiriert!) und auf das Meer oder die Berge zu starren, je nachdem, was euch guttut.

So tankt ihr auf! Denn ihr müsst darauf achten, dass euch der Treibstoff nie ausgeht. Hört niemals auf zu träumen. Aber verwechselt nicht eure hochfliegenden Träume mit den erreichbaren Zielen, die ihr euch auf den unterschiedlichen Reisen eures Lebens vorgenommen habt. Sonst werdet ihr depressiv, weil der große Traum sich nicht erfüllt hat, und überseht die vielen kleinen Ziele, die ihr unterwegs bereits erreicht habt.

Und noch ein Gedanke, weil es zum Thema Langeweile, Handy und Im-Hier-und-Jetzt-Leben so gut passt: Fotoapparate sind Ballast. Ihr denkt womöglich, ihr könnt ohne euer Smartphone nicht leben. Dabei ist es genau andersherum: In Wahrheit verpasst ihr euer Leben sehr häufig *wegen* eures Handys.

Ein Bekannter von mir war auf einem Coldplay-Konzert und kam fassungslos nach Hause. Er hatte beobachtet, dass zehn Prozent der Zuschauer eigentlich *Weg*schauer waren. Sie hatten der Band den Rücken zugekehrt. Der Grund: Sie wollten sich selbst mit der Bühne im Hintergrund filmen.

Ich will hier gar nicht auf den Selfie-Wahn eingehen oder mich besser darstellen, als ich bin: Auch ich habe bei einer Recherche-Kreuzfahrt, als ich vor meinem Kabinenfenster Delfine entdeckte, hektisch mein Telefon gesucht, um dieses einmalige Ereignis festzuhalten, und als ich es endlich fand, waren die Tiere abgetaucht. Ich habe das Leben verpasst, während es vor meinen Augen passierte. Eine schöne Erinnerung auf der Reise meines Lebens blieb auf der Strecke.

Doch selbst wenn es mir gelungen wäre, die Delfine für

die Nachwelt festzuhalten, was hätte ich gewonnen? Wie oft sehen wir uns denn die konservierten Erinnerungen an, die wir auf Konzerten, bei Kindergeburtstagen, Familienfeiern und im Urlaub sammeln?

Wäre es nicht besser, wir würden den größten und besten Fotoapparat, den es auf der Welt gibt, intensiver nutzen – nämlich unser Gehirn? Und dafür das Handy zu Hause oder zumindest im Hoteltresor lassen?

Ich habe letztens neuntausend Fotos von meinem Smartphone auf den Computer gezogen. Ich werde sie mir vermutlich nie wieder in meinem Leben ansehen.

Und deswegen mein Rat: Betrachtet die Welt nicht durch den Filter einer Linse, denn das Handy vor dem Auge ist eine Barriere zwischen euch und dem Leben. Versucht lieber, die Erlebnisse eurer Reisen bewusst einzufangen, und schwelgt später in Erinnerungen an den schönen Moment, den ihr bewusst im Hier und Jetzt erlebt habt. (Eure Freunde werden euch zudem dankbar sein, nicht mit verwackelten Aufnahmen und langweiligen Fotos gequält zu werden, wie der ach so süße Fratz das Weihnachtsgeschenk auspackte.) Und übrigens: Die Blu-Ray eines Konzerts ist tausendmal besser als alles, was ihr selbst filmt, während ihr die Musik nicht in Ruhe genießen könnt. Wenn ihr jemandem Delfine im Meer zeigen wollt, gibt es schöne Tierdokus auf YouTube.

Und wenn ihr euer Essen fotografieren wollt? Okay, dann kann ich euch auch nicht mehr helfen.

Ha!, werdet ihr jetzt aufschreien. Wenn wir im Leben nicht primär nach Geld oder anderen materiellen Gütern streben sollen, da uns das Streben danach sogar unglücklich macht, weil wir uns am Ende unweigerlich mit anderen vergleichen, und wenn das wichtigste Gut im Leben, über das wir selbstbestimmt verfügen können, unsere Zeit ist – dann kommt es also einzig und allein darauf an, möglich viel Spaß zu haben?

Steht »Spaß« und damit also doch »Glück« über dem Richtungspfeil unseres Kompasses?

Und wenn ja, muss ich also nicht mehr zu der ollen Lehrerin, die mich mit nutzlosen Gedichtanalysen nervt? Ich zeige meinem Ausbilder den Stinkefinger, wenn er von mir mehr Engagement verlangt? Ich schmeiß den Job, wenn ich angemotzt werde, nur weil ich zwölfmal in Folge zu spät gekommen bin? Überhaupt, wenn mir die Arbeit keinen Spaß macht, soll ich sofort kündigen, da ich mein kostbares Zeitgut ja nicht verplempern will?

Die Antwort ist ein eindeutiges: Jein.

Das Problem mit dem Spaß als Ausrichtung eures Kompasses ist nämlich folgendes: Um zu wissen, was euch Spaß macht, müsst ihr es erst einmal herausfinden. Könnt ihr euch vorstellen, Senf auf Käse zu schmieren und das dann zu essen? Konnte ich auch nicht, bevor ich in einen Probierstand unseres Supermarkts schneite und nicht schnell genug vor der netten Fachverkäuferin fliehen konnte, die mir eine mit Feigensenf beschmierte Käserosette in die Hand drückte. Und ich muss sagen: Es schmeckte mir wider Erwarten fantastisch.

Nun muss man natürlich nicht immer zu seinem Glück gezwungen werden, aber wie wollt ihr herausfinden, ob euch Musicals, Ballett und Oper, Literatur, klassische Musik oder ein Museumsbesuch liegen, wenn ihr es niemals ausprobiert?

Ich mag bis heute keine Opern (kann mich einfach nicht damit anfreunden, dass jemand beim Sterben auch noch singt), aber bei Orff hat es mich in der Philharmonie regelrecht aus dem Sitz gerissen. Es war im wahrsten Sinne des Wortes ein Erweckungserlebnis, denn ich hatte bis zum Eröffnungschor von *Carmina Burana* neben meiner Mutter im Wachkoma vor mich hin gedöst.

Bis dahin hatte mir klassische Musik überhaupt keinen Spaß gemacht. Soll heißen: Ich musste viele langweilige Erlebnisse hinter mich bringen, um schließlich auf das Ding zu stoßen, das mich wirklich begeisterte.

Das ist der Grund, weshalb wir als Eltern euch bitten, nicht bei dem kleinsten Hindernis sofort das Handtuch zu werfen. Schulunterricht, Sporttraining, kulturelle Erfahrungen, politische Diskussionen – das alles kann langweilig, ermüdend, unverständlich und sogar frustrierend sein. Aber die gewonnenen Erkenntnisse und Fähigkeiten können sich später einmal als nützlich auf euren Reisen erweisen – und zwar in Momenten, an die ihr heute noch nicht einmal im Traum zu denken wagt.

Ich zum Beispiel habe es anfangs gehasst, im Geschichtsunterricht der Oberstufe jedes Halbjahr ein Referat halten zu müssen. Heute hilft es mir bei meinen Lesungen, auch vor größeren Gruppen frei reden zu können und kein Lampenfieber mehr zu haben. (Nun ja, das mit dem Lampenfieber ist gelogen, aber wer weiß, wie ich mich ohne diese Erfahrung anstellen würde.)

Und selbst wenn ihr irgendwann erkennen solltet, dass das Hockeytraining, der Trompetenunterricht oder die Garten-AG am Ende doch nicht euer Ding ist, dann haben diese Erfahrungen zumindest die Funktion eines Gradmessers. Nur wenn ich weiß, was mir nicht gefällt, kann ich eine Leidenschaft für die Dinge, Themen und Menschen entwickeln, die mich wahrhaft berühren.

Hinzu kommt, dass Spaß und Glück keine dauerhaften Zustände sind. Auch wenn uns die vielen Glücksratgeber oft etwas anderes weismachen wollen: Spaß zu haben und glücklich zu sein, sind flüchtige Momente, die natürlich sehr erstrebenswert sind, die ihren Reiz aber (wie fast alles im Leben) nur dadurch gewinnen, dass sie kein Normal- oder Dauerzustand sind.

Essen schmeckt nie besser, als wenn man hungrig ist.

Eine Massage ist umso wohltuender, je stärker die Verspannung ist, die sie löst.

Eine Heizung im Sommer wird nicht beachtet. Im Winter ist sie das Allerwichtigste im Leben. Man muss die Kälte kennen, um die Wärme zu schätzen.

Leider weiß ich aus eigener Erfahrung, dass das Glück der Liebe umso stärker empfunden wird, je heftiger der Liebeskummer war, den man schon einmal durchleiden musste.

Spaß und Leid gehören zusammen wie Leben und Tod.

Daher gilt: Um Spaß zu haben, müsst ihr so viel wie möglich über euch herausfinden. Und dazu dürft ihr nicht in die Falle tappen, immer nur dasselbe machen zu wollen.

Stellt euch vor, Felix hätte sich nicht weiterentwickelt, sondern wäre bei der einen Sache geblieben, die ihm im Alter von zwei Jahren Spaß machte. Das würde bedeuten, dass er heute noch seine Klobürste als Lieblingsspielzeug überall hin mitnähme, denn die war für ihn damals das Größte.

»So ein Quatsch«, sagt ihr, »man bleibt ja nicht ewig ein Kleinkind.« Richtiger Einwand. Und man bleibt im Leben auch nicht ewig Jugendlicher, ewig berufstätig, ewig Rentner, ewig gesund oder krank, ewig verliebt oder ewig allein. Man ist ständig auf Reisen. Nichts ist für die Ewigkeit. Dieser Satz ist zwar abgegriffen, aber deshalb nicht falsch. Es gibt sogar ein Naturgesetz, das dieses Sprichwort untermauert (googelt mal Entropie, oder wartet ab, später schreibe ich bestimmt noch was dazu). Und da eben nichts für die Ewigkeit ist, begebt euch nicht auf die Suche nach dem ewigen Glück, dem ewigen Spaß.

Spaß und Glück sind die Katalysatoren, die unsere Motoren in Gang setzen und uns Schwung geben, unseren Lebensweg fortzusetzen – aber sie sind kein erstrebenswerter dauerhafter Zustand. Oder wollt ihr wirklich nur grinsen, lachen und singen? Vierundzwanzig Stunden am Tag, ununterbrochen? Für mich ein anderes Wort für Hölle.

Halten wir an dieser Stelle noch einmal fest:

- Das Ziel eures Lebens kann nicht sein, »genug« Geld zu verdienen, denn es gibt niemals »genug«.
- Es darf nicht darin liegen, »besser« als andere zu sein, denn Vergleichen macht unglücklich.
- Träume sind der Treibstoff auf den Reisen eures Lebens, aber nicht das jeweilige Ziel.
- Und die Kompassnadel sollte auch nicht mit »ständig glücklich« beschriftet sein, denn wie wollt ihr Glück empfinden, wenn ihr das Unglück nicht kennt? Und wie wollt ihr herausfinden, was euch Spaß macht, wenn ihr beim Ausprobieren nicht die Dinge erkennt, die ihr bescheuert findet?

Geld, Glück und Spaß greifen also als Ziele zu kurz. Träume sind zu hoch gegriffen.

5. Kapitel

Die zwei Ziele

Schön, jetzt seid ihr immer noch nicht sehr viel schlauer als zuvor. Wie finde ich denn nun die lohnenswerten Reiseziele, die es wert wären, dafür Lebenszeit einzusetzen? Anders gefragt: Was ist der Sinn des Lebens? Oder: Wie gelingt ein gutes Leben?

Das sind die wohl schwierigsten Fragen im Universum. Sie sind so schwierig, dass die meisten Menschen sie sich gar nicht erst stellen, sondern einem Navigationssystem folgen, das andere für sie programmiert haben.

Mein eindringlicher Rat ist: Macht es anders. Folgt lieber eurem eigenen Kompass. Und werft mal einen Blick auf das reale Vorbild! Dabei werdet ihr erkennen: Es gibt nicht ein, sondern immer zwei mögliche Ziele, die ihr auf euren Lebensreisen anstreben könnt. Eine Kompassnadel zeigt nämlich immer in zwei entgegengesetzte Richtungen gleichzeitig. Nord und Süd. Oben und unten.

Auf welcher Etappe auch immer wir uns gerade befinden – ob auf einer beruflichen oder privaten, einer physischen oder emotionalen Reise –, sie zeigt immer in zwei Richtungen, die sich gegenseitig ausschließen.

Ein Beispiel: Ein Abend mit Freunden. Das klingt nun nicht gerade nach einer weltbewegenden Reise, und dennoch möchte ich auch für diese vermeintlich unbedeutende Freizeitgestaltung das Bild der Reise benutzen. Denn wie ich schon sagte, ist es bei den Reisen, die ihr auf eurem Lebensweg zurücklegt, egal, wie lange sie andauern und wie weit die Entfernungen sind, die ihr zurücklegt. Manchmal kann der kurze Besuch der Curry-Bude um die Ecke das Leben gravierender verändern als eine achtzigtägige Weltreise mit einem Ozeandampfer. Zum Beispiel, wenn ihr an der Pommes-Theke der Liebe eures Lebens begegnet, während ihr auf dem Kreuzfahrtschiff an neunundsechzig Tagen seekrank in der Kabine gelegen seid und nur den Schiffsarzt kennengelernt habt.

Also, ihr plant einen Abend mit Freunden. Und die Frage ist: Wohin geht die Reise? Wollt ihr ins Kino, essen oder tanzen? Und wenn ihr euch fürs Tanzen entschieden habt: in einen neuen Klub oder in eure Stammdisco?

Es ist ein triviales Beispiel, aber ihr werdet schnell sehen, dass man daran gut die Grundsatzfragen aufzeigen kann, die sich euch vor jedem Aufbruch stellen. Wann immer ihr die Entscheidung trefft, wohin eine Reise gehen soll, nennt euer Kompass euch zwei mögliche, entgegengesetzt liegende Ziele.

Die eine Nadelspitze weist euch den Weg Richtung ZIEL I:

ERSTMALIG!

Die andere in Richtung ZIEL II:

RITUAL!

Der Mensch ist ein emotionales Zwitterwesen. Einerseits ist er von Grund auf neugierig; ein Forscher, Entdecker und Entwickler. Andererseits ist er ein Herdentier, das die Gemeinschaft sucht und braucht, die ihm über Hunderttausende von Jahren hinweg Schutz und Sicherheit geboten hat.

Es sind also oftmals widersprüchliche Wahrheiten, die uns die Entscheidungen und damit das Leben schwer machen.

Soll ich einen großen Traum verfolgen oder mir lieber kleine, erreichbare Ziele setzen? Soll ich gedanklich nach den Sternen greifen und meine Zukunft visualisieren? Oder wie ein Zen-Mönch im Hier und Jetzt leben?

Egal, an welchem Punkt auf welcher Reise wir uns befinden – unser Kompass zeigt immer in zwei entgegengesetzte Richtungen. Und es kann mitunter sehr ermüdend sein, zwischen diesen beiden Polen (neues Erlebnis versus vertraute Welt) immer wieder aufs Neue wählen zu müssen.

Dass wir diese Entscheidung selbst treffen können, ist Fluch und Segen zugleich. Oftmals sind wir Menschen mit dieser Freiheit nämlich überfordert. Selbst bei kleineren Entscheidungen. Ich kenne sogar einige, die sich beim Streicheln ihres Hundes manchmal bei dem Gedanken ertappen, ob es nicht schön wäre, mit ihm zu tauschen und sich, rein instinktiv gesteuert, nie den Kopf über eine Wahlmöglichkeit zerbrechen zu müssen.

Kommen wir auf die Planung des Abends mit Freunden zurück. Am einfachsten wäre es, wenn ihr (mal wieder?) die Entscheidung, wohin es geht, einem anderen in der Gruppe überlasst. Dann dürft ihr euch aber später nicht beschweren, wenn der Abend langweilig wird oder aus anderen Gründen nicht nach euren Vorstellungen verläuft.

Ich rate euch im Übrigen sehr, selbst die Entscheidung zu treffen – oder diese zumindest mitzugestalten, denn sonst seid ihr nicht aktiv auf Reisen, sondern werdet passiv mitgeschleppt – und ihr könnt euch erinnern, welche fatalen Folgen das haben kann. Ich sage nur: unser Urlaub

2015 in Österreich, die Bergwanderung. Vater zwingt euch zum Abstieg, anstatt die Gondel zu nehmen. Vater verirrt sich. Alle sind sauer. Selbst der Hund hat nach dem Gewaltmarsch Blasen an den Pfoten …

Wenn ihr also selbst entscheidet, habt ihr laut Kompass die Wahl zwischen »Neue Erfahrung« oder »Ritual«.

Ein Ritual zu begründen fällt sehr viel leichter, als mit alten Gewohnheiten zu brechen. Selbst ihr in euren jungen Jahren habt schon unfassbar viele Dinge in eurem Leben entdeckt, die ihr so sehr mögt, dass ihr sie immer und immer wieder wiederholen wollt.

Mit drei hatte Felix schon ein Lieblingsfrühstück (Mettwurstbrötchen) und Charlotte ein Lieblingsreiseziel (Mauritius, leider. Darunter ging's wohl nicht, was?). Und David wurde auch nach der zweihundertsten Wiederholung nicht müde, Folge 12 der Pohpänshow zu sehen. (Eigentlich *PAW Patrol,* ist aber auch ein komischer Name für eine TV-Serie.) Er konnte davon einfach nicht genug bekommen!

Später werdet ihr eure Lieblingsfreunde haben, mit denen ihr in eure Lieblingsrestaurants geht und euer Lieblingsessen bestellt. Und ihr werdet merken, dass euch das guttut. Rituale bieten Sicherheit und Beständigkeit in einem ansonsten sehr hektischen und manchmal verrückten Leben.

Rituale haben das Überleben der menschlichen Rasse überhaupt erst möglich gemacht. Wenn die Herde lernte, dass die roten Beeren tödlich sind, hat man sie fortan gemieden. Experimente waren früher tödlich und können auch heute noch unangenehme Folgen haben. Die Einhaltung von positiven, gemeinschaftsstiftenden Ritualen ist in unserer Herdentier-DNA fest verankert. Darum: Schafft euch eine Herde und haltet sie zusammen.

Auch wenn andere es für langweilig und spießig halten mögen: Es kann nicht schaden, viermal hintereinander zum selben Ferienort zu fahren, sich jeden Freitag bei der Folge eurer Lieblingsserie auf der Couch zu fläzen oder einmal im Monat mit demselben Kumpel Tennis zu spielen. Das überlebensfähige, zufriedene Gewohnheitstier in uns braucht Rituale. Lasst sie ohne schlechtes Gewissen zu.

Eines allerdings solltet ihr auf allen Reisen eures Lebens beachten:

Rituale dürfen nicht zum Reflex werden.

Niemals dürfen sie so stark sein, dass ihr etwas Neues in eurem Leben gar nicht erst zulasst. Denn dann könnt ihr im wahrsten Sinne des Wortes nie wieder etwas *erleben.* Wieso das ein sehr trauriger Zustand wäre, brauche ich euch kaum zu erklären.

Also: Ein Ritual ist gut und notwendig, aber nur, wenn ihr es bewusst pflegt. Trefft ihr jedoch reflexartig, ohne euch die Mühe des Nachdenkens zu machen, jede Entscheidung nach dem Motto »Das haben wir immer so gemacht«, dann ist es an der Zeit, die 80-20-Regel zu beherzigen.

Es gibt viele 80-20-Regeln auf der Welt. Eine wichtige Wirtschaftsmaxime namens Pareto-Prinzip beispielsweise besagt, dass man 80 Prozent der Ergebnisse mit 20 Prozent des Gesamtaufwands erzielt. Daraus folgt, dass ein Unternehmen mit 20 Prozent seiner Stammkundschaft 80 Prozent seines Umsatzes erwirtschaftet. In unserem Zusammenhang ist jedoch eine Erkenntnis aus dem Marketing noch interessanter, die besagt, dass eine gute Marke zu 80 Prozent aus Bestätigung und zu 20 Prozent aus Irritation besteht.

Nehmen wir eine Weltmarke wie McDonald's. Natürlich steht sie in erster Linie für Hamburger. Und die hat sie auch immer vorrätig. Zu 80 Prozent bewirbt sie ihre Kernprodukte. Doch hin und wieder stellt sich der Fastfood-Fritze etwas Besonderes ins Schaufenster. Da gibt es dann auf einmal Café-Spezialitäten oder einen Bio-Burger. Etwas, womit man nicht sofort rechnet, was einen womöglich irritiert. Manchmal ist es ein Desaster, wie vor langer Zeit, als sie Pizza angeboten haben. Manchmal ein Erfolg, der fortgeführt wird, wie McCafé.

Aber McDonald's macht das nicht nur, um mit den 20 Prozent Neuerungen im Jahr wirtschaftlichen Erfolg zu erzielen. Sondern auch, um als Restaurant nicht langweilig zu werden.

Man versucht, die Balance zwischen Ritual und neuer Erfahrung zu halten. Natürlich ist das Ritual wichtiger, die Bestätigung, die der Kunde sucht. Deswegen ist es das sogenannte »Kerngeschäft«. Aber hin und wieder wird experimentiert, damit das Ritual nicht zur Langeweile führt. Dabei ist das Experiment allerdings der riskantere Weg.

Was für Hamburger gilt, gilt auch für Kreative. Ich liebe John Grishams Anwaltsgeschichten. Aber ich habe mich auch sehr über *Das Fest* gefreut, wo er mich mit einer lustigen Weihnachtsgeschichte positiv irritierte.

Und so manche Band kann ich nicht mehr hören, weil sie nach Schema F immer wieder die gleiche Musik spielt. Da nehme ich bei Depeche Mode lieber ein Album in Kauf, das nicht meiner Erwartung entspricht, weil die Band eine neue musikalische Reise angetreten ist.

Ihr ahnt längst, warum ich euch von dieser 80-20-Regel erzähle. Die 80 Prozent stehen für das Ritual, die 20 Prozent für eine neue Erfahrung.

Meine persönliche Empfehlung zum Halten der Balance auf euren Reisen wäre also die 80-20-Regel. Zu 80 Prozent könnte euer Kompass auf »Ritual« zeigen. Zu 20 Prozent auf »Neue Erfahrung«.

Wieso gerade in dieser Aufteilung?

Darauf gibt es eine glasklare Antwort, und die lautet: Das kann ich nicht genau sagen. Ich habe für mich herausgefunden, dass ich es als den geeigneten Maßstab empfinde, die 80-20-Marketingregel aufs Leben zu übertragen. Wenn ich beispielsweise viermal im selben Hotel Urlaub gemacht habe, habe ich mich beim fünften Mal eben ganz bewusst für ein anderes entschieden. Ihr selbst seid daran natürlich nicht gebunden und müsst eure eigene Balance finden.

Der Mensch im Allgemeinen und ich im Besonderen schreckt vor Neuem zurück. Das Unbekannte macht uns Angst, so sind wir gepolt. Wir reisen gerne, haben aber Angst vor dem Aufbruch in fremde Welten. Ohne Rituale, die zu einem Teil der Furcht vor Neuerungen geschuldet sind, hätte die menschliche Rasse nicht so lange überlebt.

Je älter wir werden, desto weniger risikofreudig werden wir. Um der Gefahr entgegenzuwirken, dass wir uns irgendwann nur noch wiederholen und keine neuen Erinnerungen sammeln, müssen wir unseren evolutionären Gewohnheitsreflex überwinden, indem wir uns einen Entscheidungswecker stellen. Bei mir klingelt der nach jeder vierten Entscheidung und sagt mir: »Fitzek, jetzt ist mal Zeit für etwas Neues. Du musst endlich wieder was erleben.«

Und dann gehe ich in ein Restaurant, das ich nicht kenne. Besuche eine Stadt, in der ich noch nicht war. Verabrede mich mit unbekannten Menschen, nehme einen anderen Weg zur Arbeit, kaufe das Buch eines unbekannten Autors et cetera.

Bei euch kann es natürlich auch ein anderer Entscheidungswecker sein. Ihr könnt nach der 70-30- oder 90-10-Regel leben oder sogar das Verhältnis zwischen Ritual und Abenteuer völlig umkehren.

Das müsst ihr selbst herausfinden, denn das kann euch niemand abnehmen, auch euer Vater nicht. Ihr müsst es ausprobieren.

6. Kapitel
Das Gepäck

Ich kann mich noch gut an die Zeit erinnern, als die Orthopäden sich über rollenlose Koffer freuten, die die Generation meiner Eltern und ihre Kinder (ich zum Beispiel) noch über Bahnhöfe und Flughäfen zerren mussten, bis die Bandscheibe krachte. Ich weiß daher aus eigener Erfahrung, welch ein Luxus es ist, mit leichtem Gepäck zu reisen, und dass bereits ein halber Liter Sonnenmilch den Unterschied zwischen Aktivurlaub und Hexenschuss ausmachen kann.

Ganz ohne Gepäck geht es natürlich nicht, doch zum Glück ist das wichtigste Reiseutensil in jungen Jahren etwas, was keinerlei physisches Gewicht hat. Es ist ein Zauberstab, den wir euch ins Gepäck gelegt haben und den ihr, wann immer ihr es wollt, auch gegen uns einsetzen dürft. Dieser Zauberstab ist die Frage: »Warum?«

Stellt sie uns. Immer und immer wieder, was auch immer wir von euch verlangen. »Warum soll ich mein Zimmer aufräumen?«, »Weshalb muss ich um Mitternacht zu Hause sein?«, »Wieso muss ich Hausaufgaben machen?«.

Solltet wir auch nur ein einziges Mal keine Antwort haben, ergibt das, was wir von euch verlangen, womöglich keinen Sinn. Oder wir sind bewusstlos, aber dann wäre es unfair, uns zu fragen.

Fragt: Warum ist das so? Und gebt euch niemals mit der Antwort zufrieden: »Weil das schon immer so war.« Denn das ist die reflexartige Ritual-Antwort unsicherer

Menschen, die aufgehört haben zu »reisen«. Menschen, die eine der seltenen universellen Lebensweisheiten nicht kennen, die seit Anbeginn unserer Zeit gültig ist:

Wissen von heute
ist Irrtum von morgen.

Nichts, was wir heute für selbstverständlich halten, ist selbstverständlich.

Fragt zum Beispiel: Wieso gehe ich überhaupt zur Schule? Denn natürlich ist eine Welt komplett ohne Schule denkbar. Googelt einmal André Stern, der keinen einzigen Tag seines Lebens in die Schule ging und dennoch gebildeter, weiser und sogar nach herkömmlichen Maßstäben erfolgreicher ist als die meisten Einser-Abiturienten. (Aber habt im Hinterkopf, dass er jeden Tag um sechs Uhr aufstand, um freiwillig zu lernen, wenn ihr mir mit dem als Vorbild kommt.)

Nehmen wir die Arbeitszeit. Wieso acht Stunden am Tag? Weshalb nicht sieben oder neun?

Stellt alles infrage.

Stellt Fragen selbst dort, wo niemand mehr fragt. Stellt sie *gerade* dort.

Weshalb bezahle ich eigentlich für Wasser, das aus dem Wasserhahn kommt? Für Luft zahle ich doch auch nichts, oder? Was ist Geld überhaupt? (Antwort: eine Wette. Alles Weitere müsst ihr selbst herausfinden.) Brauchen wir Verkehrsschilder?

Wenn die größten Errungenschaften der Menschheit meistens die herausragenden Leistungen eines Einzelnen sind, ist die Demokratie als System der Herrschaft des

Volkes dann nicht im Grunde schädlich für unsere Entwicklung? (Meine Antwort: Nein, das Stichwort heißt repräsentative Demokratie, schlagt es nach.)

Wenn ihr alles infrage stellt, dann denkt bitte auch über folgenden Punkt nach: Sollten Linkshänder heiraten dürfen?

Hä? Was ist denn das für eine bescheuerte Frage?

Nun, erinnert ihr euch an mein Eingangsstatement, es sei nicht eure Entscheidung gewesen, Deutscher oder Bangladescher zu ein? Männlich oder weiblich? Links- oder Rechtshänder? Hetero oder schwul?

Tja, manchmal hilft es, einen absurden Blickwinkel einzunehmen, um das »Normale« zu erkennen.

Wir Menschen sind nicht gleich, dieses ganze Buch ist ein Plädoyer für den gelebten Unterschied. Männer und Frauen unterscheiden sich in Abermillionen Dingen, von denen einige bis heute noch nicht erforscht sind. (Zum Beispiel die Frage, weshalb manche Frauen sich die Augenbrauen abrasieren, um sie sich dann mit einem Kajalstift wieder auf die Stirn zu pinseln.)

Aber natürlich dürfen Linkshänder ebenso heiraten wie Schwarzhaarige oder Menschen mit tiefer Stimme. Und natürlich auch Homosexuelle.

Es macht euch nicht zu Nazis, wenn ihr euch das erste Mal darüber wundert, wenn sich zwei Männer küssen und ihr so etwas vorher noch nie gesehen habt. Ihr dürft sogar lachen und kichern und euch albern benehmen, wenn euch ein solches Verhalten fremd ist, wenn ihr eine andere sexuelle Orientierung habt. Aber ich werde stinkwütend auf euch und halte euch für blöde Schwachköpfe (ja, das meine ich so), wenn ihr nach eurer ersten, instinktgesteuerten (und daher unreifen) Reaktion nicht euren Kopf einschaltet. Wenn ihr euch nicht über Homosexualität informiert und euch in eurer ungebildeten, angstgesteuerten Ignoranz anmaßt, ein Urteil über diese Menschen zu fällen, deren Lebensweise euch überhaupt nicht tangiert. Die spannen euch noch nicht einmal den Partner aus! (Es sei denn, ihr habt die gleiche Neigung, dann dürfte mangelnde Toleranz in diesem Punkt aber eher nicht das Thema sein.) Wenn ihr hetero seid, was verliert ihr, wenn die sich küssen? Wenn sie miteinander Sex haben? Heiraten?

Genauso viel, wie ihr verliert, wenn sich Linkshänder küssen, Sex haben oder heiraten.

Infrage stellen bedeutet nicht, einfach Nein zu sagen, sondern sich mit den gegenwärtigen Problemen und Lösungsangeboten auseinanderzusetzen. In vielen Fällen werdet ihr nämlich zu dem Ergebnis kommen, dass es schon Sinn ergibt, was andere Menschen sich zuvor einmal gedacht haben. Dann muss man an dem System auch nichts ändern.

Wenn man aber beim genaueren Hinsehen feststellt, irgendwie funktioniert etwas nicht hundertprozentig, um das Problem zu lösen, sollte man nach Alternativen suchen, selbst wenn die gegenwärtige Problemlösung schon seit einer gefühlten Ewigkeit praktiziert und von kaum jemandem infrage gestellt wurde.

Beispiel: Ampeln.

Ergeben Ampeln Sinn?

Schon die Frage finden womöglich die meisten Großstädter absurd. Natürlich brauche ich eine Ampel am Großen Stern, sonst herrscht rund um die Berliner Siegessäule Mord und Totschlag.

Okay, aber wieso sterben dann die meisten Motorradfahrer an einer grünen Ampel?

Antwort: Weil sie sich darauf verlassen, dass die anderen Verkehrsteilnehmer sich an die Regeln halten. Eine grüne Ampel macht unvorsichtig, denn sie nimmt mir die Verantwortung ab, mich in alle Richtungen abzusichern. Ich habe Grün, also darf ich fahren. Das führt zu Unfällen, wenn a) die Ampel falsch geschaltet ist oder b) andere ihr eigenes Rot-Signal übersehen.

Natürlich kann man jetzt einwenden, dass in der Straßenverkehrsordnung das Gebot der gegenseitigen Rücksichtnahme steht und man auch bei grüner Ampel vorsichtig sein muss, aber eigentlich müsste man sich auch vor jedem Fahrtantritt unter seinen Wagen legen, um ihn auf grundsätzliche Verkehrstüchtigkeit zu überprüfen. Wer macht das schon? Wenn in Berlin jemand unter sein Auto kriecht, ist *er* meist derjenige, der nicht mehr fahrtüchtig ist.

Für die Lösung von Problemen (hier: Tote und Verletzte im Straßenverkehr) empfehle ich grundsätzlich die Gegenteil-Methode.

Was also wäre das komplette Gegenteil von Ampeln an einer Kreuzung? Richtig. Keine Ampeln.

Denken wir noch radikaler: Was wäre, wenn es gar keine Verkehrsschilder gäbe? Würde tatsächlich Chaos auf den Straßen herrschen? Oder würde es womöglich sogar weniger Unfälle geben, weil von nun an jeder Teilnehmer verpflichtet wäre, sich ganz, ganz langsam voranzutasten, da er jeden Moment mit dem Fehlverhalten eines anderen rechnen müsste?

Klingt nach einer Utopie. Dann googelt einfach mal »Shared Space«. Weltweit gibt es tatsächlich viele Gemeinden, die die Gegenteil-Methode ausprobiert haben und mit Erfolg weitgehend auf Ampeln und Verkehrsschilder verzichten.

Ich weiß allerdings nicht, ob das auch in einer Großstadt klappen könnte. Aber das soll hier ja auch keine Grundsatzdiskussion werden, sondern nur ein Beispiel für eine Anwendung des Warum-Zauberstabs sein: Stellt alles infrage, sucht nach Alternativen. Gebt euch nie mit der Antwort »Das war schon immer so« zufrieden, denn mit diesem Argument würden wir heute noch nackt ums Lagerfeuer sitzen und die Keule schwingen.

An dieser Stelle aber noch ein ganz, ganz wichtiger Hinweis:

**Stellt Fragen nur,
wenn ihr etwas wissen wollt.
Nicht, um eure Meinung
bestätigt zu bekommen.**

Wenn in Talkshows über Politik geredet wird, will dort kaum ein Gast ernsthaft diskutieren, um am Ende womöglich sogar seine Meinung zu revidieren. Wenn Politiker A eine heikle Frage an Politiker B stellt, erwartet er keine Antwort. Er will in der kurzen Sendezeit seine vorgefasste Meinung möglichst pointiert und massenwirksam an den Mann und die Frau bringen. Ihr aber seid keine Politiker, und euer Leben ist keine Talkshow. (Und wenn ihr Politiker werdet, seid ihr hoffentlich anders.)

Mit offenen Augen und Ohren die Reisen des Lebens zu bestreiten heißt: zuhören, abwägen, entscheiden. Und da alles im Leben im Fluss ist, sich alles stetig verändert, gibt es keine unumstößlichen Wahrheiten, keine ehernen Gesetze (mit Ausnahme der Schwerkraft vielleicht, aber selbst die ist manchmal aufgehoben).

Das gilt durchaus auch für das Thema Schule: Versucht, euren eigenen Weg in dem gegenwärtigen Schulsystem zu finden, ohne euch zu verbiegen. Habt immer im Hinterkopf, dass dieses System von Menschen erdacht wurde und alles, was den Köpfen von Menschen entspringt, mit Fehlern behaftet ist und verbessert werden kann.

Seht die Schule – und auch alles andere, was euch auf euren Reisen begegnet – als ein Arsenal von Werkzeugen, die ihr in den Koffer für die Reisen eures Lebens packen könnt.

Manches solltet ihr schnell in euer Gepäck aufnehmen, wie die Kunst des Lesens, Schreibens und Rechnens. Anderes kann warten. Wenn ihr euch zum Beispiel jetzt noch nicht für die Entstehungen der Religionen interessiert, geschieht das vielleicht, wenn ihr den Vatikan in Rom durch das schönste Schlüsselloch der Welt betrachtet. (Solltet ihr unbedingt mal hinreisen!)

Freut euch über gute Noten, aber verzweifelt nicht, wenn es mal nicht so gut läuft. Denkt an das, was ich im vierten Kapitel zum Vergleich geschrieben habe: Auch Noten sind eine Erfindung unsicherer Menschen, die einen Maßstab brauchen, um euch in eine Schublade einsortieren zu können. Sie sagen nur etwas darüber aus, ob ihr zu einem bestimmten Termin eine bestimmte Leistung abrufen könnt. Das ist für Gehirnchirurgen sicherlich wichtiger als für einen Tischler oder Autor, der sich mit seinem Werk auch mal Zeit lassen kann, ohne dass jemand stirbt.

Um es ganz deutlich zu sagen: Gute Noten sind nicht die Gepäckstücke, die ihr aufsammeln sollt. Sie können euch einige Reisen erleichtern – oder auch überhaupt erst ermöglichen, denn ohne Abitur kann man die meisten Fächer nicht studieren. Dennoch sagen gute oder schlechte Noten genauso viel über den Charakter und den Wert eines Menschen aus wie der Stand seines Bankkontos.

Sollte ich euch also Vorhaltungen wegen eines Zeugnisses machen, dürft ihr mir gerne diese Zeilen unter die Nase halten. Und ja, ich gestehe: Ich habe mich noch nie in meinem Leben bewerben müssen und habe, als ich beim Radio Personalentscheidungen treffen durfte, auch noch nie jemanden aufgrund seiner Noten eingestellt, sondern immer nur aufgrund seiner Fähigkeiten.

Allerdings hat mir ein gutes Zeugnis natürlich nicht geschadet. Aber weder ihr noch eure Eltern dürfen es zu dem alleinigen Maßstab eures Denkens und Handelns machen.

Neben Neugier braucht ihr Mut und Selbstvertrauen im Gepäck. Ansonsten wagt ihr gar nicht erst den Aufbruch.

Als ich eure Mutter kennenlernte, lebte sie von Hartz IV. Das schreibe ich hier nicht, um zu signalisieren: »Hey, ich bin zwar Bestsellerautor, doch ich kenne mich auch mit den Sorgen und Nöten Bedürftiger aus.« Einen Dreck tue ich. All mein Wissen über Sozialhilfe und Arbeitslosigkeit habe ich aus zweiter Hand. Dank meiner gutbürgerlich abgesicherten Beamtenfamilien-Herkunft musste ich nie am eigenen Leib (und an der eigenen Seele) erfahren, was es heißt, keine Arbeit zu finden, nicht gewollt zu werden.

Sandra hatte die Ausbildung zur kaufmännischen Fremdsprachensekretärin mit 1+ abgeschlossen, fand aber keinen Job.

Ich verstand nicht, woran das lag. Eine kluge, tolle, junge, intelligente und hübsche Frau muss vom Staat leben. Trotz Superabschluss.

Was war also das Problem? Sie hatte kein Selbstvertrauen. Irgendwo zwischen Schule und Ausbildung war es ihr abhandengekommen.

Als man ihr im Bundestag eine Stelle anbot, war sie zu schüchtern, um den Vertrag zu unterschreiben. Sie dachte, sie schaffe das nicht, obwohl der Job im Unterschied zu der Betreuung von euch drei Verrückten ein Erholungsurlaub gewesen wäre.

Ihr merkt: Ohne Selbstvertrauen fehlt der nötige Mut, um dem Ruf des Abenteuers zu folgen und sich auf Reisen zu begeben. Auf den Reisen des Lebens gehört es unbedingt ins Gepäck.

Wie aber gewinnt man Selbstvertrauen?

Tja, ich fürchte, jeder zweite Erfolgsratgeber versucht genau auf diese Frage eine einfache Antwort zu geben. Ich gestehe: Ich habe kein Patentrezept. Tatsächlich bereitet mir das in der aktuellen Zeit die meisten Kopfschmerzen: Wie kann ich euch dabei helfen, euch einen emotionalen Schutzpanzer zuzulegen, der euch vor den Dementoren beschützt, die über all die Lebensjahre hinweg immer wieder versuchen werden, euer Selbstvertrauen auszusaugen?

Meiner Meinung nach ist die Frage, wie man Selbstvertrauen gewinnt, falsch gestellt. Eigentlich sorge ich mich darum, dass ihr es auf den Reisen eures Lebens nicht *verliert.* In jungen Jahren hattet ihr keinerlei Scheu, auf andere Kinder zuzugehen, auf Bäume zu klettern oder durch geöffnete Fenster zu steigen, obwohl Letzteres häufig lebensgefährlich war. Vor allem Felix fand täglich einen neuen Weg, potenziell Selbstmord zu begehen. Und David überrascht mich immer wieder aufs Neue, zuletzt, als er sich einfach auf ein Skateboard gestellt hat und losgebrettert ist. Als ich es ihm nachtun wollte, lag ich erst mal auf dem Bürgersteig. Mangelnde Risikobereitschaft ist also nicht euer Problem. Das berichten mir auch andere Eltern über den Tatendrang ihrer Kinder. Allerdings scheint sich das im Lauf des Lebens zu ändern. Irgendwo zwischen Kindergarten und Oberschule kommt vielen das Selbstvertrauen abhanden.

Wenn ich schwarzsehen will, und beruflich tue ich das ja ständig, denke ich an Mobbingkommentare im Internet, an Hänseleien auf dem Schulhof, an eine Schlägerei in der U-Bahn, an demütigende Noten eines Lehrers, der euch nicht leiden kann, an die tausend kleinen und großen Niederlagen, die das Leben für euch bereithält.

Ohne Emotionspanzer bekommt eure empfindliche Seele mit jeder Erschütterung einen kleinen Riss, der irgendwann so groß wird, dass er nicht mehr gekittet werden kann.

Wie gesagt, ich habe kein Rezept, aber vielleicht helfen euch folgende Überlegungen, wenn ihr das Gefühl habt, euch im Leben lieber die Decke über den Kopf ziehen und verstecken zu wollen.

Viele Menschen fragen sich heutzutage nicht mehr, was sie selbst wollen, sondern versuchen stattdessen herauszufinden, was anderen gefällt. Und – um möglichst beliebt zu sein und/oder viel Geld zu verdienen – richten sie sich danach aus.

Auf der anderen Seite gibt es die kritische Gruppe, die sich die ganze Zeit fragt, wieso etwas, was sie überhaupt nicht mögen (ein bestimmtes Buch, eine Automarke, eine Speise, das Gesicht eines Prominenten), so viel Zuspruch von anderen erfährt.

Findet eure Stärken.

Die wenigsten nutzen ihre Zeit sinnvoll, indem sie herausfinden, was ihnen selbst gefällt, um genau das zu tun –

selbst, wenn kein anderer das versteht. Wie auch immer ihr es nennt, ob Talent, Stärke oder Leidenschaft: Sobald ihr wisst, wo eure Fähigkeiten liegen, habt ihr das Fundament eures Selbstbewusstseins gefunden. Und wie findet ihr das? Genau: durch Ausprobieren.

Um es hochtrabend auszudrücken: Ihr müsst den Spiegel der Selbsterkenntnis finden. Ihr müsst in ihn hineinblicken und nicht euer Äußeres, sondern das Innere erkennen können.

Was ist eure Leidenschaft? Wofür würdet ihr alles stehen und liegen lassen?

Das ist keine Frage, die man sich ein Mal im Leben stellt, sondern immer und immer wieder, spätestens vor Antritt einer neuen Reise. Ihr müsst euch immer wieder fragen: »Worin bin ich gut?«

Fällt euch etwas auf? Ich habe nicht gefragt, was euch *Spaß* macht, denn das ist ja nicht das Ziel (siehe oben). Spaß und Glück sind dafür die fast zwangsläufigen Folgen einer ausgeübten Leidenschaft.

Viele Eltern haben Angst, dass ihre Kinder auf die Frage »Was ist deine Leidenschaft?« antworten: »Computerspiele. Ich würde mir sogar eine Windel anziehen, um die Nacht durchzuballern.«

Diese Eltern geben sich mit der falschen Antwort zufrieden. Computerspiele mögen ihren Kindern Spaß machen. Aber eine Leidenschaft zeichnet sich dadurch aus, dass sie von einer unersättlichen Neugierde getragen wird, diese Welt zu erforschen.

Ein Kind, das lediglich ein Spiel spielt, das andere programmiert haben, frönt keiner Leidenschaft, sondern lebt das Leben eines anderen, nämlich des Programmierers und der Firma, die an der Spiellust verdient. Ein Kind aber, das die Playstation auseinanderschraubt und in seiner Freizeit versucht, den Quellcode umzuprogrammieren, ist auf dem Weg, ein Talent zu entdecken, das von seinen Eltern unbedingt gefördert werden sollte.

Wo findet man so einen Spiegel der Selbsterkenntnis? Leider nicht bei Ikea oder im Baumarkt, noch nicht einmal im Internet. Man findet ihn auch nicht durch Nachdenken. Sondern nur durch Ausprobieren. Indem man sich in die Welt begibt. Also durch Reisen. Und *nur* durch Reisen, im realen wie übertragenen Sinn.

Der Spiegel kann an dem schönsten Baum der Welt hängen, der in einem die Liebe zur Natur und zum Beruf des Landschaftsgärtners erweckt, oder in der U-Bahn, wo man einem Straßenmusiker zuhört und so bezaubert ist, dass man selbst ein Instrument erlernen will. An der Tankstelle neben der Zapfsäule erkennt man vielleicht, dass man Autos reparieren will, im Kinofoyer realisiert man, dass man am liebsten für den Rest seines Lebens Popcorn-Duft einatmen möchte.

Das Gemeine an dem Spiegel der Selbsterkenntnis ist, dass er sich wirklich nur dem Suchenden zeigt. Nur wer auf Reisen ist, wird ihn sehen, oftmals an den verrücktesten Orten, an denen er nie mit ihm gerechnet hätte. Wer aber immer auf der Stelle verharrt und keine neuen Reisen antritt, wird ihn niemals finden.

Kennt eure Schwächen.

Der Weg zu einem gut gefüllten Erinnerungsschatz, also die Suche nach dem, was euch im Leben erfüllt, ist gepflastert mit negativen Erfahrungen. Ihr werdet eine Menge Zeit damit verplempern, zu entdecken, was euch gar nicht liegt. Bei mir sind es zum Beispiel Zeichnen und Kochen. Ich kann beides nicht. Heimwerken ebenfalls nicht.

Ich bin auch nicht gut im Verhandeln. Verkäufer haben mit mir leichtes Spiel. Ich glaube ihnen einfach alles und unterschreibe meistens blind, auch weil mir Rumgefeilsche peinlich ist. Zum Glück hat eure Mutter da mehr Verstand und Durchsetzungsvermögen, sonst würden sich bei uns wie bei Loriot im Vorgarten die Konservendosen stapeln, nur weil mir ein listiger Händler im Supermarkt eine Europalette zum Vorzugspreis andrehte. Im Verhandeln bin ich trotz meiner juristischen Ausbildung also nicht gut.

Dafür liegt mir das Geschichtenerzählen. Ich liebe es, Menschen mit erfundenen Geschichten zu unterhalten, wie ihr vermutlich selbst schon bei der einen oder anderen Erzählstunde gemerkt haben dürftet.

Mein Selbstbewusstsein war früher sehr gering, da ich mich gedanklich viel zu sehr auf meine Schwächen konzentriert habe. Heute ist das anders. Meine Schwäche rückt mir meine Stärke ins Bewusstsein. Ich blicke auf meinen Reisen wieder und wieder in den Spiegel der Selbsterkenntnis und gewinne über die Jahre hinweg ein immer klareres Bild von mir. Und je klarer das Bild von mir ist, desto größer wird mein Mut, mich aufgrund meiner Fähigkeiten und Erfahrungen auf neue Reisen zu begeben.

Somit sind wir bei einem Paradoxon angekommen, einem Teufelskreis: Das Selbstvertrauen, das man braucht, um sich auf eine Reise zu wagen, wächst mit der Anzahl der Reisen und den Erfahrungen (positiven wie negativen), die man auf diesen Reisen gewonnen hat. Oder, wie der Schauspieler Will Smith einmal zutreffend sagte: »Alles, was du willst, liegt auf der anderen Seite der Angst.«

Apropos Angst: Es hat einen Grund, weshalb man selbst in den furchteinflößendsten Filmen oft lachen muss. Drehbuchautoren wissen, dass Humor hilft, die eigene Furcht zu überwinden. In der Unterhaltung nennt man diesen Effekt Comic Relief. Und das funktioniert auch im wahren Leben.

So wichtig die Fähigkeit, Dinge zu hinterfragen, Selbstvertrauen und Selbsterkenntnis auch sind, eine mindestens ebenso wichtige Waffe in eurem Reisegepäck ist der Humor.

Mit seiner Hilfe gelingt es euch, die größten Angriffe auf euer Selbstbewusstsein abzuwehren. Und damit meine ich nicht zynische Witze auf Kosten anderer. Humor ist für mich schlicht und einfach die Fähigkeit, über sich selbst lachen zu können.

Die meisten Menschen tragen eine Maske und leben in der beständigen Angst, sie könnte ihnen von ihrem wahren Gesicht gerissen werden. Je schwächer ihr Selbstvertrauen, umso stärker die Furcht, die Maske zu verlieren. Kinder haben Angst, weil auf der Klassenfahrt herauskommen könnte, dass sie noch Bettnässer sind. Erwachsene zwängen sich in Korsetts, um ihren vermeintlichen körperlichen Makel, etwa den Bauchansatz, zu kaschieren. Andere fürchten sich, weil ihr Chef oder ihre Eltern herausfinden könnten, dass sie schwul sind. Manche haben Angst, ihre Nachbarn könnten von ihren Schulden erfahren und begreifen, dass sie gar nicht so reich sind, wie die geleasten Autos in der Einfahrt vermuten lassen. Jeder Mensch hat ein Geheimnis und mehr oder weniger gute Gründe, es für sich zu behalten. Und es sollte auch niemand gezwungen werden, sein Innerstes allen und jedem gegenüber preiszugeben.

Ihr aber solltet euch immer fragen, ob euch eure »Geheimnisse« so sehr belasten, dass euer Selbstwertgefühl darunter leidet. Dann wäre es nämlich an der Zeit, mit Humor nach vorne zu gehen. Und über euch selbst zu lachen.

Ich gebe euch ein Beispiel aus einer Zeit, in der ich selbst ein sehr geringes Selbstbewusstsein hatte und mich nur zögerlich auf neue Reisen begab. Ich hatte Probleme, Menschen kennenzulernen. Ich kann gar nicht sagen, woher meine Minderwertigkeitskomplexe kamen, aber noch heute habe ich häufig Beklemmungen, wenn ich in einem Saal voller Menschen nicht sofort ein bekanntes Gesicht sehe, an das ich mich klammern kann. (Nicht an das Gesicht, sondern an den dazugehörigen Menschen, meine ich natürlich.)

Als ich als Unterhaltungsredakteur bei einem Radiosender arbeitete, war der schon erwähnte Paul mein Kollege, Freund und Mentor. Damals wollte ich mir meinen Traum verwirklichen. Viele Jahre hatte ich auf einen Mazda MX-5 gespart, nun fehlte nur noch ein kleinerer Betrag, um mir mein Traumauto zu kaufen. Paul lieh mir das Geld. Einer Kollegin fiel das grüne Cabrio auf dem Parkdeck des Senders auf, und vermutlich aus Neid streute sie das Gerücht, ich wäre Pauls schwuler Toyboy und hätte mich für sexuelle Dienste mit dem Auto bezahlen lassen. Ich war am Boden zerstört. Wie sollte ich mich gegen dieses bösartige Gerücht wehren? Man kann ja nur etwas beweisen, das positiv existiert, nicht etwas, was nicht vorhanden ist. Wie sollte ich der Mitarbeiterin – nennen wir sie Marlene – klarmachen, dass ich nicht schwul war (obwohl das natürlich nichts wäre, wofür ich mich hätte schämen müssen).

Paul kam auf eine geniale Idee. Als Marlene das nächste Mal in die Redaktion kam, lag ich im Großraumbüro bäuchlings auf ihrem Schreibtisch, Paul stand hinter mir und deutete sexuelle Handlungen an. Ich winkte der Kollegin zu und sagte: »Huhu, Marlene, ich verdiene mir gerade eine Klimaanlage dazu.«

Der gesamte Sender lachte über unser lächerliches Verhalten, Marlene übrigens auch. Das Gerücht war nach dieser Aktion jedem egal. Und mein Selbstbewusstsein war gewachsen, denn ich hatte erfahren, dass mein Talent vielleicht nicht darin lag, ein großer Unterhalter auf Partys zu sein. Aber ich konnte Menschen zum Lachen bringen, wenn ich nur den Mut aufbrachte, mich auf eine Bühne zu stellen. Oder auf den Tisch einer Kollegin zu legen.

Dieses Erlebnis hat mich übrigens unter vielen anderen mein Lebensmotto gelehrt, das ihr bei Gefallen gerne adaptieren dürft:

Nehmt das, was ihr tut, ernst.
Aber euch selbst nicht so wichtig.

Der Spiegel der Selbsterkenntnis, der sich mir auf meinen vielen Lebensreisen offenbarte, zeigte mir also immer wieder, dass ich Menschen gerne unterhalte.

Wenn ihr selbst einmal vor diesem Spiegel steht, dann erschreckt nicht, wenn ihr etwas völlig anderes in ihm erkennt, als ihr erwartet habt.

Viele rennen los, ohne jemals in den Spiegel geschaut zu haben, und plappern auf die Frage »Was willst du mit deinem Leben anfangen?« das, von dem sie denken, dass es sich cool anhört.

»Irgendwas mit Medien«, »Schauspieler«, »Werbung«.

Kaum jemand sagt: »Ich würde gerne Widerspruchsachbearbeiter im Bauordnungsamt werden.«

Gut, viele entwickeln schon im Lauf der Schulzeit eine gesunde Vorahnung, was zu ihnen passt und was nicht. Der Typ mit dem krassen Heuschnupfen sollte vielleicht besser nicht Gärtner werden wollen. Und ein Veganer nicht unbedingt im Schlachthof anfangen. Aber viele entscheiden sich bei der Wahl ihres Weges für einen Lebensentwurf, der in den Augen anderer einen besseren Ruf hat als das, was sie vielleicht aus tiefstem Herzen wirklich wollen.

Wir leben in einer verrückten Welt, in der Millionen von Menschen eingetrichtert wird, sie wären nur zweite Wahl, weil ihre Fähigkeiten nicht so wertvoll seien wie die anderer Individuen.

Ein Kinderarzt zum Beispiel genießt ein höheres gesellschaftliches Ansehen als eine Hebamme. Er verdient sehr viel mehr Geld, hat aber einen risikoärmeren Job (das Risiko von Kunstfehlern ist bei ihm wesentlich geringer), bei ihm geht es seltener um Leben und Tod, und bei seiner Tätigkeit wird ihm nicht beinahe täglich die Hand von schreienden Frauen zerquetscht.

Ein Schriftsteller fristet in den Augen seiner Mitmenschen ein brotloses Dasein, bis er erfolgreich ist. Dann rangiert er in der gesellschaftlichen Hierarchie plötzlich weit über einem Bauarbeiter. Dabei kann er in aller Ruhe im Trockenen sitzen, Pausen machen, wann immer er will, arbeitet sich nicht die Knochen wund, und wenn er mal keinen Bock mehr hat, kann er was von »Schreibblockade« jammern und auf das Mitgefühl seines Verlegers hoffen. Wenn der Polier auf der Baustelle hingegen sagt, er habe heute eine »Estrichblockade«, wird er wohl kaum bedauert, sondern gefeuert.

Manche eingebildeten Leute sagen in diesem Zusammenhang gerne: »Das liegt daran, dass der Bauarbeiter nicht so gut in der Schule war. Hätte er besser gelernt und sein Abitur gemacht, könnte er jetzt einen akademischen Beruf ausüben.«

Folgendes ist falsch an der Betrachtung: Nicht jeder ist für einen akademischen Beruf geeignet. So wie nicht jeder in der Lage ist, körperliche Schwerstarbeit zu verrichten. Aber das ändert nichts an der Tatsache, dass die Abstufung Akademiker/Arbeiter eine von Menschen getroffene, nicht gottgegebene Unterscheidung ist. Wohlgemerkt: von Menschen getroffen, die eher von dieser Unterscheidung profitieren, und das dürften im Regelfall nicht die Arbeiter sein.

Ist ja logisch. Wenn ich mir ein Spiel ausdenken dürfte, bei dem ich die Wahl hätte, ob es eher von Menschen mit handwerklichen Fähigkeiten gewonnen wird oder von Menschen, die Geschichten erzählen können – für welches Spiel würde sich euer Vater, ein Mann mit zwei linken Händen, wohl entscheiden?

Diejenigen, die sich die Spielregeln des Systems ausdenken, haben nicht immer selbstlose Absichten. Ich bin da keine Ausnahme. Ich wurde in der neunten Klasse nur deshalb Klassensprecher, weil mir die ewigen Wandertage, in denen wir die Eisbahn besuchten, auf den Keks gingen. Ich konnte nicht Schlittschuh laufen, fiel ständig hin und fand es einfach nur blöd und albern, mich immer zum Löffel zu machen. Also ließ ich mich zum Klassensprecher wählen (der ja nicht zwangsläufig der beliebteste Klassenkamerad ist, sondern der Nerd, dem man den Verwaltungskram zutraut) – und schaffte als Erstes die Schlittschuh-Wandertage ab. *Mission completed.*

Ich kann euch nur raten, dieses System, in dem ihr steckt, nicht zu ernst zu nehmen und euch immer an die Worte von Steve Jobs zu erinnern, dass die Regeln unserer Welt von Menschen ausgedacht wurden, die nicht notwendigerweise klüger waren als ihr. Und diese Menschen haben sich das System häufig nicht zu eurem, sondern zu ihrem eigenen Vorteil ausgedacht.

Spielt es ein paar Runden mit, um die Regeln zu lernen. Aber brecht die Regeln, wenn sie keinen Sinn ergeben, und ändert sie, wenn sie ungerecht sind.

Und das Wichtigste: Ganz egal, an welchem Punkt eurer Reise ihr euch befindet, zweifelt niemals an euch, nur weil ihr die Regeln des Spiels nicht beherrscht.

Noch mal: Niemand kann euch sagen, weshalb ihr wirklich auf der Welt seid. Schon deshalb kann es nicht Sinn und Zweck sein, für das Leben eines anderen Menschen zu funktionieren. Ihr müsst nicht mir, Mama oder euren Lehrern gefallen. Ihr müsst etwas viel Schwierigeres schaffen:

Ihr müsst euch selbst gefallen.

Wenn ihr in den Spiegel schaut (und damit meine ich diesmal den realen), müsst ihr das mit einer positiven, selbstbewussten Haltung tun.

Leichter gesagt als getan. Wie stellt man das an? Dafür gibt es kein Patentrezept, aber eine kleine Hilfestellung: Die Chancen, dass ihr euch selbst gut leiden könnt, steigen, wenn ihr eure Leidenschaft entdeckt. Sprich, wenn ihr den Spiegel der Selbsterkenntnis gefunden habt. Wenn ihr also viel auf Reisen geht, nichts für selbstverständlich nehmt, alles infrage stellt und irgendwann erkennt, welche Reise ihr wiederholen wollt. In welche Welt ihr tiefer eintauchen wollt, um sie besser zu verstehen.

Ist es die Welt der Worte? Oder die Welt der Taten?

Eine elektronische Welt oder die Welt der Natur? Eine Welt der Menschen oder der Tiere? Eine Welt der Zukunft oder der Vergangenheit?

Keine Welt ist dabei besser oder schlechter – was auch immer andere behaupten mögen, die wollen, dass ihr funktioniert. Kein Talent ist mehr wert als ein anderes.

Wenn ihr leidenschaftlich gerne mit Zahlen umgeht, solltet ihr Buchhalter werden, selbst wenn andere diesen Beruf nicht für so hip halten wie den des Grafikdesigners. Wenn ihr nichts spannender findet, als Blumen zu züchten, dann macht das, ganz egal, wie oft ihr hört, dass nur noch digitale Berufe eine Zukunft haben.

Achtet darauf, dass ihr genug Treibstoff für eure berufliche Reise habt, also Träume. Vielleicht revolutioniert ihr das Abrechnungswesen mit einer neuen Software? Oder ihr werdet dank einer durchsichtigen Rose zum Multimillionär? Vielleicht auch nicht, aber zum Glück spielt das keine Rolle. Denn lieber geht ihr jeden Tag in eurer Leidenschaft auf, als dass ihr unglücklich in einem gut bezahlten Lebensentwurf verharrt, der nicht zu euch passt und mit dem ihr eure Lebenszeit verplempert.

Nur: Wenn ihr eure Welt entdeckt habt, eine Leidenschaft, der ihr nachgehen wollt, wenn ihr also wisst, welches Talent euch befähigt, über euch hinauszuwachsen, dann habt ihr meiner Meinung nach auch die Pflicht, es zu fördern.

Neben den auf den vorigen Seiten erwähnten immateriellen Gepäckstücken gibt es natürlich auch Handfestes, was ihr in den Koffer für eure Lebensreisen packen solltet. Und das wären zum Beispiel Bücher.

Auf Nachrichten, Internetmeldungen, Zeitschriften oder Zeitungen könnt ihr zur Not verzichten. Lest lieber

Bücher! Ganz gleich, auf welchem Medium und in welchem Format – Hauptsache, ihr lest sie. Bücher schicken eure Gedanken nämlich auf Reisen.

Sie ermöglichen euch, euch in die handelnden Figuren hineinzuversetzen, mit ihnen mitzufiebern, mitzufühlen, mitzuleiden … mitzureisen! Mit anderen Worten: Bücher schulen eure Empathie. Die Gabe, sich in andere Menschen hineinversetzen zu können, ist unabdingbar, damit ihr kommunikative, soziale Menschen werdet. Ihr benötigt sie jedoch auch, um euch selbst zu verstehen.

Ihr müsst mit euch selbst mitfiebern, neugierig auf euren eigenen Weg sein. Diese Ich-Empathie wird durch gute Bücher, aber auch durch gute Filme, ganz besonders Serien, geschult, in denen man über einen längeren Zeitraum die Entwicklung eines Charakters nachvollziehen kann. Sie wird durch Trash-TV-Sendungen, in denen sich zahnlose Menschen in Jogginghose anbrüllen müssen, beschädigt oder gar zerstört. Und auch durch reißerische Schlagzeilen, die nur unsere negativen Schlüsselreize bedienen.

Nachrichten rücken den Fokus immer auf die Ausnahme und lenken damit von den grundsätzlichen Fragen ab. Gute Bücher hingegen beschäftigen sich mit den wichtigen existenziellen Fragen des Lebens und versuchen, die Ausnahmen begreiflich zu machen.

Nachrichten erzeugen Angst, Bücher erzeugen Wissen. Nachrichten zeigen dir die Spitze, Bücher den ganzen Eisberg.

Unsere Welt ist viel zu kompliziert geworden, um sie in wenigen Schlagzeilen erklären zu können. Allein um die Gesetze der Aktienmärkte und damit einer Institution zu verstehen, die wie keine zweite unser Leben bestimmt, muss man sich mehrere Wochen, wenn nicht gar Monate mit dem Thema auseinandersetzen. Kein Mensch hält das durch, es sei denn, er wird gezwungen, es ist seine Leidenschaft oder er wird nicht nur gut informiert, sondern auch gut unterhalten.

Ich zum Beispiel wollte nie etwas über Meereswürmer wissen, bin aber dank Frank Schätzings *Schwarm* darüber nun bestens informiert – einfach, weil er es so spannend dargestellt hat und mir mit dem Wissen die Bedeutung für mein Dasein erklärt hat.

Gute, also unterhaltsame und zugleich informative Bücher können vielleicht nicht die Welt verändern, aber sie können das Wissen verbreiten, das dazu notwendig ist.

7. Kapitel
Der Aufbruch

Ich will euch hier nicht nerven mit Plattitüden à la »Jede Reise beginnt mit dem ersten Schritt«, was auch falsch wäre, da es Rollstuhlfahrer diskriminiert. Und es ist auch aus einem ganz anderen Grund nicht richtig. Denn jede Reise beginnt mit der gedanklichen Vorbereitung, mit dem Ruf des Abenteuers, der an uns herangetragen worden sein kann. Sei es in Form eines Anrufs vom besten Freund oder von der besten Freundin, die Ferien gemeinsam auf dem Bauernhof zu verbringen. Sei es mit der traurigen Nachricht vom Tod eines nahen Angehörigen, die eine Reise zu seinem Begräbnis notwendig macht. Jede Reise beginnt mit Vorfreude oder Sorgen, meistens mit Plänen, hin und wieder aber seid ihr auch einfach nur ein Spielball höherer Mächte, etwa wenn euch ein Erdbeben aus der Stadt treibt.

Sofern ihr aber – und das ist hoffentlich der Regelfall – eure Reise in vollem Bewusstsein und absichtlich antretet, dann ist der Aufbruch eine hohe emotionale Hürde, die ihr zu nehmen habt. Da wir das Neue nicht kennen, sind wir verunsichert. Tatsächlich wählen viele oftmals lieber das sichere Elend als das unsichere Glück. Sie bleiben mit Partnern zusammen, die sie nicht lieben, weil sie nicht alleine sein wollen. Sie kündigen ihren Job nicht, obwohl er sie krank macht, weil sie sich sorgen, sie könnten arbeitslos bleiben oder es könnte ein noch schlimmerer Job folgen. Diese Menschen haben aufgehört zu reisen, und im

Grunde haben sie damit aufgehört, ihr eigenes Leben zu leben.

Auch ich habe schon oft fremdbestimmt gehandelt und mein Verhalten nach Sorgen und Ängsten ausgerichtet, die zum Teil nur in meinem Kopf existierten. Auch ich bin mir oft unsicher gewesen und habe die falschen Entscheidungen getroffen. Denkt an Paul! Ich bin nicht zu Reisen aufgebrochen, obwohl ich von den Erinnerungen vielleicht noch heute zehren würde. Erinnert euch an das nicht angetretene Auslandsjahr. Es hätte mir sicherlich mehr Selbstbewusstsein gegeben, das mir gerade als junger Student fehlte.

Ich kann euch die Entscheidung, zu welchen Reisen ihr aufbrecht, nicht abnehmen. Als Eltern können wir euch nur risikominimierend zur Seite stehen. Ich kann euch aber versprechen, dass wir alle eure Reisen unterstützen werden, sofern sie nicht gegen die oben erwähnte Reise-Checkliste verstoßen (die Reise darf euch nicht krank machen, töten oder Dritten schaden). Und wir werden alles dafür tun, dass euer Gepäck gut gepackt ist und ihr alles dabeihabt, was für die Reisen eures Lebens notwendig ist: in erster Linie Mut, Selbstvertrauen, Fantasie und Neugier.

Felix, nehmen wir einmal an, du willst Rockstar werden. Der Sänger einer eigenen Band. Du findest Gleichgesinnte an deiner Schule, und ihr probt so lange, bis die wahnsinnig gewordenen Nachbarn die Polizei rufen. Oder wir selbst. Jetzt kommt der Ruf des Abenteuers: Deine Band soll auf eine Reise aufbrechen, die gewohnte Welt verlassen (den Übungsraum) und in der Aula der Schule ihr erstes Konzert geben.

Da du als Zweijähriger nicht einmal Angst vor einem Fünfmeterbrett hattest (obwohl du nicht schwimmen konntest), wirst du dich vermutlich ohne nachzudenken in das Abenteuer stürzen. Du bist ein grundpositiver Mensch, was ich an dir zutiefst bewundere, und ich bete jeden Tag, dass du dir diese Eigenschaft bewahrst, egal, was für Widerständen du auf den Reisen deines Lebens ausgesetzt sein wirst, egal, was für Rückschläge du erleiden musst.

Du wirst also deinen Auftritt absolvieren, es werden Hunderte kommen, selbst Schüler aus anderen Schulen, und sie werden in der überfüllten Aula deinen Namen brüllen und Zugaben fordern. Ein YouTube-Video von deinem Gig erreicht Millionen Klicks, und ein Talentscout aus New York nimmt dich unter Vertrag.

Echt jetzt?

Nein. So etwas passiert nur in einem sehr, sehr unrealistischen Film. Denn es entspricht nicht der allgemeinen Lebenserfahrung, dass der Held seine Ziele sofort und ohne Probleme erreicht.

Auf der Reise des Lebens – ganz gleich, ob in einer fiktiven (guten) Geschichte oder in der Realität – gibt es immer Hindernisse. Wir haben Feinde, Gegner, Widersacher oder äußere Umstände wie etwa das Wetter, Flugzeugverspätungen und Krankheiten, die uns Steine in den Weg legen.

Wir finden aber auch Freunde und Verbündete, mit denen wir Strategien entwickeln können, wie wir die Schwellen, die uns auf unserer Reise aufhalten, überwinden können (dazu später).

Noch mal zu deinem Schulkonzert, Felix: Du musst leider damit rechnen, dass nicht alle kommen, die dir versprochen haben, dass sie deinen ersten Auftritt unter gar keinen Umständen verpassen wollen. Vielleicht ist es an dem Tag drückend heiß, und niemand will in der stickigen Aula stehen, vielleicht gab es (so wie bei einer meiner ersten Lesungen) eine Unwetterwarnung, und keiner traut sich aus dem Haus.

Wahrscheinlich sind dir von denen, die dann trotzdem vor der Bühne stehen, nicht alle wohlgesinnt. Einige sind neidisch, weil sie sich nicht getraut haben, eine ähnliche Reise anzutreten. Andere haben einen anderen Musikgeschmack. Und wieder andere finden vielleicht tatsächlich berechtigte Kritikpunkte, denn hey, es ist euer erster Auftritt! Wie solltet ihr da perfekt sein?

Womöglich finden sich hämische Kommentare unter dem YouTube-Video – von Trolls, die das Konzert gar nicht live gesehen haben, sondern nur einen verwackelten Ausschnitt, bei dem der Ton tatsächlich grauenhaft ist.

Und dennoch, selbst wenn all das passiert, selbst wenn das Konzert ein Desaster wird, weil du den Text vergisst und dich vor Scham in den Gitarrenverstärker übergibst, was im Internet weltweit die Runde macht … selbst dann war es die richtige Entscheidung, diese Reise anzutreten.

Und du solltest sofort die zweite planen.

Denn es gibt eine Gesetzmäßigkeit, die ihr euch stets vor Augen halten solltet, wenn ihr zu einer Reise aufbrecht, sprich ein Risiko eingeht:

Misserfolg ist die Regel.
Erfolg die Ausnahme.

Das gilt fürs Lottospiel wie für den Rest des Lebens. Wenn wir Risiken eingehen, indem wir unsere gewohnte Welt verlassen, spricht das Gesetz der Wahrscheinlichkeit dafür, dass nicht alles glattgeht.

Die meisten Filme, die gedreht werden, floppen. Die meisten Produkte, die erfunden werden, will keiner kaufen. Die meisten (neuen) Geschäftsideen funktionieren nicht so, wie man es auf dem Papier gedacht hat. Und von den meisten Menschen, die mit einer genialen Idee brillieren wollen, für die sie ihr ganzes Leben lang gearbeitet haben, werden wir nie etwas hören. So, wie wir die Namen von Millionen von hoffnungsvollen Fußballspielern nicht kennen, die jeden Tag ihrer Kindheit auf dem Platz verbracht haben, es aber am Ende nicht in die Mannschaft eines Bundesligaklubs oder gar in die Auswahl der Nationalmannschaft schafften.

Es kommt euch vielleicht nicht so vor, weil wir durch die Medien immer nur von den Erfolgen hören und ein Misserfolg stets mit Begriffen wie »Skandal« oder »Pleite« tituliert wird, weil das mehr Aufmerksamkeit erzeugt. In Wahrheit aber gehen jedem Erfolg zahlreiche Rückschläge voraus. Das wisst ihr selbst am besten. Denkt nur daran, wie oft ihr hingeknallt seid, bevor ihr laufen konntet. Habt ihr damals nach dem ersten Sturz aufgegeben?

Nein. Ihr habt euch immer wieder aufgerappelt.

Hört bitte nie auf, aufzustehen, weiterzureisen. Lasst euch von einem Rückschlag nicht entmutigen. Das klingt jetzt sehr amerikanisch, aber auch die Amis haben sinnvolle Lebensweisheiten.

Natürlich erscheint ein Leben im Windschatten anderer, die sich auf Reisen trauen, ein weniger anstrengendes und sichereres Dasein zu sein. Um im Schulband-Beispiel zu bleiben: Wer sich nicht auf die Bühne stellt, kann auch nicht ausgebuht werden.

Das führt allerdings am Ende dazu, dass ihr ein fremdbestimmtes Leben führt, bei dem ihr euch stets nach der Meinung der anderen richtet.

Und versteht mich nicht falsch. Das ist keine Schande. Die meisten Menschen tun das. Sie tragen keine auffälligen Klamotten, aus Angst, irgendwo anzuecken. Sie treten in die beruflichen Fußstapfen ihrer Eltern, weil das die wenigsten Konflikte birgt; einige korrigieren sogar ihre Nase, weil sie nicht dem mutmaßlichen Schönheitsideal entspricht. Wir passen uns an, weil uns diese Anpassungsstrategie seit Jahrtausenden vor dem Aussterben bewahrt. In der Natur wird das Tier in der Herde, das die auffälligsten Körpermerkmale trägt, am ehesten attackiert. Der graue Vogel in einem Schwarm grauer Vögel fällt am wenigsten auf. Er lebt am sichersten.

Aber auch am spannendsten?

Das ist das Wort, nach dem ich gesucht habe!

Ist euer Lebenskompass auf »Neue Erfahrung« gerichtet, solltet ihr nicht nach einem glücklichen, sondern nach einem spannenden, ereignisreichen, leidenschaftlichen Leben streben.

Auf euren Reisen wird vieles in die Hose gehen. Ihr werdet unglaublich viele Hindernisse überwinden müssen und nicht immer glücklich sein. Aber ihr werdet Erinnerungen sammeln. Und darauf kommt es sehr viel mehr an als darauf, was andere Menschen mit dem Wort »Erfolg« titulieren. Nichts ist so erfüllend und auf der anderen Seite auch so schwer, wie den eigenen Weg zu gehen. Wir leben in einer Welt, in der die meisten Wege exakt vorherbestimmt sind und uns wenig Spielraum für Entfaltung lassen.

Die Schule zum Beispiel. Ich habe schon in Kapitel 6 geschrieben, dass ihr da durchmüsst. Jetzt will ich es etwas differenzierter ausführen.

Noch freust du dich darauf, Charlotte. Aber ich will meine Sorge nicht verhehlen, dass ich große Angst habe, dich leiden zu sehen. Weil du irgendwann Angst vor Prüfungen hast, weil du Stunden über deinen Hausaufgaben brütest und nicht zum Spielen kommst, weil du Ärger mit Mitschülern hast und so weiter.

Unser Schulsystem ist auf etwas aufgebaut, das meinen Prinzipien im Grunde zuwiderläuft: Ihr sollt euch ständig vergleichen und über Jahre hinweg in Bahnen schwimmen, die andere für euch sehr eng gezogen haben. Das Wort »Unterricht« leitet sich aus dem mittelhochdeutschen »einrichten, anweisen, zurechtweisen« ab. Ihr sollt gerichtet werden, eingenordet, geschliffen.

Dabei wurden die größten Errungenschaften der Menschheit von Personen erzielt, die sich von der Masse abgehoben haben. Picasso malte wie kein Künstler zuvor, Galileo stellte die herrschende Meinung über unser Sonnensystem infrage, Steve Jobs lebte mit jeder Pore den eigenen Werbespruch »Think different«, J. K. Rowling ließ sich nicht beirren, als man ihr sagte, Kinder würden keine dicken Bücher lesen, die umwerfende Basilika *Sagrada Família* von Gaudí wäre nie in Angriff genommen worden, wenn man eine Mehrheitsentscheidung darüber gefällt hätte, und der legendäre Leichtathlet Dick Fosbury wäre niemals so hoch gesprungen, wenn er nicht aus der Reihe getanzt wäre: Anders als seine Konkurrenten sprang er bei den Olympischen Spielen 1968 beim Hochsprung nämlich rückwärts über die Latte statt wie bisher üblich mit dem Kopf voran. Mit der Erfindung des Fosbury-Flops sprang er damit höher als je ein Mensch vor ihm, einfach, indem er das Gegenteil von dem tat, was alle machten.

Viele Menschen wurden erfolgreich, indem sie gegen den Strom schwammen – beziehungsweise im Falle Fosburys gegen den Strom *sprangen*. Auch ihr sollt gegen den Strom schwimmen, aber dazu muss man erst einmal schwimmen können.

Kennt die Regeln, die ihr brecht!

Oft übersehen wir in unserem Streben, die von anderen aufgestellten Regeln zu lernen, dass die wahrhaft großen Dinge im Leben von Menschen geschaffen wurden, die diese Regeln infrage stellten. Ich sage ganz bewusst »infrage stellen« und nicht »ignorieren«. Denn eines ist auch richtig: Man muss die Regeln kennen, bevor man sie bricht.

Deswegen gehen wir zur Schule, zur Uni und lernen auch sonst unser gesamtes Leben lang, und deswegen können wir uns auch nicht ausschließlich mit Dingen beschäftigen, die uns Spaß machen. Aber wenn wir etwas tun, was uns Lebenszeit kostet, Energie raubt und uns für den Moment nicht glücklich macht – wie etwa eine harte Prüfungsphase –, sollten wir darüber nicht vergessen, dass unser Wert nicht von der Benotung eines fremden Menschen abhängt, sondern davon, ob es uns gelingt, unser eigenes Leben zu leben.

Freiheit bedeutet nicht, komplett ohne Zwänge zu sein.

Freiheit bedeutet, Entscheidungen treffen zu können.

Selbst die Richtung auszuwählen, der wir auf den Reisen unseres Lebens folgen wollen.

Mit allem, was wir Eltern von euch verlangen und von euch erwarten, bezwecken wir eines: dass ihr irgendwann das nötige Rüstzeug habt, um später freie Entscheidungen treffen zu können.

Wir versuchen als Eltern den Rucksack zu packen mit hoffentlich nützlichen Dingen, die euch die Reise eures Lebens erleichtern können.

8. Kapitel
Der Reiseplan

Viele Menschen haben für die Reisen ihres Lebens schon früh einen konkreten Plan. Sie streben einen möglichst geradlinigen, vorherbestimmten Lebenslauf an. Personalchefs freuen sich über die konsequente Leistungsbereitschaft ihres zukünftigen Mitarbeiters, der sofort nach dem Abitur sein Studium in Rekordzeit absolviert hat.

Für mich ist ein geradliniger Lebenslauf ein Warnsignal, es mit einem angepassten Langeweiler zu tun zu haben, der sein Leben bislang damit vergeudet hat, den falschen, weil fremdbestimmten Zielen nachzueifern.

Ich zum Beispiel musste erst erkennen, dass ich nicht genug Talent habe, um Tennisprofi oder Schlagzeugspieler zu werden. Als Hunde- und Katzenfan spielte ich nach dem Abitur mit dem Gedanken, Tiermedizin zu studieren, schrieb mich sogar für das Veterinärmedizinstudium ein, hielt das wegen meiner zwei linken Hände und dem schrecklichen Formalin-Gestank beim Sezieren der Hunde jedoch nur drei Monate durch.

Ohne großen Plan studierte ich einfach das, was fast alle meine Freunde studierten: Jura. Und plötzlich, ich hatte schon gar nicht mehr damit gerechnet, entdeckte ich meine Leidenschaft gleichzeitig im Strafrecht und beim Radio, wo ich ein studienbegleitendes Praktikum machen durfte. Hätte ich nach dem oft heute noch von Eltern und Firmenbossen zitierten Credo gelebt: »Was man anfängt, muss man auch zu Ende bringen«, wäre ich vermutlich der schlechteste und traurigste Tierarzt Deutschlands geworden.

Zum Glück haben mich meine Eltern, die das Studium finanzierten, nicht gezwungen, die Ausbildung zu vollenden. Sie hatten Vertrauen in mich und meine Entscheidungen und haben mich immer wieder zu neuen Reisen aufbrechen lassen. Und dieses Recht solltet auch ihr euch herausnehmen.

Wie sollt ihr eure Leidenschaft, euer Talent erkennen, wenn ihr nicht verschiedene Welten entdecken, also ausprobieren dürft?

Ich kenne eine junge, kluge Frau, die in ihrem Studium todunglücklich war. Ihre Reise in die Welt der Medizin führte sie in ein anderes Land, da sie in Deutschland keinen Studienplatz bekam. Fernab von Freunden, Verwandten und Bekannten musste sie lernen, dass die Art und Weise, wie ihr das Wissen vermittelt wurde, ihre Leidenschaft nicht förderte, sondern zerstörte. Aus einem lebenslustigen Sonnenschein wurde ein trauriger Schatten. Da ihre Eltern für die Ausbildung bezahlten, hatte sie Angst, das teure Studium abzubrechen.

Als ich davon hörte, schrieb ich ihr einen langen Brief, in dem ich ihr vor Augen zu führen versuchte, dass sie im Begriff stand, gleich zwei Fehler auf einmal zu begehen: Zum einen probierte sie nichts aus. Sie verharrte in einer Welt, die sie nicht länger bereisen wollte. Sie blieb nicht in Bewegung, sondern blieb stehen. Sie brach nicht zu einer neuen Reise auf und ignorierte damit in meinen Augen das, was ihr Leben eigentlich ausmachen sollte.

Der zweite Fehler war der, dass sie begann, das Leben anderer Menschen zu leben: das ihrer Eltern. Aus Angst, sie könnten enttäuscht sein, »funktionierte« sie – und war auf dem besten Weg, sich selbst zu verlieren und dem Reiseplan zu folgen, den andere für sie aufgestellt hatten.

Natürlich ist das kein Plädoyer dafür, beim kleinsten Hindernis die Flinte ins Korn zu werfen. Ihr wärt nicht gezeugt worden, wenn eure Mutter mich nicht so hartnäckig verfolgt hätte, und das, obwohl ich ihr einen seitenlangen Brief schrieb, weshalb ich mir eine längerfristige Beziehung mit einer so viel jüngeren Frau nicht vorstellen könne. Sie verfolgte unbeirrt ihr Ziel, auch wenn es aussichtslos erschien, und schließlich bekam sie mich auf die altmodische Art und Weise: Sie hielt mir eine Waffe an den Kopf. (Ja, ja, ein Scherz.)

Was die Entscheidung anbelangt, eine Reise abzubrechen oder trotz Strapazen weiterzuverfolgen, da vertraue ich ganz auf euch.

Ihr wollt euch selbst gefallen, also werdet ihr auch euch selbst gegenüber ehrlich sein. Ich zum Beispiel habe mein Veterinärmedizinstudium nicht aus Bequemlichkeit abgebrochen, sondern weil ich mir eine Zukunft als Tierarzt wirklich nicht vorstellen konnte.

Ob es darum geht, nicht mehr zum Tennis zu gehen, den Klavierunterricht aufzugeben oder die Theater-AG der Schule zu schwänzen – überprüft eure Motive. Ihr müsst nicht bis zum bitteren Ende durchhalten, ihr dürft aber nicht schon bei der kleinsten Schwierigkeit einknicken. Denn es gibt wie schon geschrieben nichts im Leben, bei dem Schwierigkeiten nicht vorprogrammiert sind (siehe dazu insbesondere Kapitel 10 über Schwellenhüter).

Wenn ihr allerdings wirklich eurem Herzen folgt, das euch sagt, es ist Zeit, eine Reise zu beenden, dann haltet auf gar keinen Fall nur daran fest, weil ihr Angst habt, ihr könntet das Leben eines anderen durch eure Entscheidung stören.

Und wenn ihr sie beendet habt, wartet nicht zu lange mit dem nächsten Aufbruch. Denn Ruhe ist gut und wichtig. Aber der primäre Sinn einer Reise ist natürlich, etwas Wegstrecke zurückzulegen.

Wer nicht losmarschiert, kommt auch nie an. Banale Weisheit, aber trotzdem wird sie von den meisten Menschen, die mit euch auf diesem Planeten leben, Tag für Tag aufs Neue vergessen.

Ihr müsst in Bewegung bleiben.

Macht etwas!

Das ist wohl der wichtigste Satz in diesem Buch. Und vielleicht der einzige, in dem jedes Wort seine Bedeutung hat. Das Gegenteil von aktivem, positivem Tun (Achtung, hier kommt jetzt der Jurist in mir durch) ist das Unterlassen. Und diesem Unterlassen geht meistens ein negativer Gedanke voraus. Meine Empfehlung an euch, aktiv etwas zu unternehmen, statt passiv etwas zu unterlassen, geht Hand in Hand mit dem Ratschlag, für die Reisen eures Lebens nach positiven Empfehlungen zu suchen, denn nur diese treiben einen zum aktiven Handeln an.

Zu abstrakt? Dann hier ein Beispiel: Macht keinen Urlaub in Almaty.

Na, hilft euch das weiter?

Nein. Vermutlich wisst ihr nicht einmal, wo Almaty liegt (in Kasachstan), und bislang habt ihr noch nie einen Gedanken daran verschwendet, dort irgendwann einmal aufschlagen zu wollen. Ehrlich gesagt war ich selbst auch noch nie da, aber Michael Tsokos (der Freund mit dem Bällebad im Keller, ihr erinnert euch?) hat mir Bilder aus der dortigen Rechtsmedizin gezeigt, die für mich wie die Tatortfotos eines Serienmörders aussahen, dabei war der blutverschmierte, verdreckte Kellerraum der offizielle Sektionssaal.

Seitdem bringe ich Almaty einfach nicht mit Ferien zusammen, womöglich zu Unrecht. Ich will mir hier auch gar nicht den Zorn des kasachischen Fremdenverkehrsamtes zuziehen, ich brauchte nur ein Beispiel, um euch eine Sache vor Augen zu führen: Negativismus bringt uns in der Regel nicht weiter.

Es gibt Millionen von Urlaubsmöglichkeiten auf der Welt. Was nützt es euch, wenn ich davon eine einzige ausschließe? Bleiben immer noch 999 999 Optionen, wo ihr hinfahren könnt.

Ähnlich ist es, wenn ich sage: »Lest nicht den Autor Harry Hacker.« (Name ist ausgedacht, sorry. Falls es tatsächlich einen Schriftsteller dieses Namens geben sollte, muss man ihn alleine deshalb schon kaufen.) Die Aufforderung, Harry Hacker im Regal stehen zu lassen, ist sinnlos. Bei über 70 000 Neuerscheinungen jedes Jahr steht ihr weiterhin so ratlos in der Buchhandlung wie ich früher im Mathematikunterricht vor der Tafel.

Eine Aussage wie: »Fahrt einmal im Leben nach Ravello, lasst euer Auto stehen und betrachtet von der Villa Cimbrone das Meer vor der Amalfiküste, um das Gefühl zu erleben, das Patricia Highsmith hatte, als sie *Der talentierte Mr. Ripley* verfasste«, ist eine bessere Empfehlung als mein Almaty-Bashing, richtig? Klar, denn sie ist positiv. Nur sie kann euch dazu verleiten, aktiv etwas zu tun. Eine negative Empfehlung hingegen führt zum Unterlassen und damit zum Stillstand.

Wenn ich euch den Tipp gebe, auf dem Petersplatz in Rom einen ganz bestimmten Punkt aufzusuchen, um zu erleben, wie sich die Säulenreihen so ineinander verschieben, dass sie den Besucher des Platzes mit offenen Armen zu empfangen scheinen? Damit kann man etwas anfangen. Ebenso wie mit der Empfehlung, *Regenzauber* von Dennis Lehane zu lesen. Ein idiotisches Cover und ein bescheuerter Titel, aber ein spannender und sehr lustiger Krimi, den in Deutschland kaum einer kennt, obwohl Dennis Lehane spätestens seit *Shutter Island* ein Superstar ist.

Damit keine Missverständnisse entstehen. Dieser Absatz hat nichts mit der »Denk positiv!«-Maxime vieler Image- und Erfolgscoaches zu tun, die die Meinung vertreten, man müsse nur alle schlechten Gedanken verbannen, dann käme das Glück schon ganz von alleine.

Negative Gefühle und Gedanken gehören ebenso zum Leben wie Freude, Spaß und Enthusiasmus. Doch sie dürfen euch nicht lähmen. Natürlich könnt und müsst ihr täglich Entscheidungen gegen etwas treffen. Nur solltet ihr euch danach fragen, was ihr, wenn ihr das eine unterlasst, stattdessen positiv tut. Wenn ihr also nicht nach Almaty fahrt, wohin fahrt ihr dann?

»Macht etwas« bedeutet im Kern also zunächst: Entscheidet euch für eine aktive Handlungsalternative, sooft es euch nur möglich ist. Wenn ihr die Wahl habt, zieht das aktive Tun dem Unterlassen vor. Und das positive Handeln dem negativen.

Wieso ist aktiv besser als passiv? Natürlich kann man gerade dieses wichtige Thema nicht ausschließlich schwarzweiß betrachten, denn es gibt Tausende Ausnahmen, die nicht einmal als Bestätigung der Regel angesehen werden können: Sich nicht aktiv an einer Schlägerei zu beteiligen beispielsweise ist häufig die bessere Wahl, als sich blind in die Gefahr zu stürzen. Und manchmal ist Schweigen tatsächlich Gold und besonders in der Variante des Zuhörens eine sehr schwer zu beherrschende Kunst.

Tatsächlich ist die Frage wieder einmal falsch gestellt, denn es geht hier letztlich nicht um besser oder schlechter. Ein Buch zu lesen kann weitaus befriedigender sein, als ein Buch zu schreiben. Und eine Massage zu bekommen viel wohltuender, als sich selbst die Finger krumm zu kneten.

Die Frage ist eher, was hat letztlich das größere Potenzial, für lohnende Erinnerungen zu sorgen? Ihr ahnt es: das aktive Tun.

Nehmen wir den Hausbau. Kaum etwas ist so nervenaufreibend, kaum ein Plan mit so vielen Risiken behaftet wie der, eine Bauherrin oder ein Bauherr zu sein. Nicht ohne Grund gehen beim Hausbau viele Ehen und Existenzen schneller in die Brüche als die ausführenden Gewerke in die Insolvenz. Und dennoch ist die Chance, wertvolle Erinnerungen zu sammeln, bei Aus-, Um- oder Neubau des eigenen Heims wesentlich größer als beim Konsum von TV-Dokus à la *Die schlimmsten Eigenheim-Katastrophen.* Beim Marathon durchs Ziel zu laufen wird in der Regel stärkere Emotionen freisetzen, als wenn man jemand anderen dabei anfeuert.

Es geht hier im Übrigen nicht nur um euch. Meistens geht es beim aktiven Tun um andere.

Zweitausend Kinder haben in Berlin, anders als ihr, nicht genug Geld für ein tägliches Mittagessen. Was ist wohl sinnvoller? Sich kopfschüttelnd darüber aufzuregen und die armen Seelen bei Gesprächen mit euren Freunden zu bedauern? Oder zur Schöpfkelle zu greifen und in der Suppenküche kostenlose Mahlzeiten zu verteilen?

Schön, werdet ihr (spätestens, wenn ihr ein Smartphone habt) einwenden, aber wie ist es mit dem Internet?

Surfen, Chatten, Posten, Bewerten, Liken, Kommentieren, Rezensieren – alles aktive Handlungen. Gemessen an den heute zur Verfügung stehenden inter*aktiven* Möglichkeiten der digitalen Netzwelt, ist unsere Generation doch tausendmal aktiver als andere vor uns? Oder etwa nicht?

Meine Antwort darauf ist ein klares Nein.

Nur das reale Leben ist real.

Alles, was im Internet passiert, ist Konsum, Information oder Unterhaltung. Es ergänzt und bereichert euer Leben in vielfacher Weise. Aber es ist nicht das Leben. Das findet draußen statt, vor der Tür, im wahren, echten Leben.

Das Gesagte gilt übrigens auch für Bücher, Spiele und Medien. Sie sind ein wichtiger Bestandteil unserer Welt, ergänzen diese aber nur, ohne eine eigene zu schaffen.

Ein Beispiel soll euch die Rangfolge der Wichtigkeiten verdeutlichen. Stellt euch vor, ihr müsst euch für eine der folgenden Möglichkeiten entscheiden: Entweder ihr trefft einen tollen, attraktiven, sympathischen und wirklich liebenswerten Menschen für den Rest eures Lebens ausschließlich im Online-Chat. Oder ihr dürft ihm niemals im Internet begegnen, dafür trefft ihr euch aber, wann immer ihr es wollt, in der realen Welt. Wofür würdet ihr euch entscheiden?

Keine Frage, oder?

Wollt ihr morgens neben einem Monitor aufwachen oder neben einem Menschen aus Fleisch und Blut? Genügt es euch, mit einem Videobild von Mama und Papa zu verreisen, oder sollen wir am Strand neben euch sitzen?

Der Mensch braucht Nähe, Berührungen, Streicheleinheiten und Liebe. Wir können diese Liebe in der virtuellen Welt anbahnen, verstärken, am Leben erhalten und fördern. Wir können sie aber nicht *erleben*.

Wenn ich also sage: Macht etwas, dann heißt das: Macht etwas, das sich auch in der realen Welt auswirkt.

Wie kurz die Zeit ist, die ihr für eure Reisen habt, erfahrt ihr, wenn ihr in Sommern denkt. An mir deutlich gemacht: Während ich diese Zeilen schreibe, bin ich sechsundvierzig Jahre alt. Wie viele schöne, warme, sorgenfreie und gesunde Sommer habe ich noch vor mir?

Nehmen wir an, ich erreiche biblische neunzig Jahre. Ziehen wir fünf Sommer ab, weil ich vermutlich über fünfundachtzig doch etwas eingeschränkt sein werde und noch mehr körperliche Beschwerden habe als aktuell einen krummen Rücken und diese unerklärlichen Schmerzen im linken Daumen.

Dann ziehen wir mindestens zehn Sommer ab, in denen irgendetwas passiert, was die Stimmung trübt: ein Todesfall, Krankheit, andere Schicksalsschläge oder vielleicht auch nur extrem viel Arbeit. Bleiben mir also noch neunundzwanzig perfekte Sommer.

Neunundzwanzig!!!!

Glaubt ihr, ich will auch nur einen davon verschwenden? Auf keinen Fall!

Und das solltet ihr, die ihr noch einige mehr vor euch habt, auch nicht tun.

9. Kapitel

Die Weggefährten

Auf euren Reisen werdet ihr einer Vielzahl von Menschen begegnen. Ihr werdet flüchtige Bekanntschaften machen, tiefe Freundschaften schließen, bezahlte Helfer in Anspruch nehmen, die Liebe eures Lebens treffen und natürlich auch auf Widersacher und Feinde stoßen.

So, wie man einem Täter seine kriminelle Energie nicht an der Nasenspitze ansieht, so kann man einen Weggefährten nicht nach allgemein gültigen Kriterien normieren. Überhaupt verbietet es sich meiner Meinung nach, Menschen und damit potenzielle Reisebegleiter in die Kategorie wichtig/unwichtig oder sinnvoll/unsinnig einzuteilen. Jeder Mensch hat seine eigene Geschichte zu erzählen – und keine noch so detaillierte Checkliste kann euch sagen, ob sich die Lebenszeit lohnt, sich mit ihm oder ihr auseinanderzusetzen.

Die prägendsten Begleiter könnt ihr euch ohnehin nicht aussuchen – zumindest für eine ziemlich lange Wegstrecke, denn das sind eure Familienmitglieder. Niemand hat euch gefragt, ob ihr Super-Dad und Magic-Mum als Eltern haben wolltet, und jetzt habt ihr uns ebenso wie eure Geschwister, Oma Petra, Onkel Clemens und Tante Sabine an der Hacke, ob ihr wollt oder nicht.

Aber auch was eure Freunde und Liebes-/Lebenspartner angeht, bin ich mir nicht so sicher, ob wir Menschen da tatsächlich eine objektive Wahl treffen. Meiner Meinung nach entscheiden wir doch meistens aus dem Bauch heraus, mit wem wir befreundet oder in wen wir verliebt sein wollen. Eine sachliche Güterabwägung geht dem höchst selten voraus und wäre zudem nicht nur unromantisch, sondern auch dumm.

Hätte ich bei der Wahl meiner besten Freunde stets auf meinen Kopf gehört und diese in potenziell nützliche / nicht nützliche Weggefährten eingeteilt, dann – wage ich zu behaupten – hätte mein Leben einen sehr viel schlechteren Verlauf genommen. Und das schon ab dem Alter von zehn Jahren!

Damals ging ich in die 5b der Wald-Grundschule und war so beliebt, wie man nur sein kann, wenn man die Klamotten seines sieben Jahre älteren Bruders auftragen muss und auch bei der Frisurenmode (made by Mami) ein knappes Jahrzehnt hinterherhinkt. Stellt euch einen breitnasigen Muffelkopf mit Topfhaarschnitt, Lederhosen und Alu-Aktenkoffer vor, der seine Freizeit am liebsten in der Schulbibliothek verbringt.

Ja, genau: Ich war der klassische Bücher-Nerd, den man beim Völkerball nicht in seiner Mannschaft haben wollte, es sei denn als Kanonenfutter.

Tja, und dann kam Ender.

Spät eingeschult, einmal sitzen geblieben, die Lehrer nannten ihn »Deutschtürke«, der größte Rüpel der Schule. Als er durch die Klassentür trat, glaubte ich, ein Vater wäre gekommen, um sein Kind etwas früher abzuholen. Doch dann wurde der Coolste der Coolen neben mich gesetzt.

Die Klassenlehrerin dachte sich wohl, der Streber (also ich) könnte einen guten Einfluss auf den Problemfall (also Ender) haben. Natürlich war es genau umgekehrt. Ender änderte mein Leben; hauptsächlich, indem er mich mochte, was natürlich daran gelegen haben könnte, dass ich ihm bei seinen Hausaufgaben half. Und glaubt mir, das geschah ohne Zwang oder dass ich ihm dafür meine Turnschuhe hätte abgeben müssen. Im Gegenteil – er brachte mir meine ersten Adidas-Schuhe zum Selbstbemalen aus dem Sportgeschäft seines Vaters mit, um mich von meinen hässlichen Quadrat-Tretern zu befreien.

Und da er, der Beliebte, mein Freund wurde, färbte das auf die Herde der Mitschüler ab, die mich bis dahin nicht mal hatten ignorieren wollen.

Ender lehrte mich auch viele nützliche Dinge, die man als Grundschüler dringend für seinen Alltag braucht: etwa, wie man eine Zigarre raucht (schlechte Idee, es hinter der Turnhalle zu versuchen, während der Sportlehrer vorbeijoggt). Später schmuggelte er die FSK-18-Videos seines Vaters aus der Wohnung (*Rollerball, Die Klasse von 1984, Tanz der Teufel, Zombies im Kaufhaus* und – natürlich – *Die Klapperschlange* mit Kurt Russell, dürft ihr alles noch nicht sehen, aber jetzt ahnt ihr, woher meine Leidenschaft für Thriller stammt). Kurz, ich habe Ender viel zu verdanken, und es ist schön, noch heute mit ihm befreundet zu sein. Selbstverständlich besuche ich ihn jeden Sonntag in der JVA (Scherz).

Ich rechne es übrigens meinen Eltern hoch an, dass sie meine Bauchentscheidung, Ender zum Freund zu wählen, nicht torpedierten. Wie einfach wäre es gewesen, mir gemäß dem Motto »Spiel nicht mit dem Schmuddelkind« den Umgang mit ihm zu verbieten oder zumindest zu erschweren. Doch auch sie sahen in ihm nicht den schlechten Schüler, sondern den guten Menschen, der einfach schlechtere Startbedingungen hatte als ich.

Das Leben ist kein Deal.
Seid nicht berechnend.

Ender und ich haben uns schon oft monatelang aus den Augen verloren. Ich könnte ihn zwei Jahre lang nicht anrufen, seine Geburtstage vergessen und die Stadt verlassen, ohne ihm Bescheid zu sagen. Um ihn dann in der Nacht von Sonntag auf Montag um halb vier Uhr morgens aus dem Bett zu klingeln und zu sagen, er müsse sofort einen Koffer packen und mich in Ankara abholen, weil ich in Schwierigkeiten stecke. Er wäre mit dem nächsten Flug bei mir, ohne zu fragen, weshalb. Ohne eine Gegenleistung zu verlangen. Ohne zu murren, dass ich mich so lange nicht gemeldet habe. Und er weiß, ich würde das Gleiche für ihn tun. Wir müssen unsere Freundschaft nicht »pflegen«, um uns ihrer sicher zu sein.

Viele Menschen, die ich kenne, benutzen Begriffe wie »netzwerken« oder »Kontakte pflegen«, wenn sie über die Wahl ihrer (meist beruflichen) Weggefährten reden. Sie gehen auf Partys, Messen, zu Fortbildungen und Kongressen in der Hoffnung, dort auf wichtige Persönlichkeiten zu treffen, die ihnen dabei helfen können, ihre Ziele zu erreichen. Wobei das Ziel meist darin besteht, mehr Geld zu verdienen. In meinen Augen verfolgen diese Menschen das falsche Ziel mit den falschen Methoden.

Nun muss ich zugeben, dass ich ein sehr schlechter »Kommunikator« bin. Ich bin zu schüchtern, um alleine auf Menschen zuzugehen. Die Kunst des Small Talks – und damit die Kunst der Gesprächsanbahnung mit potenziell »wichtigen« Menschen – habe ich nie gelernt.

Ihr seht, dass ich »wichtig« in Gänsefüßchen gesetzt habe. Aus gutem Grund: weil es keine unwichtigen Menschen gibt. Der Arbeiter, der den Krankenwagen zusammengelötet hat, mit dem du in die Klinik gefahren wirst, ist nicht unwichtiger als der Chirurg, der dir den Blinddarm entfernt.

Ich bin nicht einen Deut wichtiger als unsere Haushaltshilfe. Und ihr seid nicht wichtiger als irgendein anderes Kind auf der Welt (außer für uns Eltern natürlich, da seid ihr das Wichtigste überhaupt, aber das ist etwas anderes).

Es ist wesentlich, dass ihr das nicht nur vom Kopf her versteht, sondern wirklich lebt.

Schaut niemals, zu keinem Zeitpunkt, auf andere herab.

Es mag Menschen geben, die ihr nicht versteht, die euch Angst machen, die ihr nicht mögt – dann haltet euch von ihnen fern, weicht ihnen aus und setzt die Reise eures Lebens ohne sie fort.

Dem Rest aber begegnet mit Respekt. Und Respekt bedeutet: Seid höflich, menschlich und freundlich.

Ein kleines Beispiel: Grüßt im Supermarkt die Kassiererin an der Kasse. Lächelt sie an. Und bedankt euch, während ihr die Tiefkühlpizza aufs Band legt. Selbst dann, wenn sie dreinschaut wie David in seinem schlimmsten Morgenmuffelanfall.

Versetzt euch nur für einen Moment in ihre Lage: Sie muss acht Stunden lang diesen Job machen. Selbst wenn sie ihn gerne macht, ist es nur menschlich, dass sie nicht immer zu hundert Prozent darin aufgehen kann. Bestimmt jeder zweite Kunde schaut sie nicht mit dem Arsch an. Tag für Tag. Jahr für Jahr. Hat sie nicht alleine deshalb ein Lächeln verdient?

Einige Menschen sind nur freundlich zu anderen, die ihnen etwas bringen. Ich nenne solche Personen kurz »Arschlöcher«.

Arschlöcher unterteilen Menschen in »wichtig« und

»unwichtig«, und für sie ist eine Kassiererin oftmals keinen Augenaufschlag wert. Denn die kann ja kein gutes Wort beim Vorsitzenden des Golfklubs einlegen. Oder einen höheren Neuwagenrabatt geben. Oder dem Sohnemann ein Praktikum bei der Bank besorgen.

In diesem Zusammenhang müsst ihr nur eins wissen: Arschlöcher sind Idioten. Nicht nur, dass sie sich in ihrer berechnenden Art und Weise anmaßend und arrogant verhalten. Sie haben zudem nicht die geringste Ahnung vom Leben. Denn das Leben verläuft nie geradlinig oder vorhersehbar.

Im August 2009 entdeckte ich in einem neu eröffneten Rewe-Markt in einem entfernten Stadtviertel zu meiner allergrößten Verwunderung gleich zwei meiner Bücher im Drehregal an der Kasse. Zu meiner Verwunderung deshalb, da beide schon lange nicht mehr auf der Bestsellerliste standen, Supermärkte in der Regel aber nur die Topseller führen. Zudem fanden sich zu diesem Zeitpunkt meine Bücher meines Wissens in keiner anderen Rewe-Filiale Berlins.

Ich fragte die Kassiererin, wer in der Filiale für den Büchereinkauf zuständig sei. Das war die Filialleiterin, die zufällig in der Nähe stand. Sie kam zu mir, schüttelte mir die Hand und sagte, sie habe mich im Fernsehen gesehen und wiedererkannt.

»Wiedererkannt?«, fragte ich.

»Ja, ich habe Sie im Frühstücksfernsehen gesehen, Herr Fitzek. Und gleich zu meinem Mann gesagt: ›Das ist der, der immer so nett lächelt, wenn ich ihn bediene.‹«

»Aber ich war noch nie in dieser Filiale«, sagte ich, immer noch verwirrt.

Sie lachte. »Nein. Aber in der in Charlottenburg. Und da war ich früher Azubine.«

Boom.

Ich hatte sie nicht wiedererkannt. Ich bin, was das Wiedererkennen von Gesichtern angeht, ein Fall für die Demenzklinik. Aber ich war offenbar freundlich zu ihr gewesen. Wäre ich ein Arschloch gewesen, hätten meine Bücher niemals in dieser riesigen Supermarkthalle an der Kasse gestanden – wo sie sich so gut verkauften, dass sich das bis in die Zentrale herumsprach, wo noch mehr georedert wurden, erst flächendeckend in Berlin. Dann in ganz Deutschland.

Aber damit ihr mich nicht falsch versteht: Mein Tipp ist nicht, nett zu allen zu sein, da alle einmal für euch wichtig werden könnten. Es ist die Bitte, kein Arschloch zu sein, weil niemand es verdient hat, schlecht behandelt zu werden, solange er sich nicht selbst als Arschloch erwiesen hat.

Gebt ab, wenn ihr könnt, teilt, wenn ihr zu viel habt. Aber erwartet niemals, von irgendjemandem irgendetwas zurückzubekommen. Wie gesagt: Das Leben ist kein Deal. Manchmal, und das ist dann ganz großes Glück, bekommt ihr etwas zurück, oft in einem Moment, in dem ihr überhaupt nicht damit gerechnet habt. Aber diese Momente erlebt ihr eben nur, wenn ihr kein Arschloch seid.

Okay, ich bin nicht Jesus. Ich halte auch nicht viel von einer »Du darfst mir noch einen auf meine zweite Wange geben, wenn es dir mit meiner ersten schon so viel Spaß gemacht hat«-Einstellung. Kommt mir jemand blöd, dann habe ich kein Problem, das auch zu spiegeln. So wie bei der Chefärztin aus der Schweiz, die mir schrieb, sie habe mein Buch nicht gemocht, und ich würde ja wohl verstehen, dass sie es in den Müll geworfen habe. Woraufhin ich zurückschrieb, sie verstünde dann sicher, dass ich ihre

Mail in den Papierkorb verschöbe, so wie sie es mit meinem Buch auch getan habe. Darauf schrieb sie pikiert, dass sie meinen Ton äußerst unangemessen fände. Dass ich ihr ihre eigenen Worte als Echo zurückgeschickt hatte, war ihr nicht aufgefallen.

Auch das gehört zu meinem »Seid keine berechnenden Arschlöcher«-Ratschlag. Vielleicht könnte ich einmal eine Chefärztin in der Schweiz »gebrauchen«, womöglich muss ich mich zufällig ausgerechnet in ihrer Klinik einer OP unterziehen. Vielleicht macht sie mich jetzt auch schlecht in ihrem Freundeskreis, in dem eventuell ein wichtiger Journalist sitzt, der ab sofort meine Bücher verreißt. Oder ein Buchhändler, der sie aus dem Sortiment nimmt.

Drauf geschissen.

Es gibt keine wichtigen und unwichtigen Weggefährten. Nur Arschlöcher und Nicht-Arschlöcher. Und zu den Letzteren solltet ihr freundlich sein, euch also normal benehmen. Und den anderen geht ihr so gut es geht aus dem Weg.

Freundlich sein sollt ihr übrigens gerade dann, wenn ihr Erfolg habt. Der Schweizer Schriftsteller Max Frisch sagte einmal zutreffend: »Erfolg verändert den Menschen nicht. Er entlarvt ihn.«

Ich hoffe, ihr werdet einmal eure Ziele erreichen und ein selbstbestimmtes und in euren eigenen Augen erfolgreiches Leben führen, und dieser Erfolg wird euch als liebenswerte Menschen entlarven, mit denen man gerne seine Zeit verbringt.

Und nicht als vermeintlich »wichtige« Menschen, zu denen andere nur freundlich sind, weil sie sich davon etwas versprechen. Dann wärt ihr nämlich Arschlöcher, umgeben von anderen Arschlöchern.

Ich kann euch nicht sagen, wann es an der Zeit ist, eine Freundschaftsreise zu beenden. Aber es gibt ein klares Zeichen, wann ihr sie antreten solltet. Sympathische Menschen, die es wert sind, dass man sie näher kennenlernt, zeichnen sich durch eine Gemeinsamkeit aus: Sie öffnen einem ihre Echokammer.

Noch vor wenigen Jahren war der Begriff völlig unbekannt, heute benutzt ihn jeder Dritte, der sich mit sozialen Netzwerken beschäftigt. Er besagt im Grunde nichts anderes, als dass wir als Herdentiere uns gerne in Räumen aufhalten, in denen wir auf Gleichgesinnte stoßen, die uns die eigene Meinung als Echo widerspiegeln. Das ist einerseits wichtig und notwendig (dazu passt, was ich im fünften Kapitel über die Bedeutung von Ritualen geschrieben habe). Andererseits ist es auf Dauer auch langweilig und gefährlich. Denn wenn man nur in seinem eigenen Saft schmort, verliert man den Blick fürs Ganze. Menschen etwa, die sich auf Facebook mit einem homogenen Freundeskreis eine sichere Echokammer aufbauen, entgeht womöglich, dass sie zu einer Minderheit zählen, da andere Echokammern viel größer sind. (Nicht, dass das ausschlaggebend wäre, denn wir wissen ja, dass es nicht auf die Meinung vieler, sondern nur auf die eigene ankommt.) Dennoch wäre es doch sinnvoll zu wissen, dass nicht alle Menschen auf der Welt Trump für einen Idioten halten, nicht alle für das bedingungslose Grundeinkommen sind und manche sogar gute Gründe für beides haben.

Sympathische Menschen können über sich selbst lachen und wissen, dass ihr Wissen der Irrtum von morgen ist. Daher öffnen sie ihre Echokammern immer wieder für neue Gäste. Eben, um nicht stillzustehen, denn auch sie begeben sich ja auf eine Reise, wenn neue Gäste kommen. Solche Menschen können zu Freunden werden, auf jeden Fall sind es lohnende Weg- oder Auseinandersetzungsgefährten, zum Beispiel dann, wenn man merkt, dass sie ihre Echokammer nicht aus missionarischen Gründen öffnen, sondern weil sie ein erfülltes Leben führen wollen, das andere nicht ausgrenzt.

Der für euch bedeutsamste Reisegefährte im Leben wird vermutlich eure große Liebe sein. Der Mensch, mit dem ihr die meiste Zeit, die Wohnung, eure Ideale und das Bett teilt. Einige tun das ein Leben lang, andere wählen ihren Partner nur für einen Reiseabschnitt.

Als ich im Alter von etwa dreißig Jahren Gast auf einer Hochzeit war, flüsterte mir ein Familienangehöriger der Braut kurz nach dem Jawort ins Ohr: »Das soll der schönste Tag des Lebens sein? Das würde ja bedeuten, die Eheleute haben das Beste schon hinter sich?« Und derselbe Zyniker sagte mir später beim Essen: »Im Grunde feiern wir heute etwas Trauriges: Zwei Menschen sind sich darüber einig, dass sie sich nie wieder im Leben neu verlieben werden. Bis dass der Tod sie scheidet.«

Rückblickend betrachtet war das eine interessante Bemerkung. Denn es fiel schwer, zu widersprechen. Natürlich wusste jeder der Hochzeitsgäste, dass es nicht nur nicht ausgeschlossen, sondern sogar sehr wahrscheinlich war, dass sich zumindest ein Teil des Brautpaars in diesem Leben noch mal in jemand anderen als den Ehepartner verlieben würde. Offen aussprechen wollte das keiner, obwohl allein die Scheidungswahrscheinlichkeit statistisch gesehen bei knapp 40 Prozent liegt und man sich schließlich auch anderweitig verlieben kann, ohne sich sofort von seinem Ehepartner zu trennen.

Mein redseliger neuer Freund brachte es nach einigen Bier und mehreren Gin Tonic noch einmal auf den Punkt, als er die Frage stellte: »Wie ist das überhaupt mit Intimitäten? Wieso feiern wir hier die Tatsache, dass zwei Menschen niemals mehr im Leben das aufregende Erlebnis eines ersten Kusses erleben werden?«

Tja, wie ist es eigentlich mit der großen Liebe? Erlebt man sie mit nur einer einzigen Person im Leben?

Seid ehrlich: Als ihr oben über die 80-20-Regel gelesen habt, habt ihr euch da bereits gefragt, ob das auch für die Liebe gilt? Sollte man etwa, um ein glückliches Sexualleben zu haben, 80 Prozent auf intimen Reisen mit dem fürs Leben ausgewählten Partner verbringen, aber zu 20 Prozent zu neuen Abenteuern aufbrechen? Widerspricht eine hundertprozentig monogame Reise nicht dem Gedanken des Ständig-in-Bewegung-Bleibens?

Die Antwort ist schlicht und einfach: Ja, das tut sie.

Ich wünsche euch allen natürlich die einzige, ewige große Liebe bis an das Ende eurer Tage. Als Romantiker glaube ich sogar fest daran, dass es sie gibt. Als Realist hingegen fürchte ich, müsst ihr zumindest damit rechnen, dass es sich anders zuträgt: dass ihr euch mehrmals verliebt, dass ihr mehrere Menschen begehrt – selbst nach dem Treueschwur ewiger Liebe, den ihr vielleicht irgendjemandem gegenüber irgendwann aussprecht.

Versteht mich bitte nicht falsch: Ich argumentiere hier nicht gegen die Institution der Ehe, die ich sehr schätze. Ich finde einen Treueschwur wichtig, bekräftigt er doch eines: »Du, dem gegenüber ich diesen Schwur leiste, bist für mich der wichtigste Mensch, den ich mir im Leben an meiner Seite wünsche. Komme, was wolle.«

Zum Beispiel ein anderer Mensch.

Wichtig ist an dieser Stelle, den Unterschied zwischen Liebe und Verlieben zu kennen. Sich zu verlieben ist wie ein Sommergewitter, das einen aus heiterem Himmel auf offenem Feld trifft und dem man nicht entkommen kann, selbst wenn man es wollte.

Jemanden zu lieben hingegen ist – zumindest auch – eine Entscheidung. Nach der ersten Phase des stürmischen Verliebtseins werdet ihr merken, dass auch der stolzeste Ritter und die klügste Prinzessin nicht hundertprozentig perfekt sind. Es gibt immer Eigenschaften und Charakterschwächen, die man an dem anderen auszusetzen hat. Seien es seine Albernheiten, ihr Jähzorn, ihre Unordnung oder seine Pedanterie. Irgendwas ist immer. (Natürlich auch an euch selbst!)

Und dann muss man eine Entscheidung fällen: Liebt man die Person trotz ihrer »Fehler«, oder macht man sich auf die Suche nach jemandem, der noch besser zu einem passt? Wobei ich hier nicht falsch verstanden werden will: Entscheidung klingt rational und gefühlsfrei. Das ist hier nicht gemeint. Aber während in verliebtem Zustand der Kopf ausgeschaltet ist, kommt einem bei der Liebe hin und wieder der Verstand dazwischen. Man fragt sich vielleicht, ob man sich zu früh, zu jung, zu schnell gebunden hat, ob man wirklich alles im Leben »ausprobiert« hat, ob es nicht noch jemand Besseren, Aufregenderen gibt. Man stört sich an den Fehlern des anderen. Und dann fällt man – auf dem Fundament des Gefühls der Liebe – eine Entscheidung. Entweder gebe ich der Neugierde auf neue Wegbegleiter nach – oder ich renne zum Eheberater, um das, was ich liebe, zu bewahren.

Der Spruch »Verlasse nie jemanden, den du liebst, für jemanden, der dir gefällt« klingt logisch und fast banal, aber ich kenne eigentlich nur Menschen, die sich nicht daran halten. Einer meiner Freunde verliebt sich immer wieder aufs Neue und schwebt in der Anfangsphase im siebten Himmel. Dann entdeckt er die Schwächen seiner

Angebeteten und beginnt zu zweifeln. Ist sie die Richtige? Meistens trifft er in dieser Phase des Zweifelns auf eine neue Herausforderung, sprich auf eine weitere attraktive Frau. Nun denkt er, er kann ja schlecht mit der Neuen in die Kiste hüpfen, zweifelt aber noch mehr an seiner Entscheidung, seine Partnerin trotz ihrer »Schwächen« weiter zu lieben. Er wertet seine Gedanken an die Neue sogar als Bestätigung dafür, dass mit der jetzigen Beziehung etwas nicht in Ordnung sein kann. »Sonst würde ich ja nicht über andere Frauen nachdenken.« Das Ende vom Lied: Mein Freund verlässt seine Partnerin und stürzt sich in ein neues Abenteuer, nur um zu erfahren, dass die Neue auch ihre Schwächen hat (manchmal größere als die Partnerin zuvor) und es neben ihr wiederum andere Frauen gibt, die er attraktiv findet. Schon geht das (traurige) Spiel von vorne los.

»Und – was ist daran schlecht? Dein Freund handelt doch getreu deinem Motto: So viele Reisen, in diesem Falle ›Liebesreisen‹, wie möglich zu unternehmen«, werdet ihr jetzt einwenden.

Das stimmt zwar, aber es macht ihn nicht glücklich. Das weiß ich, weil er es mir gesagt hat. Ob Mann oder Frau, wir brauchen unsere Basis, unseren Heimathafen. Die Liebe, für die wir uns entscheiden.

Aber natürlich sind von dem Zeitpunkt an, zu dem ihr die Partner-Entscheidung getroffen habt, nicht sämtliche anziehenden Lebewesen ausgestorben. Ihr werdet euch immer wieder verlieben, wenn ihr auf Reisen bleibt, also ein erfülltes berufliches wie privates Leben führt, in dem ihr immer wieder neue Menschen kennenlernt. Ihr könnt es nicht verhindern, denkt an das Verliebtsein-Sommergewitter, das sich nicht davon abhalten lässt aufzuziehen, nur weil ihr in festen Händen seid.

Doch wenn ihr euch neu verliebt, steht ihr genau vor der Situation, in der der dritte Punkt der Reise-Checkliste virulent wird: »Schadet ihr mit eurem Verhalten anderen?«

Ja. Wenn ihr einfach so von Bett zu Bett hopst, werdet ihr vermutlich die Gefühle einer euch sehr nahestehenden Person verletzen, und die bin nicht ich. Noch schlimmer, wenn ihr eurem Ist-Partner den Laufpass gebt und mit der neuen Flamme in den Sonnenuntergang reitet. (Schräges Bild, aber ihr wisst, was ich meine.)

So, und nun? Im Grunde habe ich euch gesagt, dass ich den Menschen nicht für monogam halte, den eifrigen Aufbruch zu neuen Gefilden aber wegen Verstoßes gegen Punkt 3 der Checkliste ablehne.

Genauso ist es. Nämlich nicht einfach. Alles in Liebesdingen ist kompliziert, deshalb machen diese Reisen ja so viel Spaß. Hier gilt wie auf jeder Reise: Findet den Spiegel der Selbsterkenntnis und fragt euch: Was will ich wirklich? Was macht mein Leben, mein Dasein aus? Was bestimmt meine Existenz als liebender Mensch?

Wollt ihr eine Partnerschaft mit ewiger Treue? Dann handelt danach und sucht das entsprechende Pendant.

Wollt ihr eine Partnerschaft, die euch zugesteht, dass ihr auch mit anderen Menschen intim werden dürft? Dann hinterfragt diesen Gedanken bitte intensiv und mehrfach. Geht den Dingen auf den Grund. Habt ihr hier wirklich ein Grundbedürfnis erkannt, nämlich das der sexuellen Erfüllung mit verschiedenen Geschlechtspartnern auch innerhalb einer Beziehung? Und sollte das nicht nur ein spätpubertierender Traum, sondern wirklich Ausdruck eurer selbst sein, dann denkt an Punkt 3 der Reise-Checkliste und sprecht mit demjenigen, den es angeht: mit eurem gegenwärtigen Partner.

Verleugnet euch nicht, akzeptiert euch als den Menschen, der ihr seid, und besprecht die daraus folgenden Herausforderungen für eure Beziehung mit ihm beziehungsweise ihr.

»Wie? Ich soll meinem Freund, meiner Freundin sagen, dass ich Sex mit anderen haben will?«

Ja, aber nur dann, wenn ihr ohne diese erotischen Reisen nicht glücklich leben könnt. Wenn dem so ist, wäre es natürlich am besten, ihr wüsstet es schon, bevor ihr der Liebe eures Lebens begegnet. Dann könntet ihr sofort mit offenen Karten spielen und müsstet euch nicht erst nach Jahren der Monogamie als »open minded« outen, wie es neudeutsch so schön heißt.

»Aber ich kann meinem Mann doch nicht anvertrauen, was ich für andere empfinde!«, sagte mir jüngst eine Frau auf einer Party, die seit einem Jahr mit sich hadert, weil sie einen anderen Mann begehrt. Wohlgemerkt nicht so sehr, dass sie deswegen ihren Ehemann verlassen wollte, aber eben nicht wenig genug, um den anderen aus dem Kopf zu bekommen.

Ich sagte ihr, was ich in einem Essay über Polygamie gelesen hatte, nämlich, wie erstaunlich es sei, dass unsere Gesellschaft kaum ein Problem damit hat, wenn eine Familie sich auflöst, weil einer der Eheleute jemand Neuen kennengelernt hat, es andererseits aber geächtet wird, wenn jemand zugibt, eine offene Beziehung zu führen, in der er auch mit anderen Sex hat, ohne dabei die Partnerschaft infrage zu stellen. Da wird getuschelt und mit dem Kopf geschüttelt. Eine Scheidung jedoch, unter der vor allem die Kinder leiden, ist gesellschaftlich eher akzeptiert. Paradox.

Das ist übrigens kein Plädoyer für die offene Ehe oder gar für Polygamie, von der ich kein Anhänger bin. Es ist vielmehr ein Aufruf zu Offenheit und Ehrlichkeit in euren Beziehungen. Redet über eure Wünsche und Hoffnungen und bezieht euren Partner in alle eure Gedanken mit ein. Verschweigt ihm nicht das, was euch im Kern ausmacht. (Und kaum etwas lässt sich so schlecht steuern wie unser Sexualtrieb.)

Verleugnet euch nicht. Euer Partner sollte wissen, ob ihr schwul, hetero, metrosexuell oder polygam seid. Er sollte eure Fantasien kennen, vorausgesetzt, ihr wollt ihn an deren Erfüllung teilhaben lassen – auch auf die Gefahr hin, dass er sich von euch abwendet. In Sachen Liebe und Sexualität kann und sollte sich niemand auf Dauer verstellen.

Es muss furchtbar schwer sein, sich zu outen, wenn das von anderen Menschen als nicht der Norm entsprechend angesehen wird. Homosexuelle etwa wissen, welchen Mut es einem abverlangt, sein Innerstes einem Dritten (womöglich gar der Öffentlichkeit) zu offenbaren. Auch ihr braucht diesen Mut und müsst euch »outen«, wenn euch an der Beziehung etwas liegt.

Die meisten Menschen, die ich kenne, tragen selbst gegenüber ihrem Lebenspartner eine Maske und hoffen, dass sie ihnen niemals heruntergerissen wird. Sie verschweigen ihre Träume und Sehnsüchte und erfüllen sie sich manchmal still und heimlich ohne Wissen des Partners. Also durch Betrug.

Während Offenheit und Ehrlichkeit das Fundament jeder Liebe ist, ist der Betrug das Gift, das alles abtötet.

**Betrügt euch nicht selbst,
betrügt aber auch nicht die Menschen,
die euch am Herzen liegen.**

Ich rede hier übrigens nicht von dem einmaligen Ausrutscher im besoffenen Zustand nach der Semesterparty. Hier müsst ihr selbst entscheiden, ob ihr ihn beichten wollt. Dafür und dagegen gibt es Dutzende Argumente, das müsst ihr mit euch selbst ausmachen.

Mir geht es um die Schnittstelle zwischen der Liebe und dem Verliebtsein. Stellt euch die existenzielle Frage: Wie soll es weitergehen? Soll ich die bekannte Liebesreise fortsetzen oder eine neue antreten? Gibt es gar eine Möglichkeit, die eine Reise zu unterbrechen, um einen vorübergehenden Abzweig zu nehmen? Wenn es euch ernst mit diesen Fragen ist und sie nicht nur einer Laune entspringen, müsst ihr euren Partner in eure Überlegungen miteinbeziehen.

Dafür braucht es Mut, das stimmt. Die meisten meiner Freunde bringen ihn nicht auf. Sie gehen den einfacheren Weg, wenn sie sich innerhalb einer festen Beziehung in jemand anderen verlieben: Sie betrügen ihren Partner, oder sie machen Schluss. Dieser Weg ist nicht nur einfach, sondern egoistisch und ungerecht, denn er gibt demjenigen, der am meisten unter der Entscheidung zu leiden hat, keine Handlungsmöglichkeiten mehr.

Bindet eure Partner in eure Überlegungen mit ein. Nur wenn ihr in dieser Hinsicht aktiv seid, gebt ihr ihm die Chance, ebenfalls aktiv zu sein.

Während die meisten Menschen bei Freundschaft und Liebe ihre Begleitung intuitiv nicht nach Nützlichkeitsaspekten aussuchen (wobei die Zahl der Geld-Heiraten auch in unserer Gesellschaft nicht gering sein dürfte), so scheint das für die Auswahl beruflicher Weggefährten genau umgekehrt zu sein.

In der Regel sucht man sich Mitarbeiter und Kollegen

danach aus, ob sie einen auf dem Arbeitsweg voranbringen. Dagegen gibt es auch nichts einzuwenden.

Ich rate euch:

Umgebt euch im Job nach Möglichkeit mit Weggefährten, die etwas besser können als ihr selbst.

(Das kann im Privatleben auch nicht schaden, nebenbei bemerkt.)

Ich habe in meinem Berufsleben viele schwache Chefs erlebt, die penibel darauf achteten, dass in ihren Teams kein Mitarbeiter war, der ihnen das Wasser reichen konnte. Sie hatten Angst, diese würden dann bessere Arbeit leisten, mehr Anerkennung bekommen und könnten dem Vorgesetzten den Job streitig machen. So ein Quatsch.

Am Ende hatten diese Chefs mehr Arbeit mit der Kontrolle ihrer gering qualifizierten Mitarbeiter. Ganz im Gegensatz zu mir. Ich habe eine Firma, die von meiner besten Freundin Manuela (ja, die Manu, die euch immer die Haare schneidet und mit Schoki-Kalle verheiratet ist) geleitet wird, um meine Lesereisen, Messeauftritte, die Website, den Fanshop, die Auslandstouren zu internationalen Verlagen, Charity-Veranstaltungen, Social-Media-Aktivitäten und alle weiteren Verpflichtungen zu managen, die ein Autor neben dem Bücherschreiben so hat. Mittlerweile betreut sie auch andere Autoren und Künstler. Ich kann mit Fug und Recht behaupten, dass sie und die wenigen Mitstreiter, die wir haben, auf ihrem jeweiligen Gebiet allesamt besser sind, als ich es je sein könnte. Sei es Sabrina in der PR, Christian als Tourmanager oder eben Manu als mein »Gehirn«.

Ich habe sie noch nie überprüft oder kontrolliert oder

ihr gar gesagt, was sie besser machen könnte, eher umgekehrt würde ein Schuh draus. Auf ihrem Gebiet kann ich etwas von ihr lernen. Deshalb haben wir keine Arbeitszeiten und keine Anwesenheitspflicht – und das nicht erst seit dem Tag, an dem sie gleichberechtigte Gesellschafterin und Geschäftsführerin wurde.

Sie übernimmt das, was ich nicht tun kann, aber tun muss, wenn ich nicht in den Knast will (zum Beispiel meine Steuererklärung). So kann ich mich voll und ganz meiner Leidenschaft – dem Bücherschreiben – widmen und verplempere meine teure Lebensreisezeit nicht mit der Kontrolle ihrer Arbeit.

Umgebt euch mit wenigen, aber die sollten auf ihrem Gebiet die Besten sein! (Na ja, sehr gut reicht auch aus, wie mir meine Lektorinnen Ilka Heinemann und Regine Weisbrod an dieser Stelle an den Rand geschrieben haben. Ausgerechnet an dieser Stelle! Dabei sind die doch die Besten. ;))

Umgebt euch mit Menschen, die euch ergänzen. Menschen, die euch fördern und fordern!

Auf keinen Fall dürft ihr die Fähigkeiten eines anderen für eure Zwecke ausnutzen. Beispielsweise, indem ihr jemanden kostenlos für euch arbeiten lasst mit dem Versprechen, es ihm irgendwann in der Zukunft vielleicht zurückzugeben. Heerscharen von Schauspielern werden mit der Aussicht gelockt, sie würden mit dem Film berühmt werden, für den sie leider keine Gage erhalten könnten. »Auf Rückstellung« arbeiten heißt diese moderne Form der Ausbeutung, und ich persönlich kenne niemanden, der tatsächlich einmal etwas von seiner Rückstellung gehabt hätte – außer einen Haufen unbezahlter Arbeit.

Nutzt die Fähigkeiten anderer, um euch selbst zu verwirklichen, aber immer unter der Voraussetzung, dass ihr dem anderen etwas zurückgebt. Die besten Wegbegleiter vervollständigen sich gegenseitig, selbst dann, wenn sie unterschiedliche Reiseziele haben.

Noch etwas: Beurteilt die Menschen, die euch auf euren Reisen begegnen, nicht nach dem, was sie sind. Sondern nach dem, was sie einmal werden können. Erkundet also nicht nur euer eigenes Potenzial, sondern auch das eurer Begleiter und Bekanntschaften. Und bemüht euch nicht nur, euch selbst zu verbessern, sondern tut alles, damit sich das Potenzial eurer Weggefährten voll entfalten kann. Gebt ihnen Impulse, die sie wachsen lassen.

10. Kapitel
Die Schwellenhüter

So sehr, wie ihr nach Menschen Ausschau halten solltet, die auf irgendeinem Gebiet besser sind als ihr, so sehr solltet ihr auf den Reisen eures Lebens den allzu langen Umgang mit Schwellenhütern vermeiden. Schwellenhüter sind Energiefresser – auf die ihr unweigerlich treffen werdet.

Erinnern wir uns noch mal an die (im Übrigen auf Aristoteles zurückgehende) Drei-Akte-Struktur von Geschichten, die wir einander gerne erzählen. Der Held bekommt das Angebot, eine Reise anzutreten, und bricht in eine ungewohnte Welt auf. Je größer die Diskrepanz zwischen der gewohnten und der neuen Welt ist, umso interessanter ist übrigens die Geschichte. Welche Diskrepanz könnte größer sein als die zwischen Harry Potters Dasein unter der Treppe im Hause der Dursleys und der Welt der Zauberschule Hogwarts?

Auch im realen Leben gilt: Je größer der Unterschied zwischen unserem Alltag und dem Neuland ist, desto spannender ist die Reise und desto größer ist das Potenzial, um Erinnerungen zu sammeln und ein erfülltes Leben zu führen. Je unbekannter und fremder die Welt jedoch ist, desto eher müssen wir auf unbekanntem Terrain mit Hindernissen, also Schwellenhütern rechnen.

Ganz wichtig ist, dass euch Fehlschläge auf dem Weg nicht resignieren lassen. Ihr könnt eine Zeit lang traurig, enttäuscht, wütend und deprimiert sein. Ihr müsst das sogar, damit euer Glücksgefühl später umso stärker ist, wenn ihr in einem weiteren Versuch oder auf einer anderen Reise einen »Erfolg« erzielt habt.

Doch eines darf nie, nie, nie passieren – auch wenn ihr noch so sehr glaubt, gescheitert zu sein. Auch wenn der Gegenwind noch so heftig ist:

Ihr dürft euch niemals durch Schwellenhüter von euren Reisen abhalten lassen.

Was zum Geier ist denn jetzt eigentlich ein Schwellenhüter?, werdet ihr euch jetzt fragen. Ganz wichtige Frage – gut, dass ihr sie stellt.

Ihr kennt diese Figur aus Filmen. Ein Schwellenhüter ist nicht der Feind des Helden, sondern der Troll, der sich der Hauptfigur (also euch) in den Weg stellt und sie ausbremst. Der Boss, der dem Polizisten die Marke wegnimmt, weil er einen Fehler gemacht hat, weswegen der jetzt ganz auf sich allein gestellt den Fall lösen muss. Der Türsteher, der den Jungen nicht in die Disco lässt, obwohl dort die Liebe seines Lebens auf ihn wartet. Der Dieb, der einem das Auto klaut, weswegen man zu spät zum Vorstellungsgespräch kommt. Schwellenhüter müssen nicht aus Fleisch und Blut sein, es können Unwetter, Vulkanausbrüche, Grippeviren und Stromausfälle sein. Alles, was eine Schwelle hütet, über die der Held gehen will, um sein Ziel zu erreichen.

Sie machen fiktive Geschichten spannend und realistisch, weil wir diese Figuren und äußeren Umstände so gut aus unserem eigenen Leben kennen. Serienkiller, Mafiagangster oder Totalamnesien (wie im Film *Hangover*) erleben wir (hoffentlich) eher selten. Aber Schwellenhüter stellen sich jedem von uns auch im realen Leben täglich in den Weg. Der Beamte, der unseren Antrag nicht bearbeitet, die Mitarbeiterin des Ordnungsamts, die einen Strafzettel ausstellt, der blöde Klassenkamerad, der uns nicht zu seinem Geburtstag einlädt, obwohl wir so gerne Teil der Party wären. Ihr selbst habt täglich mit den nervigsten aller Schwellenhüter zu tun: mit uns, euren Eltern.

Wir lassen euch nicht in die Baugrube am Straßenrand klettern und torpedieren damit eure wichtige Reise in die Kanalisation. Wir stecken euch in die Badewanne, obwohl die Matschkruste auf dem Kopf irgendwann auch von alleine abgeplatzt wäre. Und wir drehen euch nach nur dreiundsechzig Folgen *Peppa Wutz* den Fernseher ab.

Es gibt unterschiedliche Strategien, Schwellenhüter zu überwinden. Man kann sich mit ihnen verbünden, sie austricksen, überzeugen, ignorieren oder k. o. schlagen (im Film oft das Mittel der ersten Wahl, im echten Leben eher schlecht).

Hilfreich ist es dennoch, sich selbst als die Hauptfigur eines Filmes zu betrachten. Nehmen wir an, ihr wollt zu einer neuen Lebensreise aufbrechen, zum Beispiel ein Restaurant in der Innenstadt aufmachen. Die meisten, denen ihr von eurem Traum erzählt – Freunde, Verwandte, Bekannte, Kollegen –, werden irgendeinen Grund finden, weshalb sie glauben, dass ihr das nicht schaffen werdet. Zu teuer, ihr habt so etwas noch nie gemacht, andere haben das schon probiert und sind gescheitert et cetera, et cetera. Vielleicht findet ihr einen geeigneten Laden, aber der Vermieter will zu viel Geld. Und die Behörde genehmigt keine Tische auf der Straße.

Das sind die Schwellenhüter. Der Film eures Lebens, in dem ihr der Hauptdarsteller seid, wird so ablaufen, wie er auch im Kino gezeigt werden würde: nämlich mit sehr vielen Hindernissen und Misserfolgen, die der Held auf seinem Weg zu überwinden beziehungsweise zu erleiden hat.

Es ist also völlig normal, dass euch Steine in den Weg gelegt werden, und ihr solltet dann nicht verschreckt umkehren, sondern euch selbst Mut zusprechen: »Das war ja klar, dass der Schwellenhüter jetzt kommt, mal sehen, wie ich ihn überwinde.«

Es gibt so unendlich viele Ausprägungen des Schwellenhüters, dass ich eine ganze Regalwand vollschreiben könnte und sie dennoch nicht abschließend behandelt hätte, weswegen ich euch an dieser Stelle nur einige Tipps für die Auseinandersetzung mit den schlimmsten Varianten gebe. Gehen wir gleich in die Vollen und beginnen wir mit dem stärksten und mächtigsten Schwellenhüter, dem größten Widersacher, der sich euch bei fast jeder eurer Unternehmungen in den Weg werfen wird. Beginnen wir mit euch selbst!

Der chinesische Philosoph Laotse sagte einst: »Wer andere besiegt, ist stark. Wer sich selbst besiegt, ist mächtig.« Lest noch einmal den Absatz zum Thema Selbstbewusstsein, das Fundament, das ihr für jede Reise braucht. Den Mut zum Aufbruch gewinnt ihr nur, wenn ihr euch selbst besiegt. Wenn ihr gegen eure innere Stimme ankämpft, die euch mal leise, mal laut ins Ohr sagt: »Das schaffst du nicht. Bleib lieber zu Hause. Verändere nichts. Bleib, wo du bist.«

Im Grunde sind die meisten Menschen, die wir für Schwellenhüter halten, in Wahrheit gar nicht das Problem. *Ihr* seid das Problem, weil ihr diesen Menschen zuhört, ihnen vertraut und eure Entscheidungen nach ihrer Meinung ausrichtet.

Wir haben viele Worte, um die Gefühle zu beschreiben,

die uns vom Aufbruch zu neuen Reisen abhalten: Zweifel, Mutlosigkeit, Unsicherheit. Das stärkste ist ganz sicher: Angst. Beinahe täglich entscheiden wir uns gegen eine neue Lebensreise, aus Angst vor dem Unbekannten.

Vielleicht hilft euch in diesem Zusammenhang der Gedanke des modernen Philosophen Reinhard K. Sprenger weiter. Der sagt in seinem lesenswerten Buch *Die Entscheidung liegt bei dir!* sinngemäß, die Menschen sollten weniger Angst vor einem kurzen als vor einem schlechten Leben haben.

Das ist auch meine Überzeugung. Lieber fünfundsechzig knackige Jahre, in denen ich so viele Erinnerungen wie möglich gesammelt habe, als hundert Jahre Einsamkeit.

In jedem Fall geht einem Aufbruch zur Reise immer die Überwindung der eigenen Angst voraus. Wenn euch zum Beispiel jemand sagt, ihr könnt nicht singen, nagt in euch der Zweifel, und ihr überlegt dreimal, ob ihr euch im Schulchor anmelden sollt. Wenn ihr euch nun aber doch dazu entschließt, es zu versuchen, habt ihr am Ende nicht den Kritiker, sondern euch selbst überwunden.

Wie immer gibt es auch hier kein Schwarz-Weiß-Denken. Ich empfehle euch natürlich auch keine »Leck mich am Arsch«-Haltung, im Sinne von: Ich zieh mein Ding durch, koste es, was es wolle. Angst ist durchaus ein wichtiger Gradmesser. Eine notwendige Warnfunktion unseres Ichs, die Reise noch einmal zu überdenken.

Letztlich braucht ihr nicht mehr als die Reise-Checkliste, um eine Entscheidung zum Aufbruch oder Abbruch zu treffen. Auf das Beispiel des Schulchors bezogen heißt das: Gefährdet ihr eure Gesundheit, wenn ihr es ausprobiert? Wenn es nicht gerade ein Thrash-Metal-Headbanging-Chor ist, eher nicht. Könntet ihr in den Knast kommen? Nun, meines Wissens ist Lärmbelästigung allenfalls eine Ordnungswidrigkeit. Schadet ihr Dritten? Nein, es gibt ja Oropax.

Drei Mal Check, also: Auf geht's!

Vergesst die inneren Selbstschwellenhüter-Einwände (Werden die anderen lachen? Werde ich versagen?). Die stehen alle nicht auf der Checkliste und sind kein Grund, eine Reise nicht anzutreten.

Ein Freund von mir sagte mir einmal, er überprüfe immer, ob sein Tun unwiderrufliche Folgen habe, dann würde er dreimal nachdenken, bevor er handelt.

Klingt vernünftig, aber welche Entscheidung hat keine unwiderruflichen Folgen? Wir können ja nicht die Zeit zurückdrehen und Geschehenes ungeschehen machen; gerade deswegen tun wir uns ja so schwer damit, Entscheidungen zu fällen. Was, wenn es schiefgeht und wir alles verlieren?

Wir haben in der Regel keinen A/B-Vergleich. Das Leben ist kein Testlabor, wo wir unter identischen Bedingungen zwei verschiedene Versuchsreihen aufsetzen können. In Reihe A kauft ihr ein Haus. In Reihe B bleibt ihr zur Miete wohnen. Am Ende des Lebens schauen wir, was sinnvoller war. Funktioniert nicht, solange die Avatar- und Klon-Forschung so rückständig ist und es noch nicht einmal die Geister-Zeitmaschine gibt, von der ich euch früher abends erzählt habe, wenn ich mir vor dem Schlafengehen etwas für euch ausdenken sollte.

**Alles im Leben ist unwiderruflich.
Aber die wenigsten Entscheidungen
haben ewige Auswirkungen.**

Diese Erkenntnis ist wesentlich. An der Frage Miete/Hauskauf deutlich gemacht: Die meisten Menschen denken, sobald sie eine Immobilie gekauft haben, wären sie eingeschränkt. Was, wenn ich eines Tages die Raten nicht mehr zahlen kann? Was, wenn ich woanders leben will oder muss? Dann hängt mir das Haus doch wie ein Klotz am Bein.

Falsch. Die Immobilie heißt nur so, weil sie selbst immobil ist. Ihr seid es nicht. Eure Entscheidung ist unwiderruflich für die Zeit, für die ihr sie getroffen habt. Aber sie hat keine ewigen Auswirkungen (und das nicht nur, weil ein wissenschaftlich belesener Klugscheißer wie ich euch vorrechnen könnte, dass die Sonne irgendwann einmal erlischt und spätestens dann auch in eurem Eigenheimvorgarten die Lichter ausgehen).

Das Tolle an den meisten Entscheidungen ist nämlich: Sofern sie den Dreier-Check bestanden haben, sind sie kündbar. Ihr könnt das Haus verkaufen - vielleicht mit Verlust, aber immerhin habt ihr die Wahl. Ihr könnt in die andere Stadt ziehen. Ihr müsst nur euch selbst, den mächtigsten Schwellenhüter, überwinden und zumindest im Geiste flexibel bleiben.

Der Schwellenhüter in Gestalt der Angst ist vermutlich der Hauptgrund, weshalb viele Menschen wenig oder gar nicht mehr reisen. Und wenn sie es tun, hätten sie am liebsten einen ortskundigen Führer. Jemand, der sie an die Hand und ihnen Entscheidungen abnimmt.

Vieles im Leben wäre einfacher, gäbe es einen Mister X, der uns sagen würde, was wir zu tun und zu lassen hätten. Und weil wir Menschen bequem sind und gerne nach einfachen Lösungen streben, ist es nur allzu verständlich, dass wir uns nach so einem Mister X oder einer Miss Y sehnen. Viele meinen, diese Person sogar gefunden zu haben: Sie wählen den »starken Mann«, der stellvertretend für sie die Politik bestimmen soll. Sie glauben an einen übermächtigen Gott. Aus Angst vor ihrer Chefin oder dem Chef machen sie Dienst nach Vorschrift und werden belohnt, wenn sie funktionieren, also diesen Dienst nach den Maßstäben eines anderen korrekt ausgeführt haben. In der Regel besteht die Belohnung aus Geld, manchmal aus Applaus und Anerkennung von Menschen, von denen wir glauben, sie wären für uns wichtig.

Und hier schließt sich der Teufelskreis: Da wir nicht hundertprozentig wissen, was wir hier auf diesem wundervollen Planeten eigentlich verloren haben, vertrauen wir in unserer Unsicherheit anderen Menschen und/oder Mächten, die uns glauben gemacht haben, sie könnten uns die wichtigste Entscheidung in unserem Leben abnehmen. Diese Menschen bestimmen fortan die Regeln, nach denen wir zu existieren haben. Sie sagen etwa: »Schule beginnt um acht Uhr früh, und gearbeitet wird später acht Stunden am Tag.« (Was hat es nur mit dieser Acht in der Arbeitswelt auf sich? Wer hat das mal festgelegt?) Dabei werden diese Menschen oft von ähnlichen und vielleicht sogar stärkeren Ängsten geplagt als ihr. Denn sie wissen es ja auch nicht besser!

Gerade in Deutschland (und in den meisten anderen Teilen der sogenannten »entwickelten« Welt) wird häufig so getan, als wäre das Ziel, das es im Leben zu erreichen gilt, sonnenklar. Dabei ist es das ganz und gar nicht. Kann es auch nicht sein, denn – Hand aufs Herz – niemand weiß zweifelsfrei, weshalb wir überhaupt hier sind. Hier auf diesem Planeten, in diesem Universum. In dieser Welt.

Ihr wurdet vor eurer Geburt nicht gefragt, ob ihr hier mit uns in Berlin leben wollt, in einem Reihenendhaus in einer etwas spießigen Gegend, mit einem Vater, der einen etwas gewöhnungsbedürftigen Sinn für Humor hat, und einer Mutter, die sich einmal im Monat so anzieht, als wolle sie sich mit Robert Smith von The Cure treffen, um sich mit ihm im finstersten Gothic-Schuppen der Stadt die Seele aus dem Leib zu tanzen.

Ihr werdet auch nicht gefragt werden, wann ihr hier wieder auschecken wollt. Womöglich (sehr wahrscheinlich) gibt es so etwas wie einen großen Plan und dahinter den oder die große Planerin, aber wissenschaftlich genau weiß das zum Zeitpunkt des Redaktionsschlusses keiner. Hier ist übrigens die Wissenschaft streckenweise anmaßender als die Religion. Letztere versucht gar nicht erst, die Unschärfen ihrer Theorien logisch begründen zu wollen, und lässt gerne mal Menschen übers Wasser wandeln oder Gekreuzigte wiederauferstehen.

Letztlich sind wir also alle für einen Zweck, an den wir bestenfalls glauben können, hier auf diesem Planeten. Und Glauben ist nicht Wissen.

Lasst mich diesen viel zitierten Satz konkretisieren, denn er wird oft falsch verstanden:

Der Glaube anderer Menschen
ist nicht eure Gewissheit.

Nur eure eigenen Überzeugungen können der Maßstab eures Lebens werden.

Angst, um mal wieder auf den Hauptschwellenhüter in euch selbst zurückzukommen, ist natürlich nicht immer ein Hindernis, das man überwinden sollte. Solltet ihr sie auf euren Reisen spüren und nicht sicher sein, ob ihr den Weg fortsetzen, unterbrechen oder ob ihr gar umkehren sollt, müsst ihr euch im Grunde nur eine Frage stellen:

Was kann mir im schlimmsten Fall passieren?

Und wenn die Antwort eine der Möglichkeiten ist, die die Reise-Checkliste in Kapitel 2 aufzeigt, dann ist die Angst berechtigt und kein Schwellenhüter, sondern ein kluger Ratgeber.

Ansonsten dürft ihr gerne weiterziehen.

Ein anderer Schwellenhüter, der euch häufig auf euren Reisen begegnen wird, ist der Neid.

Was auch immer ihr unternehmt, tut bitte alles dafür, damit dieses Gefühl bei euch selbst gar nicht erst aufkommt. Neid ist ein negatives, selbstzerstörerisches Übel, das ihr im Keim ersticken müsst, sobald ihr es spürt. Er ist eine der Negativfolgen des Vergleichens, vor dem ich euch schon in Kapitel 4 gewarnt habe. Es ist nämlich völlig unerheblich, was jemand verdient, welche Noten er hat und welche Pokale er gewinnt. Es kommt nur auf euch an! Noch mal:

Nehmt nie das Leben anderer zum Maßstab, sondern lebt euer eigenes.

Stellt euch vor, euer Nachbar hat zwanzig Millionen auf dem Konto und ihr nur zweihundert Euro. Würdet ihr mehr haben, wenn sein Konto auf null gestellt wird? Wird eure schlechte Schulnote besser, nur weil ein anderer in der Klasse auch eine Fünf bekommt?

In einem interessanten psychologischen Experiment hat der Firmenchef einer Gruppe seiner Mitarbeiter (Team 1) eine Gehaltserhöhung von fünfhundert Euro versprochen. Alle freuten sich, bis sie erfuhren, dass die Mitarbeiter in Team 2 ab sofort tausend Euro mehr verdienten als vorher. Mit einem Mal ärgerten sich die meisten von Team 1. Sie fragten sich: »Wieso bekomme ich

›nur‹ eine Erhöhung um fünfhundert? Weshalb sind die Kollegen in Team 2 mehr wert als ich?«

Mit diesem Vergleichen begann ihr Unglück.

Daraufhin sagte der Chef: »Okay, Team 1. Ihr bekommt nicht mehr fünfhundert, sondern beide Teams erhalten das Gleiche: zweihundertfünfzig Euro!«

Und stellt euch vor: Die Mehrheit von Team 1 stimmte zu. Sie nahmen zweihundertfünfzig Euro Einbußen in Kauf, nur um nicht weniger zu verdienen als die anderen.

Obwohl sie auf fünfzig Prozent ihrer Gehaltserhöhung verzichteten, waren sie sehr viel zufriedener. Was für ein Schwachsinn!

Ich bitte euch, arbeitet daran, euch nicht zu vergleichen. Findet selbst heraus, was ihr vom Leben wollt, was euch zufrieden macht, völlig losgelöst von dem, was andere haben, wollen oder von euch erwarten. Und nehmt lieber die fünfhundert Euro. Denn vom Neid könnt ihr euch nichts kaufen.

Wie schon ausgeführt, trauen sich viele Menschen nicht, den Ruf des Abenteuers anzunehmen und sich auf die Reisen ihres Lebens zu begeben. Sie entscheiden sich allerdings nicht immer freiwillig für ein fremdbestimmtes Leben. Einige sind krank, haben Ängste, werden von anderen Neidern heruntergezogen. Geht niemals scharf mit ihnen ins Gericht, denn sie leiden selbst unter ihrem (oft unverschuldeten) ereignisarmen Leben. Es ist nur natürlich, dass einige von ihnen ein Neidgefühl aufbauen und anderen ihre Erlebnisse, die ihnen selbst verwehrt sind, nicht gönnen.

Ihr solltet also in einem gewissen Rahmen Verständnis für sie haben. Aber wenn sie sich euch in den Weg stellen und versuchen, euch von euren Reisen abzuhalten, gibt es nur eine Strategie, um diese Schwellenhüter zu überwinden (die eure engsten Angehörigen sein können, ja selbst euer Lebenspartner):

Haltet euch von Neidern fern.

Und vergesst nicht: Für andere Menschen seid auch ihr mögliche Schwellenhüter. Jeder Rat, den ihr gebt, jede Kritik, die ihr äußert, hat das Potenzial, einen anderen Menschen an der Verwirklichung seiner Ziele zu hindern. Das kann schon ein negatives Emoji unter einem Social-Media-Post einer Freundin oder eines Freundes sein. Wenn die- oder derjenige stolz ein Tanzvideo postet und ihr euch darüber lustig macht, kann das unsichtbare Narben hinterlassen. Von offen beleidigenden und verletzenden Kommentaren, wie wir sie gegenwärtig sogar von Staatsoberhäuptern in der Öffentlichkeit erleben, ganz abgesehen.

Als Schriftsteller weiß ich, dass Worte Waffen sind. Sie können im Positiven einen emotionalen Panzer aufbrechen und Mitmenschen ermutigen, sich selbst zu verwirklichen. Sie können aber auch unüberwindbare Hindernisse auftürmen.

Eure Gedanken sind frei. Die Worte, die ihnen folgen, sollten aber wohlüberlegt sein. Nicht nur gegenüber euren Freunden, Verwandten und Bekannten. Sondern auch gegenüber Menschen, die ihr noch nie persönlich getroffen habt.

Ich vermute, in keiner anderen Zeit wurde öffentlich so viel über andere Menschen geredet und gestritten wie heute. Die Medien versorgen uns jeden Tag mit neuem, unnützem Wissen über Liebens- und Hassenswertes der A–Z-Prominenz. Doch Vorsicht! Selbst der bestrecherchierte Artikel, selbst ein vermeintlich eindeutiges Foto beweist nicht, dass der um sich schlagende Promi wirklich jähzornig ist oder der biedere Familienvater tatsächlich ein treusorgender Gatte. Allein über mich wurden in den letzten Jahren so viele widersprüchliche und zum Teil auch falsche Artikel veröffentlicht, dass es niemandem, der mich nicht persönlich kennt, möglich wäre, sich ein annähernd akkurates Bild von mir zu machen.

Dabei muss es noch nicht einmal ein Politiker, Sportler, Schauspieler oder anderer Prominenter sein, zu dem ihr euch eine Meinung bilden wollt. Es reicht schon der Nachbar, der Arbeitskollege einer Freundin, der Junge in der Parallelklasse. Natürlich dürft und werdet ihr euch eine Meinung über ihn bilden, wenn ihr euch mit ihm auseinandergesetzt habt. Aber bevor ihr diese öffentlich verkündet, solltet ihr die Informationen, auf denen sie fußt, kritisch hinterfragen. Und eure Worte so wählen, dass ihr nicht zu einem verletzenden Schwellenhüter für dessen Lebensreise werdet.

Wenn ihr euch also über die Steine aufregt, die andere euch auf den Reiseweg legen, fragt im selben Atemzug, ob ihr nicht ebenfalls bei anderen für einen unnötigen Gegenwind sorgt.

Womit wir den nächsten, unvermeidlichen Schwellenhüter thematisiert haben, der nahezu jedem Menschen auf seinen Reisen begegnet: den Kritiker.

Wir Menschen sind im Grunde sehr einfach gepolt – wir wollen geliebt werden. Es gibt nur wenige universelle Wahrheiten, aber diese ist fast für jeden gültig. Ob im Beruf oder privat – Geld, Ruhm, Macht, Respekt: letztlich sind das alles Synonyme für Liebe oder Anerkennung.

Gerade Kinder haben ein sehr großes Bedürfnis nach

Anerkennung. Sie wollen ihren Eltern gefallen. Was habt ihr gestrahlt, wenn ihr im Alter zwischen drei und vier Papa und Mama helfen durftet, die Einkäufe aus dem Auto zu räumen. Es wird das Alter kommen, wo wir euch eine Waffe an den Kopf halten müssten, um euch dazu zu bewegen, aber aktuell reichen ein Lächeln und ein Lob, und ihr macht das freiwillig. Weil ihr merkt, dass Mama und Papa euch lieben. Und ihr wollt geliebt werden wie jeder Mensch.

Wir sind darauf konditioniert, und schon ein ausbleibendes Lob trübt unsere Stimmung. Ganz schlimm aber ist es, wenn wir für etwas kritisiert oder vielleicht sogar angefeindet werden.

Jeder will geliebt, niemand will kritisiert werden. Es mag Ausnahmen von dieser Regel geben, mir sind sie nicht bekannt. Selbst wenn ihr im Interview einen prominenten Menschen sagen hört, dass er sich über jede Form von Kritik freue, weil diese ihn stark mache – glaubt ihm kein Wort! Negative Kritik verletzt, zieht runter, deprimiert. Selbst wenn sie konstruktiv und wohlmeinend geäußert wird. Niemand will etwas Schlechtes über sich hören, selbst dann nicht, wenn es wahr ist. Meistens gerade dann nicht.

Aber Kritik allgemein ist leider notwendig, denn Lobhudelei alleine bringt niemanden weiter. Und dennoch zählt Kritik zu dem Ballast, der euch das Leben schwerer machen kann, als es sein müsste. Im schlimmsten Fall führt negative Kritik sogar dazu, dass ihr ein falsches Leben führt. Und falsch in diesem Sinne meint jedes Leben, das nicht euer eigenes ist.

Ich habe eine gute Bekannte, die einmal Schriftstellerin war. Die Betonung liegt auf *war.* Allerdings hat sie nicht aufgehört zu schreiben, weil es ihr keinen Spaß machte.

Sie war auch nicht unerfolgreich damit. Aber sie konnte die Kritik nicht ertragen.

Ihr Buch bekam im Internet hymnische 5-Sterne-Bewertungen, aber auch eine Handvoll vernichtende Rezensionen, und, wie leider oft üblich, überboten sich die negativen Rezensenten geradezu mit ihren drastischen Kommentaren, als gelte es, einen Wettbewerb im Autoren-Bashing zu gewinnen.

Wie fast jeder Mensch, den ich kenne, nahm meine Kollegin die negativen Kritiken weitaus schwerer als die positiven, obwohl die in der absoluten Überzahl waren. Eine weit verbreitete Krankheit, nicht nur unter Kreativen.

Ich habe meiner Bekannten einen Brief geschrieben und ihr darzulegen versucht, weshalb sie sich die im Netz geäußerte Kritik nicht zu Herzen nehmen solle. Dafür gibt es Dutzende plausible Argumente. Nur ein paar Beispiele:

- Es gibt nichts auf der Welt, was *jedem* gefällt.
  Ich bat sie, Kritiken ihres Lieblingsbuchs nachzuschlagen. Wie erwartet fanden sich auch für unbestrittene Meister der Weltliteratur zahlreiche negative Einträge.
- Die Geschmäcker sind nun mal verschieden, daher lässt sich über sie tatsächlich nicht streiten.
  Der Kritiker hat seine Meinung. Mit ihm darüber streiten zu wollen ist ungefähr so sinnvoll, wie mir ein gebratenes Stück Leber vorzusetzen. Ich krieg das einfach nicht herunter. Damit fälle ich kein Qualitätsurteil, es ist einfach so.
- Menschen, die offen Kritik üben, unterscheiden sich sehr oft von der Mehrheit.
  Die wenigsten haben nämlich die Zeit und den Willen,

sich öffentlich zu einem Thema zu äußern. Die Mehrheit schweigt. Das bedeutet: Selbst wenn die Mehrheit derer, die sich zu deinem Leben äußern, das mit einem negativen Tenor tut, muss es nicht bedeuten, dass dich die Mehrheit aller Menschen so sieht wie diese Kritiker.

Dazu ein ganz einfaches Beispiel: Wie oft habe ich meiner Bank einen Brief geschrieben und mich für die gelungene Überweisung bedankt? Nie. Ich würde erst einen Brief aufsetzen, wenn etwas nicht funktioniert.

Everybody's darling is everybody's asshole.

Diese, zugegeben sehr unverblümte, amerikanische Redensart war einer der ersten Ratschläge, die ich in meiner Zeit als Radiojournalist zu hören bekam. Es allen recht zu machen führt dazu, dass man es keinem recht macht. Die Ecken und Kanten, an denen deine Kritiker sich stören, sind die Ecken und Kanten, an denen deine Freunde sich festhalten.

Auf mich bezogen: Das, was viele an meinen Büchern lieben, wie etwa die kurzen Kapitel oder die Cliffhanger am Ende, sind genau die Merkmale, die am häufigsten in der Kritik stehen.

- Verschwende deine Kraft nicht mit Dingen, die du ohnehin nicht verändern kannst.
  Weder kannst du verhindern, dass irgendwo in den Weiten des Internets irgendjemand auf die Idee kommt, etwas Schlechtes über dich zu äußern, noch lohnt es sich, mit demjenigen darüber zu diskutieren – zumal der Kritiker in der Regel ein anonymes Etwas ist, das sich hinter einem Pseudonym versteckt, während du für alle erkennbar den Kopf aus dem Fenster gehalten hast.

Du weißt also gar nicht, ob du dich mit einer ernsthaften Kritik auseinandersetzt oder ob die Schmähschrift vielleicht von deinem Erzfeind, einem Konkurrenten oder einem Troll kommt, der grundsätzlich alles negativ bewertet, weil ihm einer abgeht, wenn der Kritisierte sich darüber aufregt.

- Überhaupt, was stört sich die Eiche, wenn der Hund dranpinkelt?
  Du hast ein Buch geschrieben, der andere nur eine Kritik.

Diese und andere unzählige Lebensweisheiten habe ich meiner Autoren-Kollegin geschrieben (es wurde ein ziemlich langer Brief), und sie sind alle wahr. Und doch haben sie ihr nicht weitergeholfen. Wieso nicht?

Weil sie »verkopft« sind. Es sind logisch nachvollziehbare Argumente, doch sie sind eine viel zu rationale Betrachtungsweise in einem hochemotionalen Minenfeld.

Die Eiche stört sich eben doch, wenn man sie anpinkelt, denn auch die Eiche will geliebt werden. Dagegen kommt man mit rationalen Überlegungen nicht an.

Öffentlicher Kritik sind mittlerweile nicht nur Prominente ausgesetzt, sondern jeder! Hoteliers, Ärzte, Lehrer, Schüler werden auf entsprechenden Foren bewertet; selbst die Kassiererin im Supermarkt muss damit rechnen, im Netz über sich lesen zu müssen, dass Frau Krasulke ja heute wohl einen schlechten Tag hatte.

Ihr habt zwar (noch) kein Buch geschrieben, werdet es vielleicht auch niemals tun. Allerdings prophezeie ich euch, dass ihr über kurz oder lang mit ähnlichen Problemen und Gefühlen zu kämpfen haben werdet wie meine Autorenkollegin. Nämlich, sobald ihr in den sozialen Netzwerken aktiv werdet. Früher war es PR-Agenturen vorbehalten, tagelang an Texten zu feilen, bis sie so »wasserdicht« waren, dass der Prominente, der sie veröffentlichte, keine große Angriffsfläche bot. Im Zeitalter der 1-bis-5-Sterne-Bewertungen verbringen mittlerweile zwölfjährige Mädchen Stunden damit, ihr Instagram-Foto so auszuleuchten, dass die Kritiker keinen Ansatzpunkt für einen Shitstorm finden.

Facebook, Twitter, Instagram und Co. sind ein weiterer Beweis für die Sucht der Menschen nach Liebe, nach »Likes«. Wir posten Kommentare, Videos, Fotos in der Hoffnung, dass uns möglichst viele User positiv bewerten. Wir wollen so viele »Gefällt mir«-Klicks wie möglich. Wir ärgern uns über negative Kommentare und leiden, je ungerechter wir uns bewertet fühlen.

Dabei leben auf unserem Planeten über sieben Milliarden eigenständig denkende Individuen mit unterschiedlichen Vorlieben und Geschmäckern. Aus diesem Grund gibt es nicht eine einzige Sache, die wirklich allen Menschen gleich gut gefällt.

Was auch immer ihr in eurem Leben macht, es wird sich immer jemand finden, der es kritisiert.

Denkt nur an Tinka und Momo, die beiden Katzen, die wir aus dem Tierheim gerettet haben. Genauer gesagt nicht wir, sondern unsere Bekannte, die sich auf Mallorca für den Tierschutz einsetzt und regelmäßig Vierbeiner aus dem Tierheim befreit, bevor sie dort getötet werden, wenn sich nach einer Schonfrist kein Abnehmer findet.

Gerade als wir mit dem Gedanken spielten, uns eine Katze zuzulegen, fragte sie uns, ob wir die beiden Geschwister-Tigerbabys aufnehmen würden. Und einige Wochen und Impfungen später kamen Tinka und Momo bei uns an und werden fortan von euch mit mehr Liebe überschüttet, als ihnen manchmal recht ist.

Ich machte den »Fehler« und postete mein allererstes Katzenfoto auf Facebook. Nun könnte man meinen, dass an einem Bild von zwei superniedlichen Fellnasen niemand etwas auszusetzen haben könnte, zumal sie vor dem Tode bewahrt wurden. Doch weit gefehlt. Unter die – zugegeben überwiegend positiven – Stimmen mischte sich sehr schnell Kritik. Da wurde ernsthaft gefragt: »Wieso hast du denn eine Katze aus Mallorca gerettet? In Deutschland gibt es doch genug, die Hilfe brauchen.«

Ganz ehrlich? Ich hatte mir darüber überhaupt keine Gedanken gemacht. Als mich meine Bekannte fragte, ob wir Katzen aus dem Tierheim haben wollen, war es mir vollkommen egal, ob sie aus Palma oder Passau kommen. Sandra und ich wollten einfach zwei Tieren ein Zuhause geben, so wie vor einigen Jahren auch der Basset-Hündin Molly, die aus einem bayrischen Tierheim kam.

Der Verweis darauf, dass das Elend anderswo doch größer oder mindestens genauso groß wäre, wird von vielen Menschen übrigens als Argument fürs Nichtstun genutzt. »Wieso soll ich Geld für hungernde Kinder spenden, es sind ja Millionen. Die kommen eh nicht an. Außerdem ist anderswo die Not noch größer.«

Die Antwort ist ganz einfach: Man muss natürlich nicht für Organisation A spenden, Person B helfen oder sich für C engagieren. Wenn man kein Tier aus einem spanischen Tierheim aufnehmen will, dann eben nicht. Jedem steht frei, etwas anderes zu tun. Mit der Betonung auf *etwas.* Einfach zu sagen: »Ich mache gar nichts, weil das doch eh keinen Sinn ergibt«, ist zu billig. Und wenn man darüber hinaus noch andere, die zu helfen versuchen, wegen ihrer aktiven Tätigkeit kritisiert, während man selbst untätig bleibt, ist das nicht nur billig, sondern armselig.

Anders ausgedrückt:

Wenn du im Leben darauf wartest, alles zu machen, um allen zu helfen, anstatt etwas für einige, wirst du damit enden, nichts für niemanden zu tun.

Ihr werdet in eurem Leben sehr, sehr häufig dieses Minderwertigkeits-Argument hören à la: »Ich bin doch nur ein winziges Rad im Getriebe, mein Tun ist ein Tropfen auf dem heißen Stein. Was soll das bringen, wenn ich etwas tue?«

Aber selbst wenn ihr kaum Geld habt und eure winzige Minispende zum Beispiel nur eine einzige Impfung in einem Erdbebengebiet finanzieren sollte, rettet sie womöglich ein ganz konkretes Leben. Und es kommt immer auf den konkreten Einzelfall an, den ihr angehen sollt. Versteckt euch nicht hinter einer abstrakten Masse. Und kritisiert niemals Menschen, die versuchen, etwas zu bewegen, während ihr Zaungäste bleibt.

Nicht falsch verstehen: Natürlich dürft ihr kritisieren. Ihr dürft Anstrengungen und Bemühungen zur Erreichung des Weltfriedens anderer sogar für naiv und lächerlich halten. Aber verschwendet eure Zeit nicht mit negativer Energie.

Siehe oben: MACHT! ETWAS!

Wenn's euch nicht passt, entscheidet euch für etwas anderes. Gründet eure eigene Hilfsorganisation, spendet leise oder für einen ganz anderen Zweck. Aber, wie ich oben schon schrieb: Bleibt in Bewegung. Bleibt auf Reisen!

Fazit: Ihr könnt es nicht allen recht machen, also versucht es erst gar nicht. Negative Kritiken sind eine logische Folge, wenn ihr zu einer Reise aufbrecht. Bleibt nicht nur deshalb passiv, weil ihr negative Kritiken fürchtet. Und verändert weder euch noch euer Verhalten im vorauseilenden Gehorsam, um negative Reaktionen zu vermeiden.

Wenn ihr ein bestimmtes Kleidungsstück tragen wollt, lasst es nicht deshalb im Schrank, weil es jemand anderem nicht gefallen könnte.

Wenn ihr tanzen wollt, aber niemand anderer ist auf der Tanzfläche, dann geht da rauf, selbst wenn andere über euch tuscheln werden, die sich in vermeintlicher Coolness zurückhalten.

Wenn euch eine Band, ein Buch, ein Film oder gar eine Person gefallen, dann steht dazu, selbst wenn ihr mit eurer Meinung alleine seid.

Wenn ihr meint, etwas offen sagen zu müssen, dann sagt es, selbst wenn ihr euch sicher seid, dass ihr damit aneckt.

Hauptsache, ihr haltet euch an die Regel, niemanden zu verletzen.

Fürchtet euch nicht vor negativen Reaktionen.

Denn ihr werdet immer und überall auf Kritiker treffen: auf dem Schulhof, zu Hause, auf eurem Facebook-Account. Ihr werdet niemals nur Zuspruch ernten, sondern vielleicht sogar Hass und Häme. Aber das ist nicht wichtig, denn ihr seid nicht auf der Welt, um zu funktionieren und anderen zu gefallen. Es gibt nur eine Erwartungshaltung, die ihr erfüllen müsst, und das ist eure eigene.

Mit alldem will ich natürlich nicht sagen, dass ihr euch von jeder Kritik und von jedem Kritiker fernhalten sollt. Wenn man keinerlei Kritik ausgesetzt ist, verkommt man leicht zu einem selbstgefälligen Arschloch und wird nicht besser. In einem kritiklosen Vakuum zu leben, nur noch umgeben von Speichelleckern, führt zum Stillstand jeder sinnvollen Lebensreise.

Kaum eine große Leistung ist ohne Kritik entstanden; kein Schüler, Sportler, Lehrling, Student und/oder Künstler ist ohne die hilfreichen, manchmal liebevollen, manchmal strengen Mahnungen seiner Lehrer, Trainer, Meister, Professoren und/oder Mentoren von ganz alleine zu Höchstleistungen aufgelaufen.

Der konstruktive Kritiker ist ein notwendiger Wegbegleiter auf Reisen, der destruktive hingegen ein Schwellenhüter, und die Kunst ist es, den einen vom anderen zu unterscheiden. Wem schenkt ihr ein offenes Ohr, und von wem haltet ihr euch besser fern?

Bei offenen Beleidigungen ist es klar. Wenn jemand die Grenze der Sachlichkeit verlässt, zum Beispiel, wenn er euch fett, hässlich oder dumm nennt, wenn er sagt, so etwas Beschissenes wie das, was ihr (aktiv) gemacht habt, habe er noch nie erlebt, dann hat er eure Aufmerksamkeit nicht verdient.

Aber nicht immer sind missgünstige Krittler so einfach von den wichtigen und notwendigen Kritikern zu unterscheiden. Denn natürlich ist nicht jeder, der uns negativ kritisiert (oder von einer Reise abhalten will), ein neidischer Idiot, dem wir die Freundschaft kündigen müssen.

Zur Beantwortung dieser Frage gibt es zum Glück wieder eine Faustregel:

Hört nur auf Kritik von Menschen, die euch wohlgesinnt sind.

Das klingt im ersten Augenblick wie ein Witz. Nach dem Motto: »Ich habe nichts gegen geteilte Meinungen. Ich bin sogar sehr dafür, dass man meine Meinung teilt.«

Aber »wohlgesinnte Kritiker« meint nicht lobhudelnde Menschen, die einem nach dem Mund reden. Die sind vermutlich sogar das Gegenteil von wohlgesinnt, sie sind im Grunde Lügner. Echte Freunde sagen euch die Wahrheit, selbst wenn sie schmerzt. Sie sagen sie allerdings mit der Intention, euch zu helfen. Sie schätzen und respektieren euch als Menschen und wollen, dass es euch gut geht.

Und damit haben wir das Fundament gefunden, auf dem jede relevante Kritik fußt: Respekt und Liebe.

Wenn Mama Felix anfährt, weil er sich den Teller Suppe über den Kopf gegossen hat, ist sie natürlich sauer, weil sie ihm wieder neue Klamotten anziehen und den Boden wischen muss, aber ihr Gemecker ist ein ganz anderes als das des genervten Rentners auf dem Balkon, der sich über Kindergekreische im Garten aufregt.

Letzterer will seine Ruhe, wir Eltern wollen, dass ihr lernt, das beste Leben der Welt zu führen, und das geht eben oft leichter ohne Buchstabensuppe im Haar.

Ihr werdet im Leben beinahe täglich auf Menschen treffen, die etwas an euch auszusetzen haben. Eure schwere Aufgabe ist es, unterscheiden zu lernen, welchen Zweck diese Nörgler verfolgen: Wollen sie, dass ihr besser werdet, oder wollen sie sich selbst besser fühlen? Wollen sie, dass ihr euer gesamtes Potenzial abruft, damit ihr euch so gut wie möglich verwirklicht und euer Talent am besten entfaltet? Oder wollen sie, dass ihr euch verändert, damit ihr besser zu ihrem Leben passt?

Bei der ersteren Gruppe müsst ihr ganz genau zuhören. Mit den anderen Kritikern dürft ihr nicht eine Sekunde Lebenszeit verschwenden. Denn ihr wollt euer eigenes, selbstbestimmtes Leben leben, nicht das von Menschen, die ihr gar nicht kennt.

11. Kapitel
Die Wegweiser

Auf den Reisen eures Lebens werdet ihr immer wieder auf Wegweiser stoßen, die wohlmeinende Menschen für euch aufgestellt haben. Einige kommen als Klugscheißer-Eltern-Sprüche daher: »Man soll den Tag nicht vor dem Abend loben«, andere in Form von Ratgeberbüchern wie *Sorge dich nicht, lebe,* manche als Befehl à la »Erst die Arbeit, dann das Vergnügen«, viele als vermeintliche Motivationshilfen: »Lebe den Moment«, »Der Weg ist das Ziel« et cetera.

Bei derartigen Wegweisern solltet ihr euch immer fragen:

- Wer hat sie mit welcher Intention aufgestellt?
- Wohin zeigen sie wirklich?

Viele Wegweiser werden von Menschen aufgestellt, die kein Interesse daran haben, dass ihr vorankommt. Das könnte der Fall sein, wenn ihr euch auf einer beruflichen Reise eures Lebens an einer Weggabelung befindet und auf ein Schild stoßt, auf dem in großen Lettern steht: »Schuster, bleib bei deinem Leisten!«

Abgesehen davon, dass man sich im 21. Jahrhundert dreimal überlegen sollte, ob man sein Leben auf eine Weisheit hin ausrichten will, die das Berufsbild des Schusters zum Kern hat, wäre die Welt sehr viel ärmer, hätten sich Menschen wie etwa Albert Einstein an sie gehalten.

Dann wäre er nämlich technischer Experte 3. Klasse beim Schweizer Patentamt in Bern geblieben.

Auch ich wäre beim Radio hängen geblieben – ein Gedanke, der einigen Kritikern gefallen dürfte, vielen Leserinnen und Lesern vielleicht aber nicht. Und ich hätte die aufregendste berufliche Reise meines Lebens verpasst, auf der ich übrigens eure Mutter kennengelernt habe. Wäre ich bei meinem Leisten geblieben, was immer das auch ist, wärt ihr vermutlich gar nicht auf der Welt. Der Rat, bei seinem Leisten zu bleiben, ist häufig nichts anderes als die Empfehlung, mit dem Reisen aufzuhören.

Es spricht natürlich nichts dagegen – es ist vielmehr sogar dringend zu empfehlen –, auf einem Gebiet gut sein zu wollen, anstatt auf vielen nur mittelmäßig! Und wenn ihr merkt, dass euch diese besondere Fähigkeit mit Leidenschaft erfüllt, dann lohnt es sich auch, sich voll und ganz dieser Sache zu verschreiben.

Aber auf die Gefahr hin, mich zu wiederholen: Wenn euer Leben nicht stagnieren und langweilig werden soll, müsst ihr hin und wieder aus der Routine ausbrechen und eine neue Reise antreten. Selbst, wenn das mit dem Risiko des Scheiterns einhergeht.

Ich gebe euch wieder ein Beispiel: Fritz, ein sehr guter Freund von mir, war ein erfolgreicher Anwalt. Er verdiente gutes Geld und hatte Aussicht auf noch sehr viel mehr, da die große, weltweit operierende Kanzlei, in der er arbeitete, ihm die Partnerschaft in Aussicht stellte, wenn er denn so weitermachte wie bisher: also gute Arbeit leistete, die seine Chefs zufriedenstellte.

Das Problem war nur: Mein Freund ist zwar ein hervorragender Jurist, hat aber wenig Spaß an juristischen Problemen. Da er überdurchschnittlich intelligent ist, erledigte er die ihm aufgetragenen Aufgaben ausgezeichnet, seine wahre Berufung jedoch lag auf einem anderen Gebiet. Sobald er nach Hause kam, schmiss er Schlips und Sakko in die Ecke und setzte sich an seinen Computer, wo er Programme schrieb, mit denen er wilde physikalische Berechnungen anstellte.

Als ich bei Fritz eines Tages zum Kaffee vorbeischaute, entdeckte ich auf seinem Nachttisch einen Wälzer, so dick wie das Telefonbuch von Mumbai, voll mit hieroglyphenartigen Formeln zur Berechnung von irgendwelchen erneuerbaren Energiequellen, vielleicht waren es auch geheime Nuklearcodes, keine Ahnung. Die Formeln waren länger als die AGBs für den Kauf eines Atomkraftwerks. Mich begeisterte die Lektüre dieser Zahlenreihen in etwa so wie die Aussicht auf eine Teilnahme an einem Trockenangel-Marathon, aber bei Fritz leuchteten die Augen, als er mir von einer Produktidee erzählte, auf die er gestoßen war, als er zur Entspannung (!!!) vor dem Einschlafen im Kopf noch einmal einen mathematischen Beweis durchgerechnet hatte.

»Mit meiner Erfindung wäre das Problem von Ladestationen für Elektroautos gelöst!«, sagte er.

Ich verstand nur zwei Dinge: a) Bahnhof und b) Fritz hatte seine Berufung verfehlt.

Nicht seinen Beruf, denn darin war er ja gut. Aber dank seiner multiplen Begabung hätte man ihn auch im Getränkemarkt an die Kasse setzen können, und dort hätte er vermutlich einen Fehler im Quellcode der Registrierkassen gefunden, was ihm eine Auszeichnung als Mitarbeiter des Monats samt goldener Anstecknadel eingebracht hätte.

Ich sagte also zu Fritz: »Ich glaube nicht, dass du in der Kanzlei hinter all den Akten am richtigen Tisch sitzt. Du bist Naturwissenschaftler. Und du hast eine Idee, die ich zwar nicht verstehe, aber ich spüre die Leidenschaft dahinter. Es würde dich glücklich machen, diese Idee zu verwirklichen. Wieso probierst du es nicht einfach?«

Ich riet meinem Freund also zum Aufbruch zu einer neuen beruflichen Reise in ein möglicherweise gefährliches Abenteuer.

Ihr könnt euch vorstellen, wie er reagierte: »Ich soll meinen sicheren, gut bezahlten Job aufgeben? In dem ich bald Partner werde? Hast du vergessen, dass ich eine Familie habe? Eine Frau und zwei kleine Kinder? Mit blonden Zöpfen!« Zudem hatte er keine wohlhabende Ehefrau, kaum Eigenkapital, keinen Grundbesitz.

Die Schwellenhüter, die ihm schon weit vor dem Aufbruch im Weg standen – allen voran seine eigene Angst –, waren so mächtig, dass sie bereits den Gedanken an eine neue Reise im Keim erstickten.

Und zugegeben, seine Argumente waren nicht von der Hand zu weisen. Setzt man die sichere Gegenwart zugunsten einer unsicheren Zukunft aufs Spiel? Nur weil man das Gefühl hat, sich selbst verwirklichen zu müssen?

Die zunächst etwas enttäuschende Antwort auf diese Frage ist: »Ich weiß es nicht.« Niemand weiß es. Für die meisten Entscheidungen im Leben gibt es keine eindeutige Weichenstellung, keine klaren Wegweiser. Es gibt allenfalls Handlungsempfehlungen, grobe Richtlinien, aber keine starren Gesetze oder allgemeingültigen Formeln. Auch wenn noch so viele Ratgeber-Bestseller versprechen, sie gefunden zu haben.

Am Ende läuft es immer auf die große Hollywood-Showbusiness-Regel hinaus: »Nobody knows anything.« Und dennoch sind Wegweiser nicht sinnlos, wenn man sie richtig zu lesen versteht, und darauf will ich in diesem Kapitel hinaus.

Fritz stand in seinem konkreten Lebensabschnitt vor zwei widersprüchlichen Wegweisern: Der eine (ich) riet ihm dazu, seiner wahren Leidenschaft zu folgen und sich mit einer Geschäftsidee selbstständig zu machen. Der andere (Arbeitgeber) sagte: »Bleib bei deinem Leisten. Also bei Jura, hier bist du auf der sicheren Erfolgsspur.«

Zu allem Übel befanden sich diese diametral entgegengesetzten Wegweiser auch in seinem Innersten, denn sein Bauch sagte ihm einerseits: »Du lebst nur einmal«, sein Kopf hingegen widersprach: »Setz deine Zukunft nicht mit Träumereien aufs Spiel.«

Das Verrückte an den verschiedenen Wegweisern war: Sie hatten alle recht. Und sie waren nicht überprüfbar. Denn wenn man den einen Weg einschlug, war der andere verbaut.

»Halt!«, könnt ihr jetzt rufen. »Hast du nicht oben gesagt, man könne seine Entscheidungen immer korrigieren, man müsse nur mit den Folgen leben?«

Richtig. Ihr werdet nur sehr selten gezwungen, einen einmal eingeschlagenen Weg weiterzugehen. Das Schwierige im Leben ist – wie im vorigen Kapitel beschrieben –, dass ihr leider niemals wissen werdet, welche der Entscheidungsalternativen nun die bessere war.

Was, wenn Fritz mit seiner technischen Idee ein Millionenvermögen erwirtschaftet? Das spräche dann dafür, beruflich alles richtig gemacht zu haben. Doch was, wenn er über den Stress auf dem Weg dorthin seine Frau und Familie verliert? War es das dann wert? Und selbst wenn er auch privat glücklich bliebe, vielleicht hätte er in seinem alten Job mehr Zeit für ein drittes Kind gehabt und wäre in seinem Leben noch glücklicher geworden?

Man weiß es nicht.

Das, was unser Dasein so schwer macht, ist der Fakt,

dass wir Entscheidungen treffen müssen, ohne die Folgen absehen zu können; ja ohne jemals eine Gewissheit zu haben, ob wir uns richtig entschieden haben. Andererseits hat das auch sein Gutes: Es lohnt sich nicht, zu viel Lebenszeit mit der Entscheidungsfindung zu verschwenden.

Natürlich sollte man sich weder blindlings in jedes Abenteuer stürzen noch stur im Althergebrachten verharren. Wenn ein Entschluss aber einmal steht, sollte er auch durchgezogen und nicht immer und immer und immer wieder hinterfragt werden. Denn ihr werdet nie eine hundertprozentige Gewissheit haben, selbst nach der Entscheidung nicht.

Bevor ihr entscheidet, welchem Wegweiser ihr folgt, müsst ihr herausfinden, von wem dieser Wegweiser aufgestellt wurde.

Im Fall von Fritz sagte sein Arbeitgeber erwartungsgemäß: »Sie sind hier ein unverzichtbarer Mitarbeiter mit besten Aufstiegschancen. Bleiben Sie bei dem, was Sie können und womit Sie sich in den letzten Jahren eine hervorragende Expertise als Anwalt aufgebaut haben.«

Hm. Kluge Worte. Aber hat der Arbeitgeber das gleiche Interesse wie Fritz?

Nicht, wenn es um seine Kündigung geht. Die bereitet der Kanzlei Probleme. Ein Nachfolger muss gefunden werden, der den Job genauso gut erledigt. Das ist ein Problem, das man sich nicht gerne ans Bein binden will. Der Wegweiser des Arbeitgebers wurde also nicht unbedingt mit der Intention aufgestellt, dem Mitarbeiter das Vorankommen zu erleichtern. Deshalb muss er nicht falsch sein. Er ist aber nicht ausschlaggebend.

Denn im Leben kommt es, wie gesagt, immer nur auf die eigene, selbstbestimmte Reise an. Lebt euer Leben, nicht das eines anderen. Weder das eurer Eltern noch das eurer Lehrer, Freunde oder Arbeitgeber.

Folgt den Wegweisern nur dann, wenn sie von Menschen mit der Intention aufgestellt wurden, nicht ihr eigenes, sondern euer Leben zu verbessern.

Tanja, die Mutter von Emil, hat Rotz und Wasser geheult, als ihr Sohn sagte, er wolle für ein Jahr in einem englischen Internat leben. Aber sie wollte dem Traum ihres Kindes nicht im Weg stehen und stellte keine Wegweiser auf, mit denen sie seine Reise nach England hätte verhindern können. Beispielsweise hätte sie sagen können: »Erst das Abi, dann ist noch Zeit fürs Ausland.« Oder: »Willst du all deine Freunde verlieren?«

Sie stellte ihre eigenen Wünsche, den Jungen in ihrer Nähe zu haben, zurück und ermöglichte ihm (gemeinsam mit dem Vater natürlich) sogar ein zweites Jahr im Internat, damit er seinen Abschluss dort machen konnte.

Und mein Freund Fritz?

Nun, er ignorierte den Wegweiser seines Arbeitgebers. Er blieb nicht bei seinem Leisten, er verschaffte sich einen neuen. Auch, weil seine wunderbare Frau ihm riet, seinem Bauch und nicht seinem Kopf zu folgen. Sie wusste nämlich, dass ein glücklicher Mann mit schmalem Geldbeutel auf Dauer mehr Wert für die Familie hat als ein unglücklicher Gatte, der in seinem lukrativen Job gefangen ist. Zudem war sie selbst auf ihren eigenen Lebensreisen sehr eigenständig und erfolgreich unterwegs.

Ist Fritz dem richtigen Wegweiser gefolgt, als er eine Firma gründete, die heute hundert Angestellte hat, weltweit operiert und laut seinem Hauptfinanzgeber, einem großen Aktienunternehmen, kurz vor einem bahnbrechenden Durchbruch als Schlüsseltechnologieentwickler für Elektroautos steht?

Ich weiß es nicht. Fritz weiß es auch nicht.

Aber er ist froh, in seinem Leben zu einer aufregenden Reise aufgebrochen zu sein, die ihn zu Zielen gebracht hat, die er sich damals, als aufstrebender Anwalt, nicht einmal hätte vorstellen können.

Nachdem ihr euch bei jedem Wegweiser also fragen solltet, von wem und mit welcher Absicht er aufgestellt wurde, bleibt das Problem, dass beim näheren Hinsehen oftmals die Richtung gar nicht klar erkennbar ist. Denn zu jedem klugen Hinweis gibt es einen ebenso klugen Gegenhinweis. Ich nenne es das Prinzipien-Paradox.

Beispiel: Motivationstrainer raten einem, möglichst groß zu träumen. Andere Lebensberater empfehlen, im Hier und Jetzt zu leben, den Moment zu genießen.

Das klingt wie ein Gegensatz. Soll ich mir große Ziele setzen und in Vorfreude auf die Zukunft meinen Tag planen? Oder soll ich den Moment leben, ohne Zweifel und Sorgen, ob ich meine Lebensziele jemals erreichen werde?

An dieser Stelle sei schon mal verraten, dass es genau diese »widersprüchlichen Wahrheiten« sind, die uns das Dasein so schwer machen.

Im Leben gibt es oft kein eindeutiges Ja oder Nein, nichts ist nur schwarz oder weiß.

Und leider ist nicht immer klar, wann man sich für welche Option entscheiden soll.

Hier zur Verdeutlichung einige Beispiele von sich widersprechenden Wegweisern, die uns – wie erwähnt – oftmals als Klugscheißer-Sprüche begegnen, wie: Ordnung ist das halbe Leben.

Stimmt. Es kann zumindest nicht schaden, wenn man

weiß, wo man die Unterlagen für die Steuererklärung abgelegt hat, oder auf Anhieb die Kerzen bei Stromausfall findet.

Doch diese Regel steht im Widerspruch zu dem Wegweiser: »Chaos fördert die Kreativität.« Das entspricht sogar eher dem Naturgesetz der Entropie (siehe Einleitung). Alles im Universum strebt dem Zustand der niedrigsten Energiedichte, also dem Zustand der größten Unordnung zu: Autos gehen kaputt, Menschen altern und sterben, die Sonne verglüht.

Wenn das Chaos also ein unausweichliches Endstadium ist, wieso soll man sich dann überhaupt den Naturgesetzen widersetzen?

Wieso jemals nach Perfektion streben, wenn das Perfekte sich zwangsläufig von alleine wieder zerstört?

Ist das nicht ein Widerspruch?

Ja. Denn so ist das Leben. Widersprüchlich.

Ihr werdet im Leben viel Verwirrendes hören, wie etwa:

»Bleibt flexibel« versus »Seid fokussiert«.

»Seid verlässlich« versus »Seid überraschend«.

»Bleibt bei eurem Leisten« versus »Erfindet euch immer wieder neu«.

»Seid Entdecker« versus »Pflegt Rituale«.

»Lebt den Moment!« versus »Setzt euch langfristige Ziele«.

»Bleibt offen« versus »Habt Prinzipien«.

Ja, was denn nu?

Die meisten Menschen liefern an dieser Stelle die vermeintlich kluge Antwort: Es kommt auf die Balance an. Es sei wie beim Radfahren. Man müsse gleichzeitig die Ruhe auf dem Sattel bewahren und in Bewegung bleiben.

Überzeugt?

Nicht so recht, oder?

Denn Balance ist im Grunde nur ein hübscheres Wort für Kompromiss, und gerade zu diesem Thema gibt es zahlreiche, sich schon wieder widersprechende Wegweiser.

Während der Kompromiss in der Politik als gefeiertes Ziel einer Verhandlung gilt, werden kompromisslose Menschen, die unbeirrt ihre Vorstellungen durchsetzen, als charakterstarke Helden gefeiert. Einerseits ist unsere gegenwärtige Staatsform, die repräsentative Demokratie, auf die Findung mehrheitsfähiger Kompromisse ausgelegt. Andererseits gibt es Themen wie Menschenrechte und Klimaschutz, die keine Kompromisse vertragen, denn man sollte einen Menschen auf keinen Fall nur ein bisschen foltern oder die Umwelt nur ein wenig zerstören dürfen.

So, und nun? Jetzt seid ihr genauso schlau wie zuvor, richtig? Fast. Denn natürlich hat euer alter Vater eine Conclusio, die euch möglicherweise das Zurechtfinden im Wegweiserdschungel etwas erleichtert.

Betrachtet sämtliche Hinweisschilder, denen ihr auf euren Reisen begegnet, nie als Richtungsgeber, sondern immer nur als Fragen.

Wenn ihr bis hier aufmerksam gelesen habt – und davon gehe ich aus (ich frag euch bei nächster Gelegenheit ab!) –, dann merkt ihr, dass die allerersten Hinweise, die ich euch gegeben habe, als Fragen formuliert waren. Ihr erinnert euch an die Reise-Checkliste: Vor dem Aufbruch zu einer Reise solltet ihr klären, ob ihr durch sie a) krank werden könnt, b) eure Freiheit verlieren könnt oder c) anderen schadet.

Wenn ihr wie Fritz also vor der Frage steht, ob ihr euch auf die Reise in die berufliche, selbstbestimmte Ungewissheit begeben sollt, dann lest die einander widersprechenden Wegweiser mit einem Fragezeichen. Aus »Bleib bei deinem Leisten« wird: »Soll ich bei meinem Leisten bleiben?«

Aus »Verwirkliche deine Träume« wird: »Soll ich meine Träume verwirklichen?«

Und wie findet man die Antwort? So, wie man die große Liebe oder eine neue Idee findet: Man spürt sie.

Das klingt esoterisch, aber es ist wahr. Euer wichtigster Wegweiser heißt: Bauchgefühl. Es nährt sich aus Erfahrungen, ist also keineswegs losgelöst von eurem Kopf, wird von ihm aber nicht dominiert.

Wir begreifen uns gerne als aufgeklärte, rationale und vernünftige Wesen. Die meisten Entscheidungen im Leben jedoch treffen wir intuitiv. Wenn ihr eines Tages wählen dürft, beantwortet euch vor dem Gang zur Urne ganz ehrlich die Frage: Habt ihr die Programme aller Parteien und die Lebensläufe aller Politiker studiert, und richtet ihr danach eure Entscheidung aus? Oder geht es bei eurer Entscheidung, wo ihr das Kreuzchen macht, zumindest auch um das Aussehen und Auftreten des Spitzenkandidaten?

Nicht ohne Grund gibt es Image-Berater, die für die Teilnehmer des TV-Duells die Krawattenfarbe festlegen, denn man hat herausgefunden, dass viele ihre Wahl von derartigen Äußerlichkeiten abhängig machen. Traurig? Vielleicht, aber es ist wahr. Und verständlich. Wir haben gar nicht die Zeit, uns mit allen Problemen zu beschäftigen und die Wahlprogramme gegeneinander abzuwägen. Wir können auch nicht alle Autos dieser Welt Probe fahren, um zu einem objektiven Urteil zu kommen. Wir entscheiden uns nach Image, Marke, Farbe und Aussehen.

Und wir verlieben uns (zum Glück) nicht erst nach einer umfassenden Persönlichkeitsanalyse, für die unser Date einen umfangreichen Fragebogen ausfüllen musste, bevor wir uns näher mit ihm oder ihr unterhalten. (Sehr lustig in diesem Zusammenhang: *Das Rosie-Projekt.* Unbedingt lesen!)

Würde immer die Vernunft entscheiden, gäbe es keine High Heels, keine 400-PS-Autos, keine Tätowierungen, nicht einmal Ohrlöcher, denn all das ergibt keinen Sinn, außer dass es demjenigen, der es hat, gefällt.

Wenn ich sage, dass unser Bauchgefühl unser wichtigster Wegweiser ist, will ich nicht unterschlagen, dass das blinde Vertrauen in unseren Bauch uns auch hin und wieder in die Irre führen oder ausbremsen kann.

Ein Bekannter, der bei L'Oréal arbeitete, erzählte mir, dass ein hervorragender, ökologisch wertvoller Lippenstift zum Flop wurde, weil es – wie man später in Umfragen herausfand – beim Verschließen der Kappe nicht das typische Klick-Geräusch gab. Später las ich von einem Hochleistungsstaubsauger, der nicht gekauft wurde, weil er zu leise war. Erst als man das typische Brumm-Geräusch künstlich hinzumischte, hatten die Käufer wieder das Gefühl, das Teil habe eine ordentliche Saugkraft. Das Bauchgefühl der Kunden war stärker als wissenschaftliche Fakten, die bewiesen, dass der leise Sauger sogar eine noch höhere Leistung hatte.

Als ich beim Radio arbeitete, sendeten wir von den Olympischen Spielen aus Sydney. Die Techniker waren stolz wie Bolle, dass die Leitungsqualität glasklar war und ohne jegliche Verzögerung übertrug. Die Hörer jedoch überschütteten uns mit Anrufen: »Ihr sendet doch gar nicht aus Australien! Das ist Fake, so gut, wie sich das anhört.«

Also bat ich die Techniker, ein künstliches Rauschen beizumischen und die Tonqualität absichtlich zu verschlechtern. Man sah mich an, als hätte ich verlangt, den

Sender anzuzünden. Das Team weigerte sich anfangs, weil es gegen ihre Arbeitsehre verstieß, doch ich setzte mich durch. Die Leitung klang mumpfiger, die Beschwerdeanrufe blieben aus, und endlich glaubte man uns die Wahrheit, weil es dem Bauchgefühl der Hörer entsprach, wie eine solche Übertragung zu klingen hätte.

Unser wichtigster Wegweiser, das Bauchgefühl, steht uns also manchmal im Weg, nämlich dann, wenn wir etwas Neues ausprobieren wollen. Wenn wir schon einmal auf unseren Bauch gehört und seinem Gefühl gefolgt sind, wird es für uns schwer, die bewährte Richtung zu ändern. Hier erinnere ich an die 80-20-Regel, die uns manchmal zu einer bewussten Missachtung unseres Bauchgefühls zwingt, einfach, weil wir sonst nicht in Bewegung bleiben würden.

Dennoch ist es meiner Meinung nach völlig okay, ja sogar logisch, dass wir Menschen die meisten Entscheidungen intuitiv treffen.

Denn wenn wir schon im Großen nicht mit hundertprozentiger Sicherheit sagen können, weshalb wir überhaupt hier auf diesem Planeten sind, und unser gesamtes Leben somit keinem festgelegten, rational bestimmten Ziel folgt, wie könnten unsere Handlungen dann im Kleinen ausschließlich festgelegten, rational erklärbaren Entscheidungen folgen?

Wir können nur vermuten, dass unser Dasein einem höheren Zweck dient. Ergo fußen alle unsere Entscheidungen ebenfalls auf einer Vermutung. Und das macht selbst die augenscheinlich rationalste Entscheidung zu einer Wette mit der Zukunft. Ob wir diese Entscheidung eingehen sollen, kann uns am Ende immer nur der Bauch sagen.

»Aber ich weiß doch nicht, was mein Bauch mir sagt!« Das war die Antwort Nathalies, einer meiner besten Freundinnen. Sie hatte meinen Rat einholen wollen, ob sie weiter zur Miete wohnen oder sich einen Kredit für ein Häuschen im Grünen an die Hacke klemmen sollte.

Sie hatte (rational!) Pro-und-Kontra-Listen erstellt, in denen sie eine gesteigerte Lebensqualität als Eigenheimbesitzerin (mit eigenem Garten und ohne Mieter unter ihr, der sich über trampelnde Kinder beschwerte) gegen Zinsexplosionen und mangelnde Flexibilität abwog, denen man als Mieter nicht ausgesetzt war. Wohl aber Mieterhöhungen und Kündigungen wegen Eigenbedarfs. Andererseits – wäre nach dem Auszug der Kinder das Haus nicht wieder zu groß? Und die neuen Nachbarn könnten sich ja als Idioten erweisen? Und würde man das Haus losbekommen, wenn man beruflich bedingt umziehen müsste? Allerdings hätte man ohne Immobilie den Kindern nichts zu vererben … Und wieso sollte man nicht jetzt schon in seiner späteren Altersvorsorge leben?

Am Ende stand Argument gegen Argument. Die Wegweiser wiesen in entgegengesetzte Richtungen.

Selbst, nachdem wir alle Wegweiser aussortiert hatten, die von Schwellenhütern aufgestellt worden waren: Neidern, die einem ein eigenes Haus nicht gönnen wollten; Angsthasen, deren Lebensziel sich darin erschöpft, anderen zu gefallen, aber nicht selbstbestimmt zu leben (die raten grundsätzlich dazu, kein Risiko einzugehen); von traurigen Nachbarn, die aus verständlichen, aber egoistischen Gründen nicht wollen, dass Nathalie in einen anderen Bezirk zieht, und natürlich von den Verkäufern, Bankberatern und Maklern, die einen Abschluss erzielen wollten. Am Ende herrschte ein Pro-und-Kontra-Gleichstand, und alles, was ich Nathalie raten konnte, war: »Sofern du dich an die Reise-Checkliste hältst, gibt es im Leben kein Richtig und kein Falsch. Wenn du durch den Schritt nicht in den Knast kommst, dir nicht so viele Sorgen machst, dass du krank wirst, und wenn kein Dritter zu Schaden kommt, dann kannst du das Risiko eines Eigenheims wagen. Ob du es aber wirklich wagen solltest, kann dir allein dein Bauch sagen. Nicht dein Kopf.«

Tatsächlich ist der Kopf oft nur dazu da, eine bereits mit dem Bauch getroffene Entscheidung nachträglich mit rationalen Ergebnissen zu rechtfertigen.

Dieser Satz ist nicht das Ergebnis jahrelanger Hirnforschung, sondern beruht ausschließlich auf meiner subjektiven Erfahrung. Wann immer ich eine Entscheidung treffen musste, wusste mein Bauch schon sehr lange, was er wollte. Und dann, wenn ich sie getroffen hatte, rief ich mir nur noch die Argumente in den Kopf, die meine Entscheidung rechtfertigten.

Als mein guter Freund und Regisseur Zsolt Bács mir vorschlug, dass ich doch eines meiner Bücher selbst verfilmen könnte, hatte mein Bauch in Sekundenschnelle die Entscheidung getroffen und Ja gesagt. Ich hatte keine Ahnung von Filmen, nicht genügend Geld, und bislang waren selbst etablierte Produktionsfirmen an der Verfilmung meiner Bücher gescheitert. Aber mir gefiel die Idee, es auf eigene Faust zu versuchen. Eine neue Welt zu erkunden, zu lernen, wie ein Kinofilm entsteht – und natürlich sah ich mich im Blitzlichtgewitter als gefeierter Autor und Produzent, der das sonst so vernachlässigte Thrillergenre im deutschen Kino wiederbelebt hatte.

Tja, um das Ergebnis vorwegzunehmen: Der Film *Das Kind* war ein finanzieller Flop. Und dennoch würde ich diese Reise wieder antreten. Nicht allerdings wegen der rationalen Argumente, mit denen ich versucht hatte, meine

Bauchentscheidung auch gegenüber meiner Familie zu rechtfertigen, der ich anvertraute, dass ich mein sämtliches Erspartes nicht in den Ausbau unseres neuen Heimes, sondern in eine Verfilmung stecken wollte. Meine Argumente waren: Wir sind frei von jeglichen Zwängen durch TV-Anstalten oder Förderungen, wenn wir die Verfilmung selbst in die Hand nehmen. Das Buch hat bereits jede Menge Fans, das muss sich doch rechnen. Wir filmen mit internationalen Darstellern, damit erschließen wir uns den Weltmarkt. Und, und, und.

Fakt ist: Nicht ein einziges Erfolgsversprechen wurde eingelöst, weil wir am Ende einfach doch zu wenig Geld hatten, um einen finanziell erfolgreichen Film zu drehen. Enthusiasmus und Erfolgswille allein reichen eben nicht immer aus, und manchmal fehlt das nötige Glück. Oder es kommt Pech dazu.

Warum würde ich trotz des finanziellen Desasters diese Reise noch einmal antreten? Zwar habe ich nicht die Kopf-Ziele erreicht, wohl aber die Ziele, derentwegen mein Bauch seine Entscheidung gefällt hatte: Ich habe eine neue Welt kennengelernt, durfte am Set stehen, habe Schauspieler getroffen, alle Schwierigkeiten und Probleme einer internationalen Produktion hautnah miterleben dürfen – und bin als zwar gescheiterter, aber erfahrener Held aus dieser Reise hervorgegangen. Ich kam nicht in den Knast, wurde nicht krank, und Dritte kamen nicht zu Schaden. Zwar haben neben mir auch viele andere Freunde und Bekannte, die an das Projekt glaubten, Geld verloren. Aber jeder war sich des Risikos bewusst, das wir ganz offen von Anfang an immer wieder betont hatten: Wenn du hier mitmachst, kann es sein, dass wir außer Erfahrungen nichts gewinnen.

Bauchentscheidungen müssen also nicht immer »richtig« sein. Die zu erwartenden Kopfergebnisse müssen nicht zwangsläufig eintreten. Selbst das sicherste Bauchgefühl kann einen in die falsche Richtung schubsen.

Aber der Bauch ist dennoch der einzig verlässliche Ratgeber in einer im Übermaß kommunizierenden Welt, in der wir nach rationalen Gesichtspunkten nach der Lektüre des Beipackzettels die Einnahme von neunundneunzig Prozent aller Medikamente verweigern müssten.

Zurück zu Nathalies Haus-versus-Wohnung-Problem, das bei näherer Betrachtung natürlich überhaupt kein Problem, sondern reiner Luxus war. Denn sie musste ja nicht abwägen, ob sie mit Hund unter der Brücke oder im Obdachlosenheim schlafen soll, wo keine Tiere erlaubt sind.

Ich sagte zu Nathalie, dass ihr Bauch unter Garantie schon eine Entscheidung getroffen habe, dass ihr Kopf dem jedoch wieder und wieder einen Strich durch die Rechnung mache. Um das zu beweisen, fragte ich sie, wie sie sich entscheiden würde, wenn sie eine Versicherung hätte, die alle negativen Folgen ihrer Entscheidungen abdecken würde.

»Dann würde ich das Haus kaufen«, sagte sie prompt.

Das war ihr Bauchgefühl. Alle rationalen Kostenargumente, alle Ängste, mit einer Immobilie unbeweglich zu sein, zählten nicht mehr. Ein Garten, der subjektiv nicht zu erklärende Wunsch, ein Stück vom Erdboden besitzen zu wollen, die eigenen vier Wände – all das war wichtiger als mehr Flexibilität und weniger Verantwortung.

Oft hören wir nicht auf unseren Bauch aus Angst vor den Folgen, wenn wir seiner Entscheidung folgen. Oder, schlimmer noch, wir verplempern kostbare Lebenszeit, indem wir die Bauchentscheidung mit wochenlangen Grübeleien immer und immer wieder infrage stellen.

Ich kann euch nur den Rat geben, anders vorzugehen: Wenn ihr vor einer Entscheidung steht – ob es nun um eine finanzielle Investition geht oder um den Aufbruch zu neuen Ufern, privat oder beruflich –, überlegt euch, wie ihr sie treffen würdet, wenn es eine Versicherung gegen die größten Risiken dieser Entscheidung gäbe.

Verschwendet euer Leben nicht mit der Suche nach rationalen Argumenten, deren Richtigkeit ihr niemals belegen werden könnt. Nutzt die Zeit, um nach ebenjener Versicherung zu suchen, die den Worst Case auf ein erträgliches Maß abmildert.

Nathalie lebt übrigens heute mit ihrer Familie in ihrem eigenen Haus und ist mit der Entscheidung glücklich und zufrieden. Das liegt nicht daran, dass sich die rationalen Überlegungen am Ende als richtig herausgestellt haben, sondern daran, dass ihr Bauchgefühl auch noch lange nach der gefällten Entscheidung für das subjektive Wohlbefinden sorgt.

Wäre sie nur widerwillig, etwa auf Drängen ihres Mannes, in das Haus gezogen, würde sie sich vermutlich jetzt jeden Tag aufregen – über die Feuchtigkeit im Keller, die plötzlich auftrat, über das Dach, das neu gedeckt werden musste, über die Nachbarn, die ihr die Einfahrt zuparken. Und sie wäre neidisch auf ihre Freundin, die gerade eine renovierte Wohnung bezogen hat und dort mit geringerer monatlicher Belastung luxuriöser lebt als Nathalie in einem Haus, in dem noch jede Menge zu tun ist.

Doch sie tut es ebenso wenig, wie ihre Freundin ihr den Garten neidet. Die eine liebt den Ausblick über die Dächer Berlins, die andere den auf die Kinder, die lachend auf dem Trampolin hüpfen. Rational erklärbar ist alles und nichts. Der Bauch entscheidet.

Wann immer mein Kopf und mein Bauch im Clinch liegen und ich das Gefühl habe, mich zu keiner Entscheidung durchringen zu können, rufe ich mir folgendes Gedicht ins Gedächtnis, das mir eine gute Freundin mal zeigte und dessen Urheber ich leider nicht kenne. Es lautet:

Ja
Nein
Ja
Nein
Ja
Nein
Ja
Zu spät!

Ihr werdet im Leben viele falsche Entscheidungen treffen. Meiner Erfahrung nach ist es am Ende aber wichtiger, überhaupt irgendetwas entschieden zu haben. Das entspricht meiner Philosophie des »Aktiv machen!«, »In Bewegung bleiben!«.

Denkt an die Reise-Checkliste, die euch die Sorge vor den Folgen der Entscheidung nehmen soll, und dann entscheidet lieber, als dass ihr wie das Kaninchen vor der Schlange einfach nur abwartet.

12. Kapitel
Sackgassen

Manchmal werdet ihr im Leben das Gefühl haben, auf eine Sackgasse gestoßen zu sein und nicht weiterzukommen. Zu allem Überfluss ist dann auch noch der Rückweg verbaut, und ihr tretet auf der Stelle. Ihr seid in einer Schlucht gestrandet, und über euch löst sich eine Lawine, die euch zu begraben droht – um das Thriller-Bild der Ausweglosigkeit mal auf die Fitzek-Spitze zu treiben. Obwohl, dann würdet ihr zudem ein erst kürzlich gerettetes Baby in den Armen halten, aber lassen wir das …

Das Wichtigste ist, erst einmal innezuhalten. Und sich dann bewusst zu werden: Das ist nur ein Gefühl. Natürlich ein sehr schlechtes, existenziell bedrohliches Gefühl, aber es ist (meistens) nicht die Realität. Denn anders als in meinem Lawinen-Beispiel habt ihr in den meisten Fällen eine Wahl. Vielleicht die zwischen Pest und Cholera, die in jedem Fall unschöne Konsequenzen mit sich bringt. Aber ihr könnt euch entscheiden.

Womöglich führt euch eine eurer Lebensreisen in eine unglückliche Beziehung. Ich will es nicht hoffen, nur mal als Gedankenspiel annehmen. Vielleicht habt ihr mit eurem Partner Kinder, einen gemeinsamen Freundeskreis, einen Kredit, den ihr zusammen abbezahlen müsst. Ihr könnt den Gedanken nicht ertragen, die Kinder nicht mehr täglich aufwachen zu sehen, zu erleben, wie sich die Freunde in Lager aufspalten und eure Altersvorsorge in

Schieflage gerät. Dennoch könnt ihr euch zwischen dem Status quo und einer Trennung entscheiden.

Nicht anders ist es mit dem Job. Ihr könnt ihn sofort kündigen. Die Konsequenz, dass ihr danach kein Geld mehr verdient, führt nicht zu der Sackgasse, in der ihr zu stecken glaubt, nämlich, in einem verhassten Beruf bleiben zu müssen, nur weil ihr damit euren Lebensunterhalt bestreitet. Es ist die Angst, in der Zukunft nichts Besseres zu finden, die eure Weiterreise blockiert. Die Sackgasse entsteht in euch selbst, weil ihr euch den zukünftigen Weg in den dunkelsten Farben ausmalt.

Damit will ich nicht sagen, dass man seine Angst immer überwinden soll. Oft ist sie berechtigt, und eine unüberlegte, impulsgesteuerte Trennung kann euch ebenso in ein nicht reparables Unheil stürzen wie eine überhastete Kündigung. Mir geht es darum, dass ihr euch bei vermeintlichen Sackgassen auf euren Lebensreisen fragen solltet: »Gibt es die wirklich? Oder ist es nur die Angst vor Konsequenzen, die mich am Weiterreisen hindert?«

»Schön«, sagt ihr. »Und was hilft uns das?«

Nichts, wenn man nicht im Anschluss eine weitere Überlegung anstellt: Eine Sackgasse taucht im Leben meist dann vor euch auf, wenn ihr das Gefühl habt, etwas verändern zu müssen. Und das muss nicht zwingend nur mit euch selbst zu tun haben.

Vielleicht kommt ihr auf eurer politischen Reise an einen Punkt, an dem ihr denkt: »Das hat alles keinen Sinn, ob ich mich gegen Umweltverschmutzung, für eine bessere Rentenpolitik, gegen Altersarmut, gegen Hartz IV, für eine gerechtere Gesellschaft et cetera einsetze. Ich als kleines Rad kann ja doch nichts bewegen.« Auch dann befindet ihr euch in einer (vermeintlichen) Sackgasse. Ihr selbst seid in euren Überzeugungen gefestigt, aber ihr verzweifelt an den Mitmenschen oder vielleicht sogar an dem System (das im Übrigen immer aus Mitmenschen besteht).

Dieses falsche Ohnmachtsdenken ist gefährlich, denn es frustriert. Und Frustration staut sich auf, sie wird zu einem unnützen Ballast auf euren weiteren Reisen. Ballast hat die unangenehme Eigenschaft, immer schwerer zu werden, wenn ihr auf der Stelle tretet. Womöglich so schwer, dass ihr euch irgendwann vor Wut und Erschöpfung den Frustrationsrucksack vom Rücken reißt und ein Ventil für euren Zorn sucht. Das ist im harmloseren Fall ein wütender Videopost in den sozialen Netzwerken. Im schlimmsten Fall ist es eine Radikalisierung, wie sie aktuell in Deutschland und der Welt immer häufiger zu beobachten ist. Wobei ich keine Angst habe, dass ihr irgendwann einmal in die Fernsehkameras den Hitlergruß macht oder mit Messern auf Menschen einstecht.

Aber auch ihr werdet irgendwann an einem Punkt sein, an dem ihr das Gefühl habt, keine Entscheidung mehr treffen zu können, und am liebsten eurem Frust freien Lauf lassen würdet.

Lasst es nicht so weit kommen. Baut die Barrieren in eurem Kopf schon sehr viel früher ab. Und wenn ihr den Zeitpunkt verpasst habt, lasst euch trotzdem von niemandem einreden, dass die Sackgasse, in der ihr, das Land oder die ganze Welt zu stecken scheint, wirklich nicht mehr zu überwinden ist.

Die eigene – vermeintliche – Ohnmacht zu überwinden ist allerdings eine verdammt schwere Angelegenheit. Denn das setzt in den meisten Fällen voraus, dass ihr euch verändert. Scheinbar ausweglose Situationen fordern euch zum Denken heraus.

Wann immer ihr glaubt, in eine Sackgasse geraten zu

sein, ist es ratsam, dass ihr innehaltet und den Weg rekapituliert, der euch dorthin geführt hat. Stellt nicht nur die äußeren Hindernisse infrage, die euch vom Weiterreisen abhalten, sondern hinterfragt zunächst einmal euch selbst. Ihr könntet euch fragen:

- Habe ich in meiner Partnerschaft etwas falsch gemacht?
- Hätte ich in meinem Job etwas anders machen können?

Und gerade bei politischen Fragen:

- Bin ich Teil des Problems, und wenn ja – wie könnte ich selbst zur Lösung beitragen, wenn ich mich verändere?

Probiert es einfach aus. Geht auf die Vorwürfe ein, die von dem Partner, dem Chef oder von euch selbstkritischen Wesen selbst kommen, und ändert bestimmte Verhaltensweisen. Oder legt euch neue zu. Engagiert euch. In der Partnerschaft, sozial oder politisch. Und dann wartet ab, was passiert. Prüft, ob das alte und oft in Popsongs besungene »Man in the mirror«-Bild wirklich etwas taugt, das besagt: »Verändere dich, und die Welt um dich herum wird sich verändern.«

Und tut das zu einem Zeitpunkt, zu dem eine Veränderung noch etwas bringt. Also bevor der Frustrucksack über eine Tonne wiegt. Sprich so früh wie möglich. Denn mit Veränderungen ist es wie mit Medizin. Je eher man sie nimmt, desto weniger braucht man in der Regel, um die Krankheit zu bekämpfen. Wartet man zu lange ab, kann selbst das beste Heilmittel wirkungslos sein.

Achtet auf die ersten Anzeichen einer Sackgasse. Ein harmloser Streit um nicht weggeräumte Socken ist nicht mehr harmlos, wenn er jahrelang geführt wird. Eine Verhaltensänderung (»Okay, ich räum die Stinkedinger weg«) kann kaum noch etwas bewirken, wenn man sich wegen dieser Kleinigkeit über Jahre hinweg beharkt hat. Und so absurd es ist, aber häufig sind es derartige Nichtigkeiten, die dann die Scheidung als einzigen Ausweg aus einer Ehe-Sackgasse erscheinen lassen.

Was in der Partnerschaft gilt, gilt auch in der Politik: Wehret den Anfängen. Wir können natürlich jahrelang zusehen, wie in Berlin Milliarden beim Flughafenbau versenkt werden, während Eltern die Schulen ihrer Kinder selbst renovieren müssen. (Und das bei einem Haushaltsüberschuss, wohlgemerkt!) Aber wenn wir das tun, wird unser Frustrucksack irgendwann so gewaltig anschwellen, dass wir ihn irgendjemandem um die Ohren hauen wollen. Und dann ist die Gefahr groß, dass es die Falschen trifft.

Ein sehr vereinfachtes Beispiel zur Verdeutlichung: Ihr habt einen Job, der euch im Grunde gut gefällt, aber die Heizung ist abgestellt. Im Winter herrschen im Großraumbüro gerade mal zehn Grad über null. Kurz: Ihr friert euch den Hintern ab, weil der Chef trotz Rekordgewinnen im letzten Jahr aus Kostengründen nur zwei Zimmer beheizen will: sein eigenes und eines für Gäste. Also geht ihr zu seinem Büro, reißt die Tür auf und brüllt ihm ins Gesicht: *»Du bist vielleicht der bescheuertste Idiot, der mir in meiner Karriere untergekommen ist. Weißt du eigentlich, wie kalt es ist? Schau auf dieses Thermometer in meiner Hand, das du gleich fressen wirst.«*

Gute Idee? Hm. Eher nicht. Ihr habt zwar im Kern recht, aber meine Mutter hätte jetzt gesagt: »Der Ton macht die Musik.« Ich nutze es eher als Beispiel für meine These: »Egal, wie sehr du im Recht bist. Du wirst niemanden überzeugen, wenn du ihn angreifst.«

Niemand ist gewillt, euch auch nur einen Satz länger zuzuhören, wenn ihr euer Gespräch mit einer Beleidigung einleitet. Und ich kenne keinen, der seinen Standpunkt überdenkt, wenn man ihm als Erstes Sätze wie »Das ist ja völliger Unsinn, was du da redest« an den Kopf knallt. Man beginnt ein Gespräch immer besser mit einem Lächeln als mit einer Ohrfeige. Von dieser Sekunde an ist der Gesprächspartner zum Gesprächsgegner mutiert und wechselt in den Verteidigungsmodus. Selbst wenn er bis zu diesem Moment leise Zweifel an seiner eigenen Haltung gehabt haben sollte, wird er sie nun erst recht nicht überdenken. Anders ausgedrückt: Ihr habt den Menschen in eine ausweglose Situation hineinmanövriert, in der er keinen Argumenten mehr zugänglich sein wird.

Spinnen wir das Heizungsbeispiel einmal weiter und fügen ihm eine politische Dimension hinzu:

Aus irgendeinem Grund haben alle im Großraumbüro Angst vor dem Chef. Vielleicht ist er ein Choleriker und feuert zum Spaß grundlos Angestellte, vielleicht ist er auch einfach nur ein unangenehmer Typ, mit dem niemand gerne redet, er hat nie Zeit für seine Mitarbeiter, man bekommt ihn nie zu Gesicht. Jetzt seid ihr in einer (eingebildeten) Sackgasse: Ihr wisst nicht, was ihr tun sollt. Keiner traut sich, ihm zu sagen, dass ihr es nur semicool findet, mit Fellhandschuhen vor Kälte zitternd vor dem Computer zu sitzen.

Eines Tages jedoch bringt der Chef eine obdachlose Frau mit ins Büro, die er von der Straße aufgelesen hat. Anscheinend hat er doch irgendwo ein gutes Herz, das bislang keiner erkannt hat, weil niemand mit ihm redet. Zu allem Überfluss ist die Obdachlose eine Ausländerin, die kaum Deutsch spricht. Und ausgerechnet diese Frau bekommt jetzt den einzigen noch freien Raum – das geheizte Gästezimmer. (Ja, an den Haaren herbeigezogenes Beispiel, aber ihr begreift, worauf ich hinauswill.)

Jetzt habt ihr als Angestellte zwei Möglichkeiten:

1. Ihr friert euch weiter den Hintern ab und füllt euren Frustrucksack so lange auf, bis ihr ihn nur noch abwerfen könnt und womöglich mit ihm um euch schlagt.
2. Oder ihr macht das, was ihr schon am ersten Tag hättet tun sollen, und redet mit eurem Chef. Und wenn er nach der Aufforderung, bitte eure Büros zu beheizen, sich noch immer weigert, beschreitet ihr den Rechtsweg und bleibt so lange zu Hause, bis er die Heizung anstellt.

Nur eine Möglichkeit habt ihr nicht. Und das ist die, die in unserer Gesellschaft leider sehr oft gewählt wird.

3. Ihr könnt NICHT dafür demonstrieren, dass der Obdachlosen die Heizung abgedreht wird.

Denn das wäre albern und völlig kontraproduktiv. Erinnert euch: Nur weil ich jemandem etwas wegnehme, heißt das nicht, dass ich am Ende mehr habe. (Erinnert euch an das Beispiel mit der Gehaltserhöhung in Kapitel 10.) Wenn die obdachlose Ausländerin nun auch friert oder sogar zurück auf die Straße geschickt wird, habt ihr gar nichts davon.

So, und jetzt bitte ich euch, die Perspektive zu wechseln. (Etwas, was ihr im Übrigen immer tun solltet, wenn ihr Nachrichten konsumiert.)

Ihr seid nicht in dem Frostbüro, sondern habt einen warmen Arbeitsplatz und einen netten Chef. Er hat an Nikolaus sogar Lebkuchen mitgebracht. Euch geht es gut.

Jetzt hört ihr von diesem anderen Büro, in dem die Angestellten angeblich in der Kälte sitzen und ihren Kaffee mit Eiszapfen umrühren. Ihr lest in der Zeitung, dass einige (nicht alle!) Angestellten des Büros auf die Straße gegangen sind, um dafür zu demonstrieren, dass eine gerade erst eingestellte, obdachlose Ausländerin zurück in die Kälte geschickt wird. (Die schlagen also gerade mit ihrem Frustrucksack um sich.) Ihr seid fassungslos. Zu Recht. Denn, wie wir eben geklärt haben, wäre ein solches Verhalten völliger Humbug. Würden die Angestellten dann noch mit wutverzerrten Fratzen »Ausländer raus!« skandieren, den Hitlergruß machen und die Obdachlose schlagen, wäre es unerträglich und strafbar. Die Rädelsführer müssten von der Polizei überwältigt und verhaftet werden.

Jetzt gehen wir einmal davon aus, dass ihr das Herz am rechten Fleck habt (eine etwas merkwürdige Formulierung in diesem Kontext) und verständlicherweise so empört seid, dass ihr euch gegen derartiges menschenverachtendes und sinnloses Verhalten positionieren wollt. Ihr postet also ein Video, in dem ihr euch Luft macht. Ihr redet davon, wie sehr ihr euch schämt, dass Bilder dieser rechtsradikalen Idioten nun ein schlechtes Licht auf Deutschland werfen. Ihr ruft zur Teilnahme an einer spontanen Demo gegen Neonazis auf mit einem anschließenden Konzert gegen rechts.

Alles löblich. Aber was habt ihr erreicht?

Ich fürchte: das Gegenteil von dem, was ihr wolltet.

Zunächst habt ihr auf keinen Fall die Radikalen überzeugt; ihr habt sie vermutlich noch nicht einmal zum Nachdenken gebracht. Denn was für den Chef gilt, gilt auch hier: Wer als Idiot bezeichnet wird, macht den Kopf zu. Ja, ja, hier höre ich schon eure (zum Teil berechtigten)

Einwände: »*Aber deren (Hohl)-Köppe sind doch eh schon zu. Mit denen kann man nicht reden. Die verstehen nur noch die Härte des Gesetzes.*«

Stimmt. Das ist auch mein erster Impuls, wenn ich Radikale im Fernsehen sehe. Denen ist eigentlich nicht mehr zu helfen. Und dennoch ist dieser Gedanke falsch. Gerade wenn wir es mit dem Rechtsstaat, den wir gegen derartige Subjekte verteidigen wollen, ernst meinen.

Wenn ich sage: Jeder Mensch verdient Respekt, egal, welcher Religion oder Nation er angehört, welche sexuelle oder politische Gesinnung er hat und völlig unabhängig von seiner Hautfarbe – dann wird das jeder Bürger mit demokratischer Gesinnung ohne zu zögern unterschreiben. *Wenn* man das aber ernst meint (und das solltet ihr!), dann gilt das auch für den rechtsradikalen Neonazi, der mit ausgestrecktem Arm in die Kamera grölt, oder den Linksradikalen, der Brandsätze auf Polizisten schleudert. Ja, diese Kerle (und manchmal auch Frauen) gehören verhaftet und bestraft. Aber sosehr es uns auch schmerzt: Sie haben ein Recht auf Resozialisierung. Wir dürfen sie nicht aufgeben. Wir *können* sie nicht aufgeben. Wohin sollten wir sie denn auch ein Leben lang stecken?

Das Prinzip unseres Rechtsstaats fußt auf der Idee, dass wir keinen Menschen einfach fallen lassen. Selbst Mörder mit lebenslanger Verurteilung haben nach fünfzehn Jahren einen Anspruch auf einen Haftprüfungstermin, und das ist richtig. Denn Menschen können sich ändern. Es ist schwer. Aber es ist möglich. Es gibt Straftäter, die geläutert aus dem Knast kommen, Aussteiger aus der Neonaziszene, Anführer türkischer Jugendgangs, die das beste Abitur Deutschlands machen. (Letzteren kenne ich persönlich, und es ist nicht mein Kumpel Ender.) Das mögen Ausnahmen sein, aber wenn wir der Meinung wären, es lohne sich nicht, um jeden Einzelnen zu kämpfen, müssten wir als Konsequenz unsere Demokratie abschaffen und durch ein totalitäres Regime ersetzen, in dem alle Menschen, die uns nicht passen, auf Dauer in dunklen Kerkern verschwinden. Mit dieser Forderung aber wären wir nicht besser als die, gegen deren Ziele wir uns wenden. Wenn wir also beispielsweise das Zeitungsbild des tumben Nazis betrachten und uns insgeheim wünschen, dass derartige Subjekte irgendwo in ihrem braunen Sumpf auf Nimmerwiedersehen versinken, wünschen wir uns im Grunde nichts anderes als das, was er und seine Kumpane grölen. Nur wird das »Ausländer raus!« durch »Nazis raus!« ersetzt.

Wenn wir den Glatzkopf mit Hakenkreuz-Tattoo oder den vermummten Molotowcocktail-Werfer als Stellvertreter für eine gesamte Region sehen und mit Bildunterschriften versehen wie »Das hässliche Gesicht von Deutschland«, machen wir nichts anderes als ebenjene Radikalen, die unter dem Bild eines Syrers mit Sprengstoffgürtel die Unterschrift posten: »Ein typischer Asylant«.

Wenn wir über die Satire des *Postillon* lachen, dass es bei Facebook jetzt angeblich für sächsische Nutzer neben dem Like- einen Rechten-Arm-hoch-Button gibt, ist das nichts anderes, als wenn wir Witze darüber machen würden, dass die soziale Plattform einen Button in Form eines blutigen Messers für alle sich um Asyl bewerbenden Nutzer eingeführt hätte.

Gerade wenn ihr auf der moralisch richtigen Seite steht, dürft ihr euch nicht der Mittel derer bedienen, die ihr bekämpft. Noch mal:

**Steht für euren Standpunkt ein,
aber spaltet nicht.**

Seid vorsichtig, wann immer euch jemand in ein Lager ziehen möchte. Natürlich ist es sinnvoll und ratsam, eindeutig Stellung zu beziehen. Im Grunde ist dieses ganze Buch nichts anderes als ein Plädoyer, sich einen Standpunkt zu suchen. Es sollte aber nach Möglichkeit kein Standpunkt sein, der jemand anderen auf Dauer ausgrenzt.

Beleidigungen, Diskriminierungen, abfällige Bemerkungen, Pauschalisierungen, herabsetzende Witze, Wutausbrüche helfen anderen nicht aus ihren tatsächlich vorhandenen oder eingebildeten Sackgassen heraus. Vielmehr sind sie oft kontraproduktiv, selbst wenn sie »die Richtigen« treffen, auch wenn ihr die Moral und/oder das Recht auf eurer Seite habt. Ein Problem löst sich nicht dadurch, dass man es niederschreit, niederwitzelt oder niedersingt. Es löst sich nur, indem man die Ursache findet und abstellt. Und hier sind die Zauberwörter: gemeinsam und gewaltfrei. Mit den Mitteln des Rechtsstaats. In einer repräsentativen Parteiendemokratie.

Es mag sein, dass sich eine Minderheit selbst dann nicht von ihrem Irrweg abbringen lässt, wenn sämtliche Probleme der Menschheit gelöst sind. Aber auf diese wenigen kommt es am Ende nicht an (auch wenn wir selbst sie nicht aufgeben dürfen - siehe oben).

Wichtiger ist die Mehrheit, die tatsächlich von einem Problem betroffen ist. Und abzubauende Missstände gibt es wahrlich mehr als genug: Altersarmut, Wohnungsknappheit, Steuerverschwendungen, Niedriglöhne, Jugendobdachlosigkeit – sucht euch aus, wofür, wogegen und wie ihr euch engagieren wollt.

Um bei unserem Frostbüro zu bleiben: Nach all den Wutvideos, Gegenkonzerten und Zeitungsschlagzeilen sitzen die Angestellten noch immer im Kalten. Schlimmer noch: Sie fühlen sich ausgegrenzt. Sie werden immer wütender. Und die Einzigen, die anscheinend jetzt noch zu ihnen halten, sind ausgerechnet die radikalen Grölköppe. Das ist die wahre Giftwirkung der Spaltung, ob sie nun von rechts oder von links kommt, ob wirre Tweets eines US-Präsidenten, polarisierende Boulevardschlagzeilen, einseitige Berichterstattung, beleidigende Empörungsvideos oder pauschalisierende Sachbücher eines ehemaligen SPD-Finanzsenators: Sie bringt Menschen zusammen, die eigentlich gar nichts miteinander zu tun haben wollen. Und sie führt – um zum Thema dieses Kapitels zurückzukommen – diese Menschen in eine gefühlte Sackgasse. Diese glauben am Ende, nicht mit Entscheidungen und Problemlösungen, sondern nur noch mit allergrößter Gewalt wieder herauszukommen; eben, indem sie ihren Frustrucksack irgendjemandem vor die Füße kippen oder mit ihm um sich schlagen. Und auf diese Weise drehen sie das Teufelsrad der Spaltung noch weiter.

Natürlich haben sich im Beispiel des Frostbüros die Angestellten nicht sonderlich geschickt angestellt. Sie hätten es in der Hand gehabt, früher zum Chef zu gehen. Sie hätten nicht zum Mitläufer derer werden dürfen, die sich mit der obdachlosen Ausländerin den falschen Sündenbock gesucht haben. Aber sollen wir sie dennoch alleine lassen? Nicht mehr mit ihnen reden? Nach dem Motto: »Hättest du uns höflich gebeten, wären wir dir ja zu Hilfe gekommen, aber du musstest ja mit den Schmuddelkindern spielen. Nun sieh mal selber zu, wie du klarkommst.« Ich fürchte, wenn ihr das macht, dann dreht ihr das Teufelsrad der Spaltung noch einmal ein Stück weiter. Aber das Problem verschwindet so nicht.

Als Autor von Psychothrillern weiß ich: Auch Paranoide können verfolgt werden. Ärzte können ein Lied davon singen, dass auch ein Simulant erkranken kann. Und »besorgte Bürger« mögen vielleicht die falschen Ursachen für ihre Sorgen ausmachen und sich im Mittel des Protests vergreifen, dennoch können sie real existierende Probleme haben, derer sich die Gemeinschaft annehmen muss. Dazu muss man übrigens gar nicht mit ihnen reden. Dazu muss man handeln.

Das bedeutet natürlich nicht, dass man für alles und jeden Verständnis aufbringen muss und seinen Emotionen keinen Lauf lassen darf. Aber eben keinen freien, sondern einen zielgerichteten Lauf. Einen Lauf, der nicht auf Spaltung, sondern auf Lösung ausgerichtet ist.

Für unsere Bürogemeinschaft wäre es vielleicht besser gewesen, wenn man kein Gegen-, sondern ein Für-Konzert abgehalten hätte. Nach dem Motto: »Wir zeigen euch jetzt mal, wie man sinnvoll gegen Probleme demonstriert und sie damit sogar löst. Kommt zum Konzert vor dem Büro, und wir feiern so lange, bis die Heizung angestellt wird.«

Wohlgemerkt: Bis es wieder warm ist. Nicht, bis die Obdachlose weg ist. Denn das eine hat mit dem anderen nichts zu tun. Aber ich bin mir ziemlich sicher, dass das die Betroffenen von alleine herausfinden werden, wenn ihr Problem erst einmal angepackt wurde und die Sackgasse, in der sie sich wähnten, auf einmal nicht mehr vorhanden ist.

13. Kapitel
Zeit- und Krafteinteilung

Reisen ist anstrengend. Selbst der schönste Trip kann ganz schön schlauchen, daher ist es wichtig, sich vor dem Aufbruch Gedanken um die Zeit- und Kraftressourcen zu machen. Es nützt ja nichts, wenn ihr euch große Ziele setzt, aber auf halber Strecke liegen bleibt.

Das gilt vor allem für eure beruflichen Reisen. Viele machen den Fehler, ihre Lebenszeit damit zu verbringen, ihre Schwächen ausmerzen zu wollen. Ich rate euch beinahe das Gegenteil:

**Konzentriert euch auf eure Stärken!
Werdet besser auf dem Gebiet,
auf dem ihr bereits gut seid.**

Oder in dem, was euch Spaß macht. Fragt euch nicht, ob ihr damit Geld verdienen könnt oder berühmt werdet (denn das sind, wie bereits mehrfach angemerkt, die falschen Ziele).

Es gab einmal einen Verwaltungsbeamten, der sah aus wie mein Geschichtslehrer kurz vor der Pensionierung. Nicht die besten Voraussetzungen, um eine nationale Berühmtheit zu werden, die eine eigene TV-Show auf dem erfolgreichsten Privatsender Deutschlands moderiert. Mit einer Millionen-Einschaltquote.

Und doch hat Peter Zwegat genau das geschafft. Er wurde berühmt und vielleicht auch wohlhabend, aber nicht, weil er sich vorher strategische Gedanken gemacht hat, wie er das am besten schafft. Hätte er das getan, wäre er vermutlich Börsenmakler geworden. Die TV-Karriere hätte man ihm wahrscheinlich ausgeredet. Aber Zwegat hat im Leben etwas gefunden, was er kann (nämlich mit Zahlen umgehen), und dies kombiniert mit einer Sache, die ihm Spaß macht (Menschen beraten), und er wurde auf seinem Fachgebiet so gut, dass er erst Schuldnerberater wurde und schließlich in der RTL-Reality-TV-Serie »Raus aus den Schulden« überschuldeten Menschen half, ihr Leben neu zu sortieren. Am Ende seines Lebens, und darauf kommt es an, werden ihm die vielen Erinnerungen an die Menschen bleiben, denen er durch sein Wirken helfen konnte.

Macht es so wie die meisten Menschen, die sowohl erfolgreich als auch glücklich sind:

- Findet heraus, worin ihr gut seid.
- Versucht, darin besser zu werden.
- Verplempert nicht die Zeit damit, in dem, was ihr schlecht könnt, durch Übung mittelmäßig zu werden. Versucht lieber auf den Gebieten, die ihr beherrscht, hervorragend zu sein. Und sucht euch für die Dinge, die ihr nicht könnt oder nicht können wollt, Menschen, die hier besser sind als ihr selbst, um mit ihnen gemeinsam weiterzukommen.
- Vergesst dabei nicht, rechts und links über den Tellerrand zu schauen, und startet immer wieder neue Reisen, wenigstens nach der 80-20-Regel.

Eltern, Lehrer, Ratgeber und Vorgesetzte sagen oft: »Wenn du Erfolg haben willst, musst du einfach besser werden.« Sie meinen damit, man soll mehr lernen, mehr trainieren, mehr üben. Das stimmt, ist aber nur die halbe Wahrheit. Wie viele talentierte Sportler beispielsweise erzielen keinen Durchbruch, obwohl sie Tag für Tag auf den Sportplätzen dieser Welt trainieren?

Und können wir überhaupt überprüfen, wer oder was wirklich besser ist? Beim Weitsprung geht das mit einem Zentimetermaß, aber wie ist das mit einem Song? Einem Tanz? Einem Buch? Liegen hier nicht die Einzigartigkeit und damit der Nutzen immer im Ermessen des Hörers beziehungsweise Betrachters?

Und selbst bei handfesten, wissenschaftlich überprüfbaren Eigenschaften ist die Menschheitsgeschichte voll von Beispielen, in denen es nicht die Qualität der neuen Erfindungen war, die sich am Ende durchgesetzt hat. Video 2000 und Betamax waren nach Expertenmeinung die besseren Systeme, trotzdem hatte am Ende VHS die Nase vorn. Und die Eigenmarken verschiedener Supermarktketten tragen oft nur andere Etiketten, der Inhalt ist identisch mit denen der teureren Markenprodukte, dennoch landen Letztere häufiger im Einkaufswagen.

Das widerspricht der Einschätzung, dass Qualität sich irgendwann von selbst durchsetzen und ein fähiger Mensch unweigerlich Erfolg haben wird, wenn er nur hart genug an sich arbeitet. Andere wiederum glauben, auch noch der größte Mist ließe sich dem tumben Volk verkaufen, wenn nur ordentlich die Marketing- und Werbetrommel gerührt würde. Wobei schon merkwürdig ist, dass die meisten eine so geringe Meinung von ihren Mitbürgern haben, sich selbst aber aus jeder beeinflussbaren Zielgruppe ausklammern.

Die Wahrheit liegt wieder einmal in der Mitte. Qualität ist die Basis des Erfolgs. Aber nicht die alleinige Grundlage.

Selbstverständlich kann eine intelligente Marketingkampagne die Menschen emotional so packen, dass sie einen Hype auslöst. Mit ihr kann ein mittelmäßiger Film in die Charts, ein schlechtes Buch in die Bestsellerliste gepusht werden.

Aber nur für kurze Zeit.

Gerade in der heutigen Zeit, in der Nutzerbewertungen die Währung des 21. Jahrhunderts darstellen, kann kein Geschäft, keine kreative Leistung, kein einziger Mensch auf Dauer erfolgreich sein, wenn man nicht zumindest die Menschen, die man erreichen will, auch wirklich begeistert. (Nicht jeden, das geht ja nicht, wie wir oben schon gesehen haben.)

Ein Auto, das nicht fährt, wird auf Dauer nicht gekauft, da mag der Spot noch so gut sein. Einem Handy, das in Flammen aufgeht, nützt auch kein toller Werbesong mehr etwas.

Und auch, wenn es der eine oder andere Kritiker nicht gerne hören mag: Kein Buch bleibt über ein Jahr in den Bestsellerlisten, nur weil die Kampagne so genial war. Wenn es so einfach wäre, gäbe es keine Flops mehr. Getreu dem Motto: Das Produkt ist kacke? Kein Problem, die Werbeagentur wird es schon richten.

Nein, so läuft es nicht!

Die Qualität, zumindest das, was der Nutzer darunter versteht, ist das Fundament. Steht es nicht, sind die Scheinwerfer, die das Gesamtpaket zum Leuchten bringen sollen, nutzlos. Denn nichts anderes ist Marketing in meinen Augen: ein Scheinwerfer, der die tatsächlich bestehende Qualität der Leistung oder des Produkts ins rechte Licht rücken soll.

Auch VHS hatte eine Basisqualität, ohne die wäre es gescheitert. Anscheinend aber wurde das System zusätzlich von besseren Scheinwerfern ausgeleuchtet als Betamax und Video 2000.

Ergo: Natürlich sollt ihr reisen, euch fortbilden und auf dem Gebiet eurer Leidenschaft besser und besser werden. Das müsst ihr schon allein deshalb tun, weil mit jeder Verbesserung eures Könnens auch euer Selbstwertgefühl wächst – die wichtigste Voraussetzung, um den Mut zum Aufbruch zu finden und die Schwierigkeiten auf den Reisen eures Lebens zu meistern. Das ist der innere und viel wichtigere »Erfolg«, der sich nicht in Zahlen und Preisen ausdrücken lässt.

Wenn ihr aber nach Tipps für den äußeren Erfolg sucht (das, was gemeinhin als Erfolg bezeichnet wird, was ich aber für nicht so erstrebenswert halte, weil es eher ein »Funktionieren nach anderen Maßstäben« ist), solltet ihr vor allem diesen Tipp beherzigen:

Unterscheidet euch!

Verwendet eure Kraft und eure Ressourcen nicht alleine darauf, Tag für Tag besser zu werden. Bemüht euch auch, anders zu sein!

Die meisten Menschen, die nur nach dem äußeren Erfolg suchen, handeln nach der irrigen Annahme, es gäbe eine allgemeingültige Formel, damit er sich einstellt, nämlich das Outside-in-Denken. Sie analysieren den »Markt«, manchmal sogar mithilfe von Marktforschung, und fragen sich: »Was könnten die Menschen mir abkaufen wollen, damit ich erfolgreich bin und reich werde?«

Wir hatten das oben schon ausführlich. Dort habe ich dargelegt, dass eine solche Haltung, übertragen auf die eigene Lebensweise, aus meiner Sicht dem inneren Wohlbefinden massiv schadet. Nun möchte ich ergänzen, dass diese Outside-in-Methode auch für den herkömmlichen, äußeren Erfolg gefährlich, wenn nicht sogar komplett untauglich ist.

Ein guter Bekannter von mir arbeitet im Teleshopping. Eines Tages wurde ihm ein singender Plastikfisch angeboten, der zu *Take Me to the Water* nach Luft schnappte, wenn man an ihm vorbeiging. Was für ein Quatsch, dachte mein Bekannter und lehnte eine Bestellung ab. Kurz drauf fiel Reportern ein solcher Fisch über dem Kamin der Queen auf. Er wurde zu einem Verkaufsschlager.

Verärgert, ein Geschäft verpasst zu haben, schwor mein Bekannter sich, diesen Fehler nicht noch einmal zu machen. Als ihm eine singende und tanzende Coladose angeboten wurde, orderte er gleich zwanzigtausend Stück. Bis heute stehen noch achtzehntausend davon in seinem Lager.

Mein Freund hatte den Fehler gemacht, ein sogenanntes Me-too-Produkt auf den Markt schmeißen zu wollen. Er hat versucht, von dem einen Erfolg (singender Fisch) auf einen anderen (tanzende Coladose) zu schließen. Und da mehr Menschen Cola trinken als Fische fangen, ging er davon aus, dass das zweite Produkt sogar noch besser ankäme. Ein solcher Plan kann funktionieren, immerhin hat er zweitausend dieser albernen Blechkisten verscherbeln können. Aber er ist nicht nur langweilig, er ist auch immer mit dem Risiko des grandiosen Scheiterns verbunden.

Die Gründe dafür sind:

1. Die Menschen lieben das Original.
   Deshalb sind Marken wie Tempo, McDonald's, Coca-Cola oder Google so mächtig. Natürlich bleibt Raum

für ein, zwei Mitbewerber. Und es lässt sich immer etwas Geld mit Angeboten verdienen, die »so ähnlich, nur besser« sind. Aber wir Konsumenten vermuten einen Grund dahinter, wieso ein Anbieter sich als Erstes durchgesetzt hat. Nämlich, dass er besser ist.

2. Viele Produkte sind so gut, dass man kaum noch eine Qualitätssteigerung wahrnimmt.
   Das erste iPhone war eine Sensation, aber spätestens seit der siebten Generation wird es immer schwieriger, bahnbrechende neue Änderungen zu kommunizieren. Wenn ihr ein neues Handy erfindet, muss es schon arg außergewöhnlich sein, damit es sich im Markt durchsetzen kann. Und das geht mit dem nächsten Punkt Hand in Hand:
3. Wenn jemand sich als Original im Markt etabliert hat, setzt sich die Kopie beziehungsweise die Verbesserung des bereits eingeführten Produkts sehr viel schwerer durch als etwas völlig Neues und Einzigartiges.
   Die singende Coladose war eben doch nicht so neu und einzigartig, sondern nur ein Abklatsch des Fisches. Und ich vermute stark, ein bald darauf auf den Buchmarkt geworfener weiblicher Zauberlehrling hätte nie die Höhenflüge des Harry-Potter-Originals erreicht.

Dieses gesamte Buch ist eine Aufforderung, euer Leben nicht als Kopie oder »Me too«-Version eines anderen Lebens zu leben. Selbst oder gerade dann nicht, wenn es euch ausschließlich ums Geldverdienen geht.

»Schön, Papa«, werdet ihr einwenden. »Aber es kann nicht jeder das iPhone erfinden, *Harry Potter* schreiben oder den Krebs besiegen. Nicht jeder von uns kann etwas Einzigartiges, Neues leisten. Du selbst sagst doch, es gibt keine Schöpfung, die nicht auf einer anderen aufbaut.«

Dazu sage ich:

1. Ich bin euer Vater, also widersprecht mir nicht.
2. Doch. Ihr könnt natürlich etwas Neues schaffen. Etwas noch nie Dagewesenes.

Dazu müsst ihr allerdings das Aller-, Allerschwerste in diesem Leben tun: Ihr müsst ihr selbst sein.

(Womit wir wieder am Anfang dieses Buches wären, täglich grüßt das Murmeltier!)

Verwendet eure Kraft und eure Zeit nicht darauf, jemanden zu kopieren oder besser als das Original werden zu wollen. Schafft etwas Neues, einfach, indem ihr ihr selbst bleibt. In allem, was ihr tut. So schwer es auch ist, sich selbst zu verwirklichen, es ist die einzige Methode für dauerhaften, befriedigenden Erfolg.

Jede Note in der Musik wurde schon einmal gespielt, jeder Buchstabe in der Literatur schon einmal gesetzt. Nur die Menschen, die die einzelnen Bausteine von Kunst und Wissenschaft zusammenfügen, unterscheiden sich. Wenn Menschen sich treu bleiben, muss das, was sie erschaffen, zwangsläufig originär und einzigartig sein.

Ihr könnt zwei Autoren das gleiche Notebook, das gleiche Textverarbeitungsprogramm und sogar das gleiche Thema geben. Oder zwei Tischlern das gleiche Holz und identische Werkzeuge. Wenn die Urheber sich nicht absprechen, wenn sie nicht von außen nach innen denken, sondern in erster Linie nur auf sich selbst hören, wenn sie sich also unabhängig voneinander fragen, was für einen Roman oder Stuhl sie erschaffen sollen, der ausschließlich ihrem eigenen Wunsch und Willen entspringt – dann werden ihre Werke sich am Ende nicht gleichen. Sie haben vielleicht zufällige Ähnlichkeiten. Aber es sind zwei Originale.

Charlotte, Felix, David – ihr seid bereits Originale. Lasst euch eure Originalität auf den beschwerlichen und unangenehmen Reisen nicht abschleifen. Es ist das Besondere, das in der Kritik steht. Aber es ist auch das Außergewöhnliche, das sich durchsetzt. Nur das noch nie Dagewesene verändert die Welt.

Fragt euch daher, wenn es um den Einsatz eurer Zeit- und Kraftressourcen geht, nicht ausschließlich: Kann ich etwas noch besser machen? Sondern fragt euch darüber hinaus auch: Unterscheidet es sich von allem, was bisher da war?

Die Wahrscheinlichkeit, dass es das tut, ist am höchsten, wenn ihr dabei nicht an einen Markt, eine Zielgruppe oder die Wünsche potenzieller »Kunden« denkt. Sondern daran, dass ihr das Beste geben wollt, um euer Talent zu nutzen.

Werdet immer besser, aber verliert euch nicht in dem Streben nach Perfektion!

Der Mensch ist unvollkommen. Egal, wie lange ihr an einem Aufsatz sitzt, wie gründlich ihr euch auf eine Klausur vorbereitet, wie akribisch ihr für einen Auftritt probt … bei genauerer Betrachtung wird sich immer etwas finden, was man hätte besser machen können.

Aus diesem Grund ist es wichtig loszulassen. Erkennt, wann weiteres Polieren die Scheibe nicht noch glänzender macht, weiteres Lernen keine bessere Note garantiert und ein nochmaliger Funktionstest einer handwerklichen Heimarbeit eher den Mechanismus beschädigt.

Der Regisseur Roland Emmerich hat einmal gesagt, ein Film wäre nie fertig, man könne die Geschichte nur loslassen und auf Reisen schicken. Das gilt für so ziemlich jeden wichtigen Aspekt im Leben von der Fertigstellung einer beruflichen Arbeit bis zum Flüggewerden der eigenen Kinder: Irgendwann muss man loslassen und hoffen, dass alles gut geht.

Ich kenne einen Autor, der seit zehn Jahren an einem Buch schreibt. Sein erster Roman war ein Welterfolg, seitdem traut er sich nicht mehr, etwas Neues auf den Weg zu bringen. Er hat Angst, es könnte nicht so gut sein wie sein Debüt. In seinem Streben nach Perfektion überarbeitet er seit mehr als einer Dekade immer und immer wieder dieselbe Geschichte. Und ist leider auf der Reise seines Lebens stehen geblieben.

Keine Frage: Ihr dürft nichts übereilen, solltet keine halb garen Sachen produzieren. Doch wenn ihr euer Bestes gegeben habt, lernt loszulassen.

Hätte ich für mein erstes Buch keinen Abgabetermin gehabt, säße ich heute noch daran und würde an einzelnen Formulierungen feilen. Denn Roland Emmerich hat recht, eine Geschichte ist niemals fertig. Aber was bin ich froh, dass ich sie trotz aller Unzulänglichkeiten habe auf Reisen gehen lassen. Kaum etwas hat mein Leben mehr verändert.

Wenn ihr ein berufliches oder schulisches Projekt anfangt, dann setzt euch eine Deadline, die nicht zu streng ist, damit ihr die Aufgabe realistischerweise schaffen könnt. Aber sie sollte euch schon etwas unter Druck setzen.

Ruhe ist gut, um zu Kräften zu kommen und die Inspiration für neue Ideen und Geistesblitze zu erhalten. Jeder Reisende braucht einmal eine Verschnaufpause. Aber meiner Erfahrung nach strebt man nur unter einem gewissen Druck zu Höchstleistungen. Nicht ohne Grund spielt eine Fußballmannschaft meist besser in der WM (wenn es um alles geht) als in den vorausgehenden Freundschaftsspielen. (Ja, ja, ich weiß. Nicht gerade 2018.)

Viele TV-Moderatoren und Musiker laufen erst während ihrer Liveshow zur Höchstleistung auf, und Juristen schreiben seit der Einführung des Freischusses bessere Staatsexamina. Zuvor konnte man selbst entscheiden, wann man sich als Student zum ersten Staatsexamen anmelden sollte. Aus Furcht, nicht genug gelernt zu haben, wagten sich einige Studenten erst nach zehn, zwölf oder noch mehr Semestern in die Prüfung. Sie verloren sich in dem zum Scheitern verurteilten Streben nach Perfektion. Um das Studium zu beschleunigen, führte man den Freischuss ein. Wenn sich Studenten bereits nach dem siebten Semester zur Prüfung melden, dürfen sie das Examen folgenlos wiederholen. Ihr erster Antritt wird in diesem Fall nicht gewertet, sie haben nach diesem Freischuss noch die beiden Regelversuche. Und sollte der zweite Versuch schlechter als der erste sein, dürfen sie die bessere Note auswählen.

Das Erstaunliche: Diese Neuerung führte nach ihrer Einführung nicht nur zu einer drastischen Verkürzung der Regelstudienzeit. Der Notendurchschnitt derer, die bereits nach dem siebten Semester antraten, war deutlich besser als die der späteren Prüfungsteilnehmer. Der Druck der Deadline führte zu einer Fokussierung, und die steigerte den Erfolg.

Positioniert euch!

Menschen mögen Menschen mit Format. Und mit Prinzipien. Zeitgenossen, bei denen man weiß, woran man ist, und die ihre Meinung nicht wie eine Fahne nach dem Wind hängen. Sie schaffen die notwendige Verlässlichkeit auf den turbulenten Reisen unseres Lebens.

Paradoxerweise haben wir Menschen eine große Furcht, uns festzulegen. Ich kenne das gerade aus dem künstlerischen Bereich, wo mir befreundete Schauspieler oft sagen: Nein, ich will die Serienrolle nicht annehmen, sonst halten mich alle in Zukunft nur noch für einen Steward, Serienmörder oder Geheimagenten.

Natürlich ist diese Gefahr nicht ganz von der Hand zu weisen. Noch heute bringen die meisten Sascha Hehn, Anthony Hopkins oder Sean Connery hauptsächlich mit *Traumschiff, Schweigen der Lämmer* oder *James Bond* in Verbindung, obwohl alle drei Schauspieler auch viele, viele andere Rollen übernommen haben. Die Strahlkraft ganz besonders eigenständiger Rollen überdeckt häufig über Jahre hinweg alle anderen Facetten des eigenen Könnens. Das mag ärgerlich sein.

Aber was wäre die Alternative gewesen?

Hätte Anthony Hopkins die Rolle des Hannibal Lecter ausschlagen sollen? Immerhin wurde er eine Zeit lang auf offener Straße von wildfremden, naiven Menschen angespuckt, die zwischen der Filmfigur und dem Schauspieler nicht differenzieren konnten oder wollten.

Oben habe ich euch geraten, euch eine Kompetenz auf einem Gebiet anzueignen, bei dem ihr nicht unbedingt bleiben müsst. Was aber, wenn der Leisten so gut passt, dass man ihn gar nicht mehr loswird, selbst wenn man es will?

Wie viele Gewinner von »Deutschland sucht den Superstar« haben sich darauf eingelassen, erst mal den Song von Dieter Bohlen zu singen, damit sie später, wenn sie dann berühmt sind, ihr eigenes Ding durchziehen können? Und wieso klappt das in den wenigsten Fällen?

Die Ursache liegt wie so oft in der menschlichen Psyche. Wir suchen nach schnellen Lösungen, und unser Gehirn trifft blitzschnelle Entscheidungen, die wir nur ungerne korrigieren. Denn jede Korrektur ist Arbeit, und niemand arbeitet gerne umsonst.

Wenn wir an McDonald's denken, denken wir an Hamburger. Das haben wir einmal gelernt, und basta. Es würde uns überfordern, wenn die auf einmal mit Currywurst um die Ecke kommen. (Was sie im Übrigen erfolglos versucht haben.)

Colgate. Würdet ihr von dieser Marke einen Schoko-Brotaufstrich kaufen? Nie im Leben, der kann so gut schmecken, wie er mag. Unsere Gehirne haben Colgate als Zahnpasta abgespeichert.

Bleiben wir im Badezimmer. Was denkt ihr bei Nivea? Richtig, Creme. Aber es gibt auch Haarwaschmittel, Shampoo, Gel, Rasierer. Wofür steht diese Marke? Vielleicht für alles, was ins Bad gehört? Tja, und wie wäre es dann mit Nivea-Zahnpasta?

Ich kann förmlich sehen, wie ihr das Gesicht verzieht. Die Strahlkraft der Ursprungspositionierung »Nivea = Hautcreme« überlagert die Möglichkeit, diese Marke könne auch für Zahncreme stehen.

Auch wenn ich euch ermahne, nicht in Schubladen zu denken, so muss ich doch darauf hinweisen, dass andere Menschen das tun, und auch ihr kommt oft nicht dagegen an.

Und deshalb rate ich euch, auf Folgendes zu achten:

1. **Seid vorsichtig, wie ihr euch positioniert.**
   Euer Ruf, euer Image ist schnell zementiert. Eine berufliche, aufmerksamkeitsstarke Entscheidung kann euch euer Leben lang nachhängen.

Wenn ihr gut singen könnt und am liebsten Rock hört, dürft ihr auf gar keinen Fall auf den Manager hören, der euch rät, es »erst mal« mit Schlager zu versuchen. Hattet ihr eure ersten Schlagerhits, seid ihr gebrandmarkt. Die Leute haben euch in eine Schublade gesteckt, und aus der kommt ihr nur schwer wieder heraus.

2. **Positioniert euch nur auf dem Gebiet eurer Kern-Leidenschaft.**
   Fragt nicht, was die anderen wollen, sondern, wie ihr euch selbst verwirklichen wollt. Im besten Fall (leider nicht immer) stößt das auch bei anderen auf Gegenliebe, und die Chancen stehen nicht schlecht, dass ihr nicht nur innerlich zufrieden, sondern auch äußerlich erfolgreich werdet.

Als meine Psychothriller abgelehnt wurden und die Verlage mir (mangels eines Marktes!) vorschlugen, doch lieber einen historischen Roman zu schreiben, wäre ich fast der Versuchung erlegen, das zu tun. Immerhin hätte ich mir einen Traum erfüllt und ein Buch mit meinem Namen auf dem Cover in den Händen gehalten. Aber wäre es erfolgreich gewesen, hätte ich mich als Autor historischer Romane positioniert. Das entspricht jedoch nicht meiner Leidenschaft. Ich hätte ein kurzfristiges Glück gegen eine dauernde Selbstverleugnung eingetauscht – und aller Lohn der Welt ist kein ausreichendes Schmerzensgeld für ein falsches Leben.

3. **Aber positioniert euch!**
   Habt ihr euer Talent entdeckt, die Leidenschaft, in der ihr aufgeht und besser werden wollt, dann haut den Nagel in die Wand. Gebt dem, was ihr tut, einen Namen. Steht für etwas ein. Denn selbst wenn es das Einzige ist, was an euch ein Leben lang haften bleibt, so ist es doch etwas Gutes, denn es entspricht eurem Wesen, eurer Originalität und Einzigartigkeit.

Wenn ihr euch sicher seid, mit euren selbst gewählten Prinzipien, eurem »Format« wahrgenommen zu werden, dann greift zum Hammer. Je konkreter ihr für etwas steht, je fester der Nagel in der Wand sitzt, desto stärker ist eure Positionierung. An diesem Nagel könnt ihr dann das große Bild aufhängen, das eure Gesamtpersönlichkeit darstellt.

Wenn ihr anfangs zu viel auf einmal sein wollt (nicht nur ein Tierarzt, sondern auch noch eine Parfumentwicklerin und politische Aktivistin), dann wird das opulente Ölgemälde eher wackelig an der Wand hängen und den Betrachter womöglich erschlagen. Ist der Positionierungsnagel aber erst einmal spitz und tief eingeschlagen, trägt er am Ende jedes Gewicht.

Findet eure Leidenschaft.

Geht ihr unbeirrt nach und verbessert euch von Tag zu Tag. Setzt hier klug eure Ressourcen ein. Bleibt euch treu, dann bleibt ihr ein Original. Positioniert euch nur in eurer Originalität.

14. Kapitel

Das Reisebudget

Okay, nun habt ihr euch positioniert, ihr steht nicht für alles oder nichts, sondern für etwas. Und damit hattet ihr (was nicht garantiert werden kann) womöglich sogar wirtschaftlichen Erfolg. Sprich: Ihr habt ein mehr oder minder großes Budget, mit dem ihr die unterschiedlichsten Reisen eures Lebens finanzieren könnt.

Ihr werdet an dieser Stelle von mir keine altbackenen Ratschläge hören, dass so ein Budget endlich ist und man es sich gut einteilen muss, denn ich weiß weder, wie kostenintensiv die Reisen sind, für die ihr euch entscheidet, noch, welche berufliche Reise ihr antretet. Ich kenne weder eure Ziele noch eure Reisekasse.

Ich kann euch daher nur vor einem Fehler warnen, den viele Menschen beim Einsatz ihres Reisebudgets machen. Ein Fehler, der sprichwörtlich ist: »Die meisten Menschen kaufen Dinge, die sie nicht brauchen, mit Geld, das sie nicht haben, um Leute zu beeindrucken, die sie nicht leiden können.«

Seid nicht »die meisten« Menschen. Seid anders!

Kauft die Dinge, die ihr braucht. Mit Geld, das ihr habt. Und umgebt euch nur mit Menschen, die euch etwas bedeuten.

Und nehmt euch die Ruhe und die Zeit, um genau das herauszufinden:

Was braucht ihr wirklich?

Wer ist euch wichtig?

Eine (veränderbare!) Ungerechtigkeit unserer Welt lautet: Das Risiko für arme Menschen, noch ärmer zu werden, ist viel größer, als dass Reiche ihr Geld verlieren. Es ist wichtig, dass ihr diese bedauerliche, aber leider bestehende Gesetzmäßigkeit versteht, um zu wissen, worauf ich in diesem Kapitel hinauswill. Es ist kein Naturgesetz, aber es geht mit dem Wirtschaftssystem, das wir für unser Land gewählt haben, Hand in Hand. Es ist ein gegenwärtiger Fakt, der so lange seine Gültigkeit haben wird, bis irgendjemand mal die Spielregeln ändert, nach denen wir alle leben. (Und das könntet ihr sein.)

Wieder ein Beispiel zur Verdeutlichung: Ich habe drei gute Bekannte. Der eine, nennen wir ihn Harry, fährt ausschließlich Luxusautos: Mercedes, Bentley, Ferrari, Aston Martin, Range Rover etc. Die zweite Bekannte, Sabine, kann sich einen Twingo für eine Leasingrate von hundert Euro im Monat leisten.

Und der Dritte, nennen wir ihn Tim, hat kaum Geld für einen Gebrauchtwagen. Er verbringt die Nächte damit, die Anzeigen nach einem Schnäppchen im Internet zu durchforsten, ein Auto, mit dem er sowohl seine Kinder zur Schule als auch die Geräte für seine Handwerksfirma transportieren kann.

Tim fand ein solches Angebot in Gera. Er fuhr von Berlin aus dorthin, kaufte einen Passat für knapp fünfzehnhundert Euro und – ihr ahnt es – jawoll, er blieb schon auf der Rückfahrt liegen. Da er nicht Mitglied in einem Automobilklub war, musste er die Abschleppkosten selbst zahlen. In der Werkstatt kam dann die ernüchternde Feststellung: Die Reparaturkosten beliefen sich auf über dreitausend Euro, die er nicht zahlen konnte.

Harry hingegen hatte zweihundertfünfzigtausend Euro auf seinem Girokonto liegen. Hierfür kaufte er sich ein begehrtes Neuwagenmodell von Ferrari und bezahlte es bar. Dass er so viel Geld hat, war dem Haus bekannt, und so bekam er den Zuschlag für die Luxuskarre, denn die darf nicht jeder fahren. Als Premium-VIP-Kunde wurde ihm sogar ein Rabatt von drei Prozent eingeräumt. Nach einem Jahr verkaufte er den Wagen wieder – an einen jener zahlreichen unglücklichen Reichen, die noch auf der Warteliste für einen Ferrari standen. Und zwar zum vollen Preis. Mit anderen Worten: Harry fuhr ein Jahr Ferrari und bezahlte letztlich dafür keinen Cent an Anschaffungskosten. Im Gegenteil, mit den beim Kauf gesparten und beim Verkauf erlösten drei Prozent zahlte er sogar seine Versicherung und Steuer. Letztlich fuhr er mit seinem Luxusferrari sogar günstiger als Sabine, die alleine hundert Euro Leasingrate monatlich aufwenden musste.

Dieses Beispiel soll keine Kapitalismus-Kritik sein *(obwohl …),* sondern nur verdeutlichen: Je ärmer man ist, desto größer ist das Risiko, noch ärmer zu werden. Denn wenn man kein Geld hat, muss man mit jedem Cent rechnen und tendiert dazu, das billigste Angebot auszuwählen.

Doch damit läuft man nicht nur Gefahr, einen schlechten Deal zu machen. Sondern man läuft auch Gefahr, alles zu verlieren.

Tim zum Beispiel hat nicht nur eine schlechte Gegenleistung für sein Geld erhalten. Er hat letztlich *gar keine* Leistung bekommen. Sein Auto fuhr überhaupt nicht. Damit gingen für ihn unangenehme Folgekosten einher, zum Beispiel verpasste Aufträge der Firma.

Harry hat unter dem Strich nicht nur weniger bezahlt als Tim, obwohl er eine Luxuskarre fuhr; sein Risiko, Geld zu verlieren, war auch wesentlich geringer als das von

Tim. Denn ein reicher Mensch riskiert höchstens, zu viel zu bezahlen, selten wird er gar keinen Gegenwert bekommen. Wenn Reiche für tausend Euro die Nacht auf den Seychellen ein Zimmer buchen, können sie Pech haben, und der Wasserhahn tropft. Aber wie wahrscheinlich ist es, dass sie bei der Ankunft erfahren, dass ihr Hotel leider ausgebucht ist und sie die Nacht in einem Motel an der Hauptstraße ohne Innentoilette verbringen müssen? Sie geht gegen null.

Ein anderes Beispiel: Der Kleiderschrank. Reiche kaufen sich einen Designerschrank oder eine Antiquität. Nicht selten steigen diese Anschaffungen mit der Zeit sogar im Wert. Otto Normalverbraucher kauft bei Ikea. Da kostet ein Schrank nicht zehntausend Euro, sondern vielleicht nur achthundert. Aber die sind nach fünf Jahren, wenn der Schrank auf den Sperrmüll wandert, weg, während das Sammlerstück nach seiner Nutzung gewinnbringend verkauft werden kann.

Wohlhabende können es sich leisten, auf Vorrat zu kaufen, und müssen keine teuren Abzahlungskredite in Kauf nehmen. Sie wählen den teuren Kühlschrank, der auf Dauer weniger Strom verbraucht, können sich ärztliche Untersuchungen leisten, die sie vor Arbeitsausfällen schützen. Wer einmal viel Geld gemacht hat, muss sich schon ziemlich anstrengen, es ersatzlos zu verlieren. Wer aber kein Geld hat, kann sich ein Leben lang abstrampeln und wird dennoch kein Vermögen aufbauen.

Es sei denn …

… er kauft niemals billig ein!

Das klingt paradox und für jemanden, der Schulden hat, vielleicht sogar wie Hohn. Aber es ist wahr: Wenn es um bleibende Dinge geht, kauft lieber nichts als etwas Billiges. Und mit billig meine ich in erster Linie billige Qualität. (Denn natürlich gilt im Umkehrschluss nicht, dass alles, was teuer ist, auch gut ist.)

Die meisten machen sich immer nur Gedanken darum, wie sie noch mehr verdienen können. (Warum das falsch ist, haben wir oben schon geklärt.) Die wenigsten überlegen sich, wie sie das (wenige) Geld, das sie haben, am sinnvollsten ausgeben.

Und hier ist euch euer Vater ein gutes, weil negatives Beispiel: Als ich im Jahr 2000 von meinen Eltern hörte, dass in ihrer Nähe ein kleines Reihenendhaus zum Verkauf stehe, rechnete ich schnell hoch und kam zu dem Ergebnis, dass ich mit dem Geld, das ich aktuell für meine Miete zahlte, die Raten dieses Häuschens abzahlen konnte. Ich entschloss mich, das Haus zu kaufen, und traf damit gleichzeitig die finanziell dümmste, aber emotional klügste Entscheidung meines Lebens.

Dumm war es, weil ich den Fehler machte, mir meine Entscheidung schönzurechnen. Die Miete, die ich damals für meine Wohnung zahlte, war warm. Die monatliche Rate für das kleine Häuschen aber war kalt, ich hatte die Nebenkosten, die selbst bei meinem Bonsai-Haus anfielen, das ein Makler mal als Zweieinhalb-Zimmer-Wohnung mit Treppe bezeichnete, mal eben unterschlagen. Und für ein Haus sind die Nebenkosten deutlich höher als für eine Wohnung, unter anderem wegen der Grundsteuer, der Straßenreinigung oder des Wassers für den Garten.

Klug war meine Entscheidung, weil 2000 so ziemlich das letzte Jahr war, wo man in meiner Wohngegend, nur fünf Minuten vom Ku'damm entfernt und dennoch direkt am Wald, noch ein bezahlbares Grundstück kaufen konnte.

Dumm war ich wiederum, weil ich dachte, mehr als ein Grundstück gekauft zu haben. Tatsächlich war die Immobilie, die darauf stand, kompletter Schrott. Kaputtes Dach, zugige Fenster, eine nicht funktionierende Ölheizung, verschimmeltes Bad … das Ding hätte nur mit einer Abrissbirne verschönert werden können.

Doch damals hatte ich noch nicht das Geld, um auf dem Grundstück etwas Neues zu bauen, also machte ich einen irrsinnig großen Fehler und ließ mal schnell das Nötigste »renovieren«. Obwohl ich von allem nur das Billigste nahm und mir die Handwerker Freundschaftspreise machten, endete ich mit einer Rechnung von fünfundzwanzigtausend Euro. Immerhin, ich konnte einziehen.

Aber fühlte ich mich wohl?

Im Sommer war es unerträglich warm, im Winter so kalt, dass ich zusätzliche Elektroradiatoren im Wohnzimmer aufstellen musste. Das Laminat war schlecht verlegt und schlug Wellen wie der Atlantik im Dezember. Das Badezimmer war so klein, dass Menschen mit dem Body-Mass-Index von Heidi Klum den Bauch einziehen mussten, wenn sie zwischen Toilette und Dusche zum Waschbecken kommen wollten.

Sandra zog dann irgendwann zu mir, was (ohne eurer Mutter jetzt zu nahe treten zu wollen) die Situation im Bad nicht erleichterte. Als das erste Kind kam, stand fest: So konnte es nicht weitergehen. Und ich machte Fehler Nummer zwei: Ich renovierte noch einmal, diesmal etwas teurer. Schon da hatte sich die Regel bewahrheitet:

Wer billig kauft, kauft zweimal.

Und, ihr ahnt es, manchmal sogar dreimal.

Denn es blieb nicht bei einem Kind, wir ihr wisst. Ihr könnt euch sicher nicht erinnern, aber bis 2014 habt ihr euch auf neun Quadratmetern zu dritt unter der Dachschräge gestapelt.

Ich habe vierzehn Jahre lang ein Haus abbezahlt und hätte für weniger Geld komfortabler und großzügiger zur Miete gewohnt. Ich habe achtzigtausend Euro in Renovierungsarbeiten gesteckt, die mit dem Abriss komplett verloren waren – denn ja, das Haus, in dem wir gegenwärtig wohnen, entstand auf dem Grundstück des alten.

Was aber wäre die Alternative gewesen?

Das Haus nicht zu kaufen? Dann hätte ich es mir später wegen der Kostenexplosion der Grundstückspreise nicht mehr leisten können. Dennoch wäre es vielleicht eine bessere Option gewesen, als sich ohne nachzudenken in das Abenteuer zu stürzen. Ich hätte gut und komfortabel zur Miete gewohnt und hätte die achtzigtausend Euro, die ich über die Jahre in Renovierungen versenkt habe, gewinnbringend anlegen können. (Im Jahr 2000 gab es noch Zinsen!) Zusätzlich zu den monatlichen Nebenkosten, die ich in meiner ersten Milchmädchenrechnung unterschlug, wäre da ein hübsches Sümmchen zusammengekommen.

Es war mir aber ein Bedürfnis, dieses Haus zu haben, allein, weil ich in der Nähe meiner Eltern sein wollte. Meine Mutter, ihr habt sie leider nicht mehr kennengelernt, war sehr krank, und mir war wichtig, in ihrer Nähe zu sein.

Hier erneut mein Rat:

Achtet auch bei Geldfragen auf euer Bauchgefühl.

Euer Bauch schlägt jede Regel, auch die, niemals billige Qualität zu kaufen. Wenn ihr billig kaufen *wollt,* dann tut es, nur seid euch der Konsequenzen bewusst, dass euer Reisebudget dann an anderer Stelle geschmälert ist. Wenn ihr jedoch nur deshalb billig kauft, weil ihr im Moment klamm seid, überlegt noch einmal, ob ihr die Investition nicht verschieben könnt.

Auf das Haus übertragen: Ich hätte es mir kaufen, aber *sofort* abreißen lassen müssen. Die dünnen, verkeimten Wände waren die Tapete nicht wert, die ich auf sie pappte.

Allerdings hatte ich kaum das Geld für eine Renovierung, und schon gar nicht für einen Abriss und Neubau. Da ging es mir wie den meisten Menschen, und ganz sicher werdet auch ihr im Leben oft an den Punkt stoßen, wo ihr merkt, dass das Geld nicht ausreicht, um die Dinge richtig zu machen.

Und dennoch solltet ihr in diesen Situationen so tun, als ob Geld kein Problem wäre. Ich meine natürlich nur gedanklich. Spielt in Gedanken einmal den Ernstfall durch.

Wie würde ich vernünftigerweise vorgehen, wenn ich nicht auf den Preis achten müsste? Wobei hier die Betonung auf *vernünftigerweise* liegt. Es geht also nicht um den Helikopterlandeplatz im Garten, aber schon um die Beschäftigung mit der Frage, ob Solarenergie, Gas oder Erdwärme.

Am Beispiel des Hauses: Wenn Geld damals kein Problem gewesen wäre, hätte ich es abreißen müssen. Da ich dafür kein Geld hatte, hätte ich mir wenigstens den »Wenn ich könnte, wie ich wollte«-Plan aufstellen müssen. Und dann wäre mir klar geworden, dass ich wirklich nur die notwendigsten Reparaturen ausführen darf. Und nichts, aber auch gar nichts, was nur Geld kostet, mich meinem Idealziel (= schönes Familienheim) auch nur einen Zentimeter näher bringt.

Ich hätte den Garten niemals bepflanzen oder die Fassade streichen dürfen. Das Dach hätte nur ausgebessert und nicht neu gedeckt werden dürfen, und auf eine Badewanne hätte ich in der Zeit gut verzichten können. Auf gar keinen Fall aber hätte ich eine zweite Renovierung angehen dürfen, nur um mich subjektiv etwas wohler zu fühlen. Diese Investition war am Ende wirklich rausgeschmissen.

»Okay«, werdet ihr vermutlich fragen, »was aber, wenn das Geld nie kommt? Wenn du immer klamm geblieben wärst? Man will doch nicht bis an sein Lebensende in einer Bruchbude hocken in der Hoffnung, dass man irgendwann einmal doch das Geld hat, sich zu verwirklichen!«

Ganz wesentlicher Einwand. Wir leben *jetzt* und nicht in der Zukunft. Die Antwort darauf ist brutal einfach: Wenn ihr mit der Sorge nicht leben könnt, auf ewig ein billiges Provisorium nutzen zu müssen, dann schafft euch das Provisorium nicht an.

Wenn ihr ein ganz bestimmtes Smartphone haben wollt, es euch aber nicht leisten könnt, kauft kein anderes Handy. Nutzt die alte Gurke, die ihr bereits habt. Mit der seid ihr auch nicht zufrieden, aber die kostet euch wenigstens nicht so viel und hält euch nicht davon ab, für euren eigentlichen Wunsch zu sparen. Und sollte euer altes Handy kaputt sein, kauft euch kein neues Handy. Niemand braucht ein Handy. Milliarden Menschen auf diesem Planeten hatten Tausende von Jahren keins, da werdet ihr eine Zeit lang auch ohne das Ding überstehen.

Kauft euch keinen Billigmodeschmuck, wenn ihr ihn nicht mit einem guten Gefühl tragen könnt. Sonst tragt lieber gar keinen Schmuck. Damit fühlt ihr euch vielleicht auch nicht so wohl, aber es kostet euch nichts. Und was euch nichts kostet, klaut euch auch nicht das Geld für den Ring, von dem ihr schon so lange träumt.

Geht nicht zu Mode-Discountern und stopft euch die Taschen mit Billigklamotten voll – noch nicht einmal, wenn euch die Sachen gefallen und ihr sie gerne tragt. Informiert euch, wo ihr hochwertige Mode bekommt, die nicht von Kinderhänden in Bangladesch genäht wurden, und wascht diese Produkte lieber häufiger, als ein Hemd nach zweimaligem Tragen wegzuwerfen, weil es aus der Form geraten ist.

Kauft nicht billiges Zeug, denn sonst müsst ihr mehrfach kaufen. Und das wiederum belastet euer Reisebudget. Das ist übrigens einer der Gründe, weshalb die Schere zwischen Arm und Reich immer größer wird: weil die meisten Reichen nicht auf die marktschreierischen Angebote der Billigketten hereinfallen (müssen). Und die Armen ihr Geld für Produkte wegwerfen, mit denen die Reichen ihr Geld verdienen.

Deshalb ist es zwingend notwendig, sich vor Investitionen, seien sie gewaltig oder auch nur klein, folgende Frage zu stellen: Bin ich nach der Investition mit dem Gegenwert, den ich habe, vollends zufrieden? (Gibt mir die neue Hose ein gutes Gefühl? Liebe ich mein Handy oder Auto und freue ich mich darauf, es zu benutzen? Werde ich mich in meinem Haus rundherum wohlfühlen?)

Ist die Antwort: »Nein, aber das, was ich zum Wohlfühlen eigentlich brauche, ist mir momentan zu teuer«, solltet ihr euch fragen: »Kann ich die Investition verschieben?«

Und wenn darauf die Antwort ist: »Nein, ich brauche das jetzt unbedingt sofort«, dann fragt euch bitte noch einmal: »Wieso? Gibt es wirklich keine kostengünstigere Alternative, so lange, bis ich das Geld zusammenhabe, um mir das zu kaufen, was ich wirklich will?«

Und dann, aber wirklich erst dann, wenn ihr so wie ich damals sagt: »Ja, ich will genau dieses Haus. Ich kann es mir zwar kaum leisten, und ich habe kein Geld, um es so zu renovieren, dass ich mich wohlfühle. Ich weiß, es müsste eigentlich abgerissen werden, aber das kann ich finanziell erst recht nicht stemmen, und dennoch sagt mir mein Bauch: Das brauchst du jetzt!« – gut, dann macht es.

15. Kapitel
Die Kondition

Bislang haben wir uns vor allem mit mentalen Übungen beschäftigt, mit Denkanstößen, die ihr beherzigen solltet, bevor ihr ins Ungewisse aufbrecht. Selbstverständlich aber nützt euch der beste Plan und die prallste Reisekasse wenig, wenn ihr wie ein Schluck Wasser in der Kurve schon nach der dritten Treppenstufe zusammenbrecht.

Okay, ich weiß, jetzt kommt der Gähn-Teil. Langweilige Tipps, die jede Schnarchnase in seinem Ratgeberbaukasten hat. Aber sie sind wichtig. Zumindest dieser eine Tipp:

Macht Sport, keine Diät!

Regelmäßig Sport zu treiben ergibt sich alleine aus meiner schon mehrfach geäußerten dringlichen Empfehlung, aktiv zu sein und in Bewegung zu bleiben.

Nun bringt es unser angeblich zivilisierter Alltag mit sich, dass wir uns mit zunehmendem Alter immer weniger bewegen. Und, wie in meinem Falle, immer krummer am Schreibtisch sitzen, fauler werden und spätestens mit dreißig jedes Jahr ein Kilo mehr Fett ansetzen; selbst wenn wir an unserer Ernährung gar nichts ändern. Oder – halt – gerade, *weil* wir an unserer Ernährung nichts ändern.

Wenn wir mit euch ins Irrlandia in Storkow gegangen sind, konntet ihr Stunden auf Hüpfburgen springen, die rasantesten Rutschen runtersausen und bei gefühlten fünfundvierzig Grad im Schatten mühelos einen Marathon-Marsch durchs Maisfeld-Labyrinth absolvieren. Es hat euch nicht gekümmert, dass Papa danach im Rettungszelt beatmet werden musste; nein, ihr wolltet noch mal durch die Geistertunnel kriechen. Bei diesem Energieverbrennungslevel könnt ihr euch natürlich morgens vier Nutella-Toasts, mittags Nudelauflauf und abends eine Pizza reinschieben, da setzt nichts an, selbst wenn ihr zwischendurch für steigende Aktienkurse bei Bahlsen, Coca-Cola, Nestlé und Haribo sorgt.

Aber wehe, euer Leben ändert sich, und irgendwann schwingt ihr euch nicht mehr von Klettergerüst zu Klettergerüst, sondern sitzt pausenlos vor dem Computer.

Bei mir war das so, als ich anfing, beim Radio zu arbeiten. Ich stand spätestens um vier auf, um ab fünf Uhr zur Morningshow im Studio zu sei. Um halb elf ging's dann zu McDonald's. Offiziell war da ja schon Mittag für mich, für meinen Körper hingegen begann die Chaoszeit. Er musste schon morgens Pommes und Burger verdauen. (Damals gab es da noch keine Frühstückskarte, und ich machte mir noch keine Gedanken über die Herkunft meines Essens!) Gleichzeitig führten die extremen Arbeitszeiten und der Schlafentzug dazu, dass ich weniger Sport trieb, weil ich mich immer seltener dazu aufraffen konnte. Mit dem Ergebnis, dass mich ein Freund, der mich ein Jahr lang nicht gesehen hatte, mit den Worten begrüßte: »Mensch, Fitzek, wann ist denn das mit deiner Figur passiert?« (Guter Icebreaker beim Small Talk!)

Sollte es euch also irgendwann mal passieren, dass ihr euch in eurem Körper nicht mehr so wohlfühlt wie früher, dann will ich euch jetzt hier nicht mit Allgemeinplätzen belästigen wie »Auf die innere Schönheit kommt es an«, obwohl das natürlich stimmt.

Ich vertraue einfach darauf, dass ihr nicht irgendeinem blödsinnigen Schönheitsideal hinterherhechelt. Wer sich von euch zum Beispiel etwa die Rippen herausnehmen lassen will, weil eine Wespentaille gerade angesagt ist, der braucht keine guten Ratschläge vom Vater, sondern professionelle Hilfe vom Psychiater. Doch wenn ihr meint (weshalb auch immer), an eurer Bikini- und/oder Badehosenfigur arbeiten zu müssen (sei es durch Ab- oder Zunehmen), kann ich euch nur folgenden, leiderprobten Rat geben: Achtet auf eure Ernährung.

Aber macht keine Diät – zumindest keine Diät, die darauf abzielt, dass ihr bestimmte, meist sehr lieb gewonnene Bausteine auf eurem Speisezettel ersatzlos streicht.

Nehmen wir etwa Zucker. Wenn ihr von heute auf morgen komplett auf zuckerhaltige Lebensmittel verzichten könntet, würdet ihr womöglich abnehmen. Aber – und das ist die einzige Frage, die ihr euch bei jeder Diät stellen müsst – könnt ihr das ein Leben lang durchhalten? Auch wenn es »nur« um Süßigkeiten geht – ist ein lebenslanger Schokoladenverzicht denkbar?

Denn meine Fitzek-Faustregel für Diäten lautet: Nur wenn ich eine Ernährungsumstellung auf Dauer und ein Leben lang durchhalten kann, ist sie sinnvoll. Sollte ich sie nur für vier Wochen, während einer Fastenzeit, auf Kur oder ein Jahr aushalten, muss ich kein Orakel sein, um euch den Jo-Jo-Effekt zu prophezeien. All die Kilos, die ihr schnell verliert, sind bald doppelt und dreifach wieder drauf.

Leider ist der Ernährungstrieb eng mit unserem Selbsterhaltungstrieb gekoppelt, was es so schwer macht, gegen ihn anzukämpfen. Er ist ähnlich stark wie der Sexualtrieb. Wenn ihr es schafft, ihn zu unterdrücken, seid ihr ganz besonders willensstarke Menschen. Wenn ihr in der Nacht aber doch zum Kühlschrank schleicht und heimlich die Sahnecremetorte futtert, habt ihr mein vollstes evolutionäres Verständnis.

Ich für meinen Teil habe erkannt, dass ich auf bestimmte unnötige Lebensmittel tatsächlich auf ewig verzichten kann, wie zum Beispiel auf Zucker und Milch im Kaffee. Ich muss auch keine gesüßten Getränke zu mir nehmen. Aber ich schaffe es nicht, spürbar Kohlehydrate zu reduzieren, verdammt, ich schaffe es noch nicht einmal, das Brot beim Italiener wegzulassen.

Was ich aber nun seit zehn Jahren mehrmals wöchentlich mache, ist: Sport. Mindestens zweimal die Woche nimmt mich Kalle so in die Mangel, dass ich schon aufs Licht zugehe und die Menschen, die mir wichtig sind, am Wegesrand stehen und sich von mir verabschieden. Diese regelmäßige sportliche Nahtoderfahrung auf dem Laufband hilft mir zumindest, mein Gewicht zu halten.

Und ich weiß, ich kann eher ein Leben lang zweimal die Woche Sport machen, als nach jedem Kapitelende, das ich schreibe, auf meinen Kinderriegel zu verzichten. (Weswegen ich mich jetzt kurz mal auf den Weg zum Kühlschrank mache! Auch wenn jetzt noch kein Kapitelende ist. Aber ich habe trotzdem Appetit.)

Wenn ich oben gesagt habe, die Träume wären euer Treibstoff, dann war das natürlich etwas ungenau. Träume sind der Sprit für euren mentalen Motor. Das, was euren Körper zum Laufen bringt, verdient mindestens genauso viel Beachtung: euer Essen.

Und daher an dieser Stelle mein Tipp:

Schaut euch euer Essen an.

Wisst ihr, was auf eurem Teller liegt?

Ob zu Hause oder im Restaurant, haltet vor dem ersten Bissen einen Moment inne und fragt euch, was genau ihr da gerade esst. Klar, das werden zum Beispiel ein Schnitzel, Nudeln, Pizza, Gemüse, Brote oder Salat sein, aber wie ihr euch vorstellen könnt, will ich nicht auf die Gattungsbezeichnung hinaus. Ihr sollt nach der Herkunft der Nahrung fragen. Ganz besonders dann, wenn ihr ein Tier esst.

Nehmen wir zum Beispiel ein einfaches Schinkenbrot. Wisst ihr, von welchem Tier der Schinken stammt? Aus welcher »Region« seines Körpers? Von woher kommt das Tier selbst? Wie hat es gelebt? Wie starb es?

Ich bin der Überzeugung, dass der Mensch auch Fleisch essen kann und darf. Aber wenn er das tut, hat er die Verpflichtung, sich damit auseinanderzusetzen, dass er ein Lebewesen verspeist, das für ihn sein Leben gelassen hat. Ihr müsst euch, wenn ihr ein Schnitzel esst, nicht an die Hände fassen und ein Dankesgebet sprechen, obwohl das so falsch nicht wäre. Aber ich bitte euch, euch zu vergegenwärtigen, dass es nicht selbstverständlich ist, dass irgendein Lebewesen sein Leben für euch gibt.

Und ich bitte euch, die Schmerzen, die dieses Lebewesen für euch erleiden muss, so gering wie möglich zu halten.

Jetzt werdet ihr sagen: Aber wie können wir das beeinflussen?

Ihr könnt es in der Tat, indem ihr euch darüber informiert, wo und wie die Tiere, die von eurem Metzger verarbeitet werden, gehalten wurden.

Sobald ihr euch mit der Herkunft eures Essens beschäftigt, werdet ihr von ganz alleine darauf kommen, dass ihr weder dem Tier noch eurem Körper die Aufnahme von industriell erzeugtem Billigfleisch zumuten wollt. Grausam zusammengepferchte Tiere, vollgestopft mit multiresistenzauslösenden Antibiotika, ohne Auslauf und Bewegungsfreiheit, mit Billigfraß zur Schlachtreife gemästet, unter Schlägen in Transporter gepfercht, sodass einige schon auf dem Weg zum Schlachthof sterben und dem traurigen Rest oftmals bei lebendigem Leib die Haut abgezogen wird, weil man nicht warten kann, bis die Betäubung wirkt – die will und die darf niemand essen.

Kauft Fleisch von einem Biobauernhof aus der Region, den ihr besucht habt. Wenn euch das zu teuer erscheint, esst lieber kein oder weniger Fleisch als das falsche.

Setzt euch ein für gläserne Schlachthöfe. Für eine Webcam-Pflicht in allen Bereichen. Ich bin mir sicher, die millionenfache Tierquälerei ist nur möglich, weil die wenigsten Menschen wissen, was da in den Fleischfabriken vor sich geht. Und die Bilder sind selbst für einen Autor von Psychothrillern schwer ertragbar: männliche Küken etwa, die bei lebendigem Leib von Maschinen geschreddert werden, weil sie keine Eier legen können und deshalb für die Mast nicht taugen.

Euer Körper ist euer Motor. Füllt ihn nicht mit billigem Mist, der euch fett und träge macht. Und der unerträgliches Leid für die Tiere bedeutet, die zu dieser Billignahrung verarbeitet wurden.

Einige werden einwenden: Bio ist auch ungesund, Neuland-Fleisch hatte auch seinen Skandal. Stimmt. Menschen sind nun einmal korrupt. Nicht alle, aber einige.

Ein Tier zu töten ist immer hässlich. Aber in diesem Zusammenhang halte ich es mit Dieter Nuhr, der einmal sinngemäß sagte: »Wenn in Bangladesch eine Kleiderfabrik einstürzt, renne ich auch nicht am nächsten Tag nackt durch die Gegend. Aber ich versuche, Kleider zu finden, die fair produziert wurden.«

Ich versuche, Lebensmittel zu essen, die fair produziert wurden. Mit dem geringstmöglichen Ausmaß an Leid für das Lebewesen.

Selbst das beste Essen und der regelmäßigste Sport können euch kein langes, beschwerdefreies Leben garantieren. Aber die Wahrscheinlichkeit, dass ihr mehr Erfüllung in euren Lebensreisen findet, steigt spürbar.

Natürlich ist eure mentale Gesundheit ebenso wichtig wie eure körperliche. Gerade bei der Psyche sollte man früh auf erste Warnzeichen achten und nicht erst eine handfeste seelische Erkrankung abwarten, bevor man reagiert. Deswegen:

Kümmert euch um eure mentale Kondition.

Jeder Mensch hat zum Beispiel irgendwann einmal Phasen, in denen ihn seine dunklen Gedanken wachhalten. Auch ich konnte schon oft vor Sorgen nicht einschlafen. Ich kann mich noch gut daran erinnern, wie ich vor der unangenehmen Situation stand, meiner langjährigen Freundin sagen zu müssen, dass ich sie nicht mehr liebte. Ich traute mich nicht, sondern suchte nach einem einfachen Weg, den es allerdings bei schmerzhaften Wahrheiten schlicht nicht gibt.

Die nächtlichen Grübeleien, in denen ich mein geplantes Trennungsgespräch wieder und wieder durchging, nahmen kein Ende. Sie fraßen sich wie eine Schraube in mein Gehirn, machten mich nervöser und nervöser, ohne dass ich vorankam. Weder führte ich das wichtige Gespräch mit ihr, noch konnte ich die Angelegenheit verdrängen.

Eines Nachts lag ich grübelnd wach und fand nicht in den Schlaf, den ich für die am nächsten Tag geplante lange Autofahrt dringend brauchte.

Damals geschah es noch unbewusst, heute weiß ich aus langjähriger Erfahrung als Autor, dass ich das einzige Richtige tat, indem ich mitten in der Nacht aufstand (an Schlaf war ohnehin nicht zu denken), mich an den Schreibtisch setzte und meine Gedanken zu Papier brachte.

Ich schrieb mir mein Problem von der Seele. Eine Stunde lang formulierte ich für mich selbst, aus welchen Gründen ich die Beziehung beenden wollte. Damit hatte ich mein Problem nicht *ver*-, wohl aber *be*arbeitet.

Meine losen Gedanken hatten eine konkrete Form gefunden. Psychologen wissen, dass diese Art von schriftlicher Problemarchivierung hilft. Schreib- oder Tagebuchtherapie ist eine anerkannte Therapieform.

Grübeln ist, wie vor einem kaputten Fernseher zu sitzen in der Hoffnung, dass er sich von alleine repariert. Wenn euch Sorgen und Probleme wachhalten, wenn ihr nachts in der Grübelfalle sitzt und der Schlaf euch nicht erlöst, dann nutzt die Zeit und – schreibt. Es muss kein Roman sein (und bitte keine E-Mail; niemals E-Mails nach Mitternacht absenden! Besser am nächsten Morgen noch mal lesen und überdenken!); es reicht ein Brief, ein Tagebucheintrag. Ihr werdet sehen, dass euch die geordneten Gedanken beruhigen. Nicht selten haltet ihr gar keine DIN-A4-Seite durch und seid schon nach dem dritten Absatz müde und könnt endlich schlafen. Auch ein Erfolg!

Früher habe ich übrigens in Interviews oft erzählt, ich würde Themen, die mich emotional stark bewegen, in meinen Büchern verarbeiten. Das ist zu hoch gegriffen.

Probleme lösen sich nicht dadurch, dass man sie aufschreibt. Aber sie bekommen eine greifbarere Form. Sie sind *be*arbeitet, und dadurch, so empfinde ich es zumindest, sind sie greifbarer.

Verschwendet eure Kondition auf euren Lebensreisen also nicht damit, das Gedankenkarussell immer und immer wieder neu anzuschubsen. Wendet einmal (eine meistens gehörige Portion) Kraft auf, um es zu stoppen. Ein Weg unter vielen ist es, das, was euch belastet, aufzuschreiben. Das ist der erste Schritt zu ihrer Lösung.

Denn nur, wenn man ein Problem auf den Punkt gebracht hat, kann man einen Lösungsansatz finden.

16. Kapitel

Notlagen unterwegs

Was, wenn ihr auf einer eurer Reisen in eine Notlage geraten seid? Ob physischer oder psychischer Natur, ob lebensbedrohlich oder lediglich unangenehm: Ich empfehle als Sofortmaßnahme immer die Sauerstoffmasken-Methode. Ihr kennt das vom Flugzeug, wenn die Stewardess beim Sicherheitsballett vortanzt, was zu tun ist, sobald die Sauerstoffmasken bei einem plötzlichen Druckabfall (= Notlage) herausfallen.

Hier lautet die Regel: Erst sich selbst, dann den Angehörigen die Atemmaske aufsetzen. Logisch. Ergibt ja keinen Sinn, wenn man zwar das Baby versorgt hat, danach aber keine Zeit mehr für die anderen Kinder hat, weil man selbst mit verdrehten Augen im Sitz zusammengesackt ist.

Und das gilt für alle Notlagen im eigenen Leben: Niemand hat etwas davon, wenn man selbst so sehr leidet, dass man nicht mehr für andere da sein kann.

Wenn ihr euch schlecht fühlt, krank seid, deprimiert oder sogar depressiv: Denkt zuerst an euch. Setzt euch die Sauerstoffmaske auf (= geht zum Arzt, holt euch Hilfe) und wartet ab, bis ihr wieder normal atmen könnt, *bevor* ihr euch mit den Problemen anderer beschäftigt. Das ist einer der wenigen und wirklich überlebensnotwendigen Fälle, in denen Egoismus nicht nur erlaubt, sondern dringend geboten ist.

Ganz besonders unangenehm sind Schmerzen, ob sie seelischer Natur sind, wie etwa nach dem Tod eines nahen

Angehörigen oder bei Liebeskummer (der von Psychologen in manchen Fällen sogar als traumatischer eingestuft wird als ein Todesfall), oder ob sie körperlich sind, wie etwa Zahnschmerzen. Ich habe für derartige Qualen natürlich kein Allheilmittel, sonst hätte ich es längst patentieren lassen. Ich kann die Pein des Lebens nicht von euch fernhalten, aber ich kann euch sagen, was ihr tun müsst, damit sie sich nicht unnötig in die Länge zieht und damit sehr viel schmerzhafter nachwirkt, als sie es müsste:

Akzeptiert euren Zustand!

Gut, jetzt klinge ich wie der Drill Instructor im Film *Full Metal Jacket*. Nichts liegt mir Weichei ferner. Ich habe auch mit Absicht nicht »Akzeptiert euren Schmerz« geschrieben. Und ich meine mit »Akzeptanz« auch nicht Gleichgültigkeit oder Resignation. Was ich meine, will ich euch wieder an einem Beispiel verdeutlichen:

Als mich 1995 meine damalige Freundin und Liebe meines jungen Lebens (nennen wir sie Pia) anrief, um mir zu sagen, dass sie sich in einen anderen verliebt hatte, brach für mich eine Welt zusammen. Ich war zu keinem klaren Gedanken mehr fähig, versank in Selbstmitleid, badete in meinem eigenen Schmerz und ließ Bilder vor meinem geistigen Auge Revue passieren, die sie abwechselnd bei Kerzenschein im Liebesspiel mit ihrem neuen Lover zeigten oder beim Liebesspiel mit ihrem neuen Lover im Kerzenschein.

Dazu lief in der Synchronspur meiner Gedanken der Untertitel: »Das darf nicht wahr sein. Es ist nicht wahr. Sie kommt zurück. Irgendwann wird sie merken, dass der Typ an chronischem Achselschweiß leidet und bereits drei Kinder von vier verschiedenen Frauen hat.« »Sie kommt zurück« war das Credo, mit dem ich mich in den Schlaf weinte und beim Aufwachen aus meinen Albträumen schrie (in der Kerzenschein und Pia und, na, ihr wisst schon, eine Hauptrolle spielten).

Ich wollte mein Elend nicht akzeptieren. Ich klammerte mich an die Hoffnung, sie irgendwann wieder in die Arme schließen und dem Nebenbuhler ins Gesicht spucken zu dürfen. Dadurch verlängerte sich mein Schmerz um viel zu viele Tage und Wochen.

Natürlich kann man sich auf Schicksalsschläge nicht vorbereiten, aber man kann den Umgang mit ihnen steuern. Wenn ich heute eine schmerzhafte Erfahrung mache, dann stelle ich mich vor den Spiegel, schaue mir selbst tief in die Augen und sage: »Fitzek, das ist jetzt scheiße. Aber es *ist* so.«

Was soll das bringen?

Nun, der Schmerz verschwindet davon natürlich nicht, und es geht einem dadurch nicht sofort besser. Aber mein Verstand hat eine Basis gefunden, mit der er arbeiten kann.

Wenn ich die Wahrheit verdränge, laufe ich Gefahr, dass meine dunklen Gedanken in einer Endlosschleife Karussell fahren. »Pia liebt mich noch, sie kommt zurück, aber sie ist gerade bei ihm, da wird sie merken, dass sie mich mag, doch sie küsst ihn, ja, aber das ist nur ein Irrtum, sie kommt zurück. Aber was, wenn nicht? Doch, es kann ja nicht alles verloren sein, was wir hatten, ich bleibe nicht allein. Denn alleine halte ich es nicht aus, nicht ohne sie, so jemanden wie sie finde ich nie mehr, also kommt sie zurück, denn sie liebt mich doch immer noch – oder nicht?«

Diesem Gedankenbandwurm muss man ein Stoppschild vor den Kopf knallen: STOPP. ES IST AUS. AKZEPTIERE ES!

So, und dann, wenn man das wirklich begriffen hat, wenn man den Zustand akzeptiert hat, dann erst ist die Zeit gekommen, sich dem Schmerz zu stellen.

Wieso wollen Angehörige die Leiche des Familienangehörigen noch einmal sehen? Wieso leiden Eltern mehr, wenn ihr Kind verschwunden ist, als wenn sie wissen, wo der Grabstein ihrer viel zu früh verstorbenen Tochter steht?

Weil man die Ungewissheit nicht ertragen kann. Weil Trauer- und Schmerzarbeit erst dann beginnen können, wenn man eine innere Basis der Akzeptanz erreicht hat: Ja, der Angehörige ist verstorben. Ja, ich wurde verlassen. Oder: Ja, ich habe Zahnschmerzen. (Um mal ein weniger existenzielles Beispiel zu nennen.)

Ihr hattet ja schon mal Zahnschmerzen oder zumindest eine kleine Wunde im Mund. Ihr kennt also das Gefühl, dass die Zunge alle fünf Sekunden überprüft, ob der Wackelzahn noch an Ort und Stelle ist. Oder später, falls ihr mal ein Inlay habt, ob es noch da ist.

Insgeheim hofft man, dass der Schmerz und seine Ursache sich von alleine verflüchtigen. Und wenn es das nicht tut, hadert man mit seinem Schicksal, verflucht die Welt (Warum ausgerechnet ich?).

Von diesem Moment an potenzieren sich die Schmerzen durch die fehlende Akzeptanz.

Je aussichtsloser und schlimmer die Situation erscheint, desto weniger solltet ihr versuchen, euch an jeden noch so abwegigen Hoffnungsstrahl zu klammern. Ihr solltet die Lage beim Namen nennen: »Es ist Wochenende, kurz nach Mitternacht, mir ist gerade irgendwo in der Pampa die Plombe rausgefallen, und ich habe Zahnschmerzen. Scheiße.«

Merkt ihr? Indem ihr den Zustand akzeptiert, bringt ihr euer Problem auf den Punkt. Und nun könnt ihr damit arbeiten. (Ähnlich wie die Schreibtherapie mitten in der Nacht, die das Grübeln ersetzt, siehe oben.)

Da Akzeptanz, wie ausgeführt, etwas anderes ist als Resignation (das widerspräche meinem Bild von der ständigen Reise, auf der ihr euch befinden solltet), müsst ihr versuchen, das Problem zu lösen. Sprich: euch Hilfe zu holen.

Das ist nämlich das Zweitwichtigste nach der Akzeptanz:

Holt euch kompetente Hilfe.

Bei Zahnschmerzen ist das im Grunde einfach, da geht man zum Zahnarzt. Wenn es am Wochenende nach Mitternacht ist und ihr nicht mehr in Berlin wohnt, sondern auf dem Land, ist die nächste Uniklinik vielleicht ein paar Stunden entfernt. Aber es gibt sie.

Nun fragt ihr vielleicht: Was aber, wenn ich unter einer depressiven Verstimmung leide?

Ich dachte früher, die kompetente Hilfe würde ich bekommen, wenn ich die Nummer meines besten Freundes wähle. Und natürlich ging der auch ran und versorgte mich mit gut gemeinten Ratschlägen. Nur: Ist er ein Experte? Nein, er ist ein Gleichgesinnter. Ein wohlgesinnter Freund in meiner Echokammer, der mir exakt das sagt, was ich hören will. Vielleicht ist es sogar in dieser Situation genau das Richtige, aber wenn, dann ist das Zufall.

Gerade, wenn wir über psychische Probleme reden.

Hand aufs Herz: Wenn ihr euch ein Bein brecht, legt ihr euch dann bei eurem besten Freund aufs Sofa und sagt: »Hey, schien mir das Ding bitte mal?«

Nein? Wieso tut ihr es, wenn ihr seelische Probleme habt? Wir leben in einer Welt, in der psychische Erkrankungen immer noch tabuisiert werden. Psychologen gelten oftmals als selbst therapiebedürftige Laberköpfe, Psychiater als Pillen verschreibende Ungeheuer, die einen im Zweifel gerne zwangseinweisen würden. Überhaupt rät der Bauch von einer medikamentösen Behandlung bei seelischen Erkrankungen ab, als könnten schwerste depressive Störungen allein durch gute Gespräche und ein wenig positives Denken gelöst werden. Komisch nur, dass man einem Asthmatiker nicht von seinem Spray abraten würde.

Hier wird mit zweierlei Maß gemessen, obwohl das genauso eine Krankheit ist wie jede andere: unangenehm und am besten durch die Behandlung ausgebildeter Experten in den Griff zu kriegen.

Nicht dass wir uns falsch verstehen: Gegen ein gutes Gespräch mit dem besten Freund, der besten Freundin ist überhaupt nichts einzuwenden. Aber wenn ihr wirklich Schmerzen habt – ob psychische oder physische –, dann holt euch Hilfe von einem Experten. Lieber zu früh als zu spät. Geht zum Arzt, zur Eheberatung, zum Psychologen, in die Apotheke. Eine Schlaftablette, Antidepressiva, eine Gesprächstherapie – all das kann helfen. Lasst nichts unversucht. Ihr müsst da nicht alleine durch. Auch nicht bei Liebeskummer, der sich – wie schon gesagt – zu einer handfesten Depression ausweiten kann.

Ich selbst habe natürlich sehr, sehr lange nicht nach meiner Erkenntnis gelebt. Lest oben noch mal nach, wie ich mich damals, als mir die Sache mit Paul widerfuhr, nicht an einen Arzt wandte. Weder tat ich es, um die psychischen Probleme meines Mentors noch um meine damit eng verbundenen eigenen zu lösen.

Macht nicht denselben Fehler wie ich.

Holt euch Hilfe. Lieber einmal zu viel als zu spät.

17. Kapitel
Die Rückkehr

Ups, schon die Rückkehr?

Ich könnte natürlich tausend Seiten über weitere Erlebnisse, Niederlagen, Erfolge und Abenteuer schreiben, die ihr auf den jeweiligen Reisen eures Lebens erlebt, wenn ihr euch erst mal zum Aufbruch entschieden, den Koffer gut gepackt, die Schwellenhüter überwunden und die richtigen Wegweiser erkannt habt.

Aber dazu bin ich einerseits zu faul, andererseits ist es gar nicht meine Aufgabe. Die Lebensreise, ob beruflich oder privat, ist ja genau jener Teil, den ihr möglichst ohne fremde Hilfestellung und Einflussnahme erleben und vielleicht später sogar selbst einmal aufschreiben sollt.

Daher widme ich mich jetzt gleich dem Höhepunkt eurer jeweiligen Reise: der Rückkehr.

Nach einer Prüfung, von einem Urlaub, nachdem euch die Liebe verlassen hat, am Ende eines Auslandsaufenthalts, nach dem ersten öffentlichen Auftritt, nach dem letzten Arbeitstag in eurem ersten Job: Ihr seid wieder zurück von der Reise. Und jetzt entscheidet sich, was ihr auf euren Wegen erfahren habt. Ob ihr gewachsen seid und etwas gelernt habt, was ihr auf euren zukünftigen Reisen gebrauchen könnt.

Damit ist nicht gemeint, ob ihr das Ziel erreicht habt, das im besten Fall ihr selbst, im schlimmsten (herkömmlichen) Fall andere für euch festgelegt haben. Im Zweifel wisst ihr zu Beginn eurer Reise noch gar nicht, was ihr in der neuen Welt finden werdet, um es später gegebenenfalls mit in die gewohnte Welt zurückzunehmen.

Ein guter Freund von mir wollte sich im Urlaub erholen. Sein Ziel war Entspannung und Einsamkeit. Aber seine Koffer landeten in einem anderen Flieger, und sein Hotel wurde renoviert, es war unerträglich laut. Als er schon gestresst abreisen wollte, traf er auf der Hotelbaustelle seine zukünftige Frau. Mit ihr kehrte er in seine gewohnte Welt zurück, als schwer verliebter Held, der eine neue Reise antrat: die der Ehe.

Anders als bei meinem Freund kann es manchmal eine Weile dauern, bis man herausfindet, was man auf seinen Reisen erfahren hat, das einem auf einer späteren Reise von Nutzen sein wird.

Ich war siebzehn, als mir während meiner Reise zum Abitur Herr Pohl im Chemieunterricht die Heisenberg'sche Unschärferelation erklärte, mit der ich euch hier nicht langweilen möchte. Oder doch: Konkret ging es um die Aufenthaltswahrscheinlichkeiten von Elektronen im Orbital, und das klingt nun nicht gerade nach dem Stoff, mit dem man sich als Jugendlicher am liebsten die Zeit um die Ohren haut. *»Kommst du mit auf die Party bei Nicole? Nee, beschäftige mich heute Abend lieber mit Quantenphysik!«* Aber Herr Pohl sagte, dass die Elektronen im Orbital nicht an exakt definierten Orten sitzen. Und nicht nur das! Ihr Aufenthaltsort verändert sich alleine dadurch, dass man sie beobachtet. Haut euch noch immer nicht vom Hocker? Nun, mich damals auch nicht. Erst sehr viel später wurde mir die Bedeutung klar, nämlich, dass man nichts auf dieser Welt einfach nur beobachten kann, ohne es zu verändern. Diese schon philosophische Betrachtung habe ich später in meinem Roman *Das Paket* verarbeitet, also während meiner Reise als Autor. Jahre später konnte ich etwas, was ich im Chemie-Leistungskurs gelernt hatte, nutzbringend verwenden, ohne dass ich damals gewusst hatte, wozu das Gelernte einmal gut sein sollte.

Noch ein Beispiel? Okay, mal wieder Steve Jobs. Der Mann, der das iPad erfunden hat, mit dem ihr gespielt habt, kaum dass ihr euch den Schnuller selbst in den Mund stecken konntet. Der Mann, der die Computerwelt wie kein Zweiter revolutionierte, war im Studium ein Totalausfall.

Als Baby wurde er von seiner Mutter zur Adoption freigegeben. Bedingung: Die neuen Eltern müssten Akademiker sein. Nun aber passierte ein Fehler, und Steve wurde einer Handwerkerfamilie zugesprochen. Steves Mutter wollte das nicht, obwohl das Kind dort in besten Händen war. Erst als die »einfachen« Eltern sich verpflichteten, Steve ein Studium zu ermöglichen, gab die leibliche Mama ihre Zustimmung. Jahr für Jahr legten die nicht sehr wohlhabenden Adoptiveltern jeden Cent für die Studiengebühren zur Seite, sodass Steve sich später an einer Elite-Universität immatrikulieren konnte.

Doch schon am ersten Tag merkte er, dass ihn das Informatik- und Technikstudium nicht interessierte. Das Einzige, was ihm etwas Spaß machte, war ein Kalligrafiekurs, in dem er unter anderem lernte, schöne Buchstaben zu zeichnen.

Eine Zeit lang hielt er es durch, dann brach er zum Entsetzen seiner Adoptiveltern das Studium ab – obwohl diese so lange darauf gespart hatten. Obwohl sie es seiner leiblichen Mutter versprochen hatten. Obwohl er nun ohne Abschluss dastand.

Nun, dass Steve Jobs dennoch nicht ganz unerfolgreich wurde, ist bekannt. Und natürlich ist seine Geschichte eine absolute Ausnahme. Ich will daher nicht darauf hinaus, dass man es auch ohne Abschluss und gute Noten schaffen kann. (Ich bin ja nicht bekloppt und liefere euch Argumente, mit denen ihr mich später nerven könnt, so wie ich damals meine Eltern à la »Einstein hatte auch 'ne Fünf in Mathe« – was übrigens eine Legende ist. Der Biograf hatte das Schweizer Benotungssystem mit dem deutschen verwechselt.)

Was viel interessanter ist, ist die Tatsache, dass ausgerechnet der Kalligrafiekurs einen großen Anteil an Steve Jobs' späterem Erfolg hatte. Er ärgerte sich nämlich darüber, dass bei den Computern die Schrift so hässlich war – und erfand die Auswahl verschiedener Typen. Was heute bei Textverarbeitungsprogrammen Standard ist, war damals eine Sensation.

Worauf ich hinauswill: Wir wissen oft nicht, wozu wir die Dinge brauchen, die uns auf unseren Reisen widerfahren. Wofür man sich das antut, denn sehr oft ist das Reisen unendlich anstrengend. Man muss sich die Rückkehr als erfahrener »Held« hart erarbeiten. Fahrrad fahren, Tennis spielen, schwimmen, Schlagzeug spielen, ein Buch schreiben – all das habe ich mal gelernt und geliebt, mit Letzterem verdiene ich heute unseren Lebensunterhalt. Aber ich wäre ein Lügner, würde ich behaupten, mir wäre das alles von Anfang an leichtgefallen und hätte mir sofort Spaß gemacht.

Ganz auffällig ist es beim Sport: Ich liebe es, wenn das Hemd weniger spannt, aber lange Zeit habe ich den Weg gehasst, der mich zu einer halbwegs erträglichen Anzeige auf der Waage führt. Wobei »hassen« das falsche Wort ist. Es fiel mir nur schwer, mich selbst zu motivieren. Aber Gott sei Dank habe ich ja Kalle, der mir fitnessmäßig die Hölle heißmacht. Und wer hätte es gedacht? Mittlerweile macht es mir sogar Spaß, von ihm im Keller durch die Mangel gedreht zu werden. Ihr kennt ihn nur als Schoki-Kalle, weil dieser Hund sich bei jedem Besuch mit Überraschungseiern bei euch einschleimt. Mich stellt er bei tausend Umdrehungen aufs Laufband und lacht sich kaputt, wenn ich die »Wattebäuschchen« nicht stemmen kann (fünfundvierzig Kilo schwere Gewichte plus Stange!!!).

Als ehemaliger Boxchampion findet Kalle es ganz normal, dir während der Entspannungsphase der Sit-ups einen Medizinball aus zwei Meter Höhe auf den Bauch zu schmettern.

Charlotte, wenn du jetzt an den strengen Jürgen denkst, bei dem du Schwimmen gelernt hast, dann liegst du annähernd richtig. Nur dass Jürgen gegen Kalle ein verweichlichter Softie ist.

Jede meiner Lebensreisen hat mich verändert – ob sie mich zu neuen beruflichen Zielen, sportlichen Herausforderungen oder zu einem neuen Lebenspartner führte. Von jeder Reise kehrte ich mit Erinnerungen zurück – den wichtigsten Souvenirs eurer Lebensreisen. Erinnerungen sind Erfahrungen, und diese Erfahrungen liefern das Fundament für eure nächsten Reisen.

Wenn euch von den roten Beeren am Wegesrand schlecht wurde, werdet ihr sie in Zukunft meiden?

Wenn ihr mit einer beruflichen Idee gescheitert seid, überlegt ihr es euch zwei Mal, eine ähnliche zu wiederholen?

Wenn euer Partner euch mehrfach betrogen hat, werdet ihr ihn wieder zurücknehmen und mit ihm zu einer weiteren Liebesreise aufbrechen?

Ich habe diese Sätze bewusst als Fragen formuliert. Denn obwohl die Antwort auf den ersten Blick eindeutig scheint, liegt sie (oft) nicht auf der Hand.

Womöglich waren es gar nicht die roten Beeren am Wegesrand, sondern der Dreck an den Händen, der euch krank machte? Vielleicht wart ihr mit der Idee einfach zu früh am Markt oder habt so viele Erfahrungen aus der ersten Niederlage gewonnen, dass ihr es beim zweiten Mal sehr viel besser macht? Und vielleicht lag der Grund für die Untreue in Wahrheit bei euch?

Ursache und Wirkung sind nicht immer klar zu erkennen, daher müsst ihr nach der Rückkehr eure gewonnenen Erfahrungen kritisch hinterfragen.

Ein Beispiel: Als ich mir beim Niesen die Nase zuhielt, sah mich eine Bekannte entsetzt an und sagte: »Weißt du nicht, dass du davon sterben kannst?« Sie erzählte mir die wahre Geschichte einer Freundin, deren Tochter während der Arbeit beim Niesen die Nasenflügel zusammenpresste und kurz darauf mit einem Schlaganfall zusammenbrach.

Ich erzählte die Geschichte meinem Bruder Clemens, der ja Neuroradiologe ist, und er sagte mir, er vermute aus medizinischer Sicht eine andere Reihenfolge von Ursache und Wirkung: Vermutlich habe der drohende Schlaganfall als erstes Symptom einen Niesreiz erzeugt.

Wir Menschen bewerten Zusammenhänge selten objektiv. Wir unterliegen optischen, akustischen und emotionalen Täuschungen. Und sehr oft liegen wir mit unserer Erfolgs- oder Misserfolgsanalyse falsch.

Es heißt ja, es sei ein Zeichen von Wahnsinn, wieder und wieder das Gleiche zu tun und dabei auf ein anderes Ergebnis zu hoffen. Und da wir außerdem nicht unter Laborbedingungen leben (sondern in einem ziemlichen Chaos), wird es uns gar nicht möglich sein, eine Handlung exakt zu wiederholen. Der zweite Kuss schmeckt anders als der erste, der zweite Besuch eines Theaterstücks ruft andere Emotionen hervor, selbst wenn wir auf demselben Sitz Platz nehmen und denselben Schauspielern zusehen. Eine Wiederholung der Vergangenheitserfahrung wäre außerdem eine Form der Stagnation und damit das Gegenteil einer Reise und schon aus diesem Grund gar nicht empfehlenswert.

Es ist also gut möglich, dass ihr denkt, ihr wiederholt euch, in Wahrheit aber kommt ihr am Ende einer Reise, die scheinbar unter objektiv gleichen Bedingungen gestartet ist, mit völlig anderen Erfahrungen zurück. Zum Glück!

Wenn ihr zu Beginn einer Liebesreise für euren neuen Schwarm ein Gedicht schreibt und die betreffende Person euch auslacht, seid ihr womöglich so in eurem Stolz verletzt, dass ihr nie wieder dichten werdet. Doch womöglich zieht ihr eine falsche Lehre aus der Erfahrung: Ganz sicher war die Person eurer in Versform vorgetragenen Gefühle nicht wert. Und gut möglich, dass ihr euch eines schönen Erlebnisses beraubt, wenn ihr bei der nächsten Gelegenheit auf ein Gedicht verzichtet, wenn euch der oder die Richtige gegenübersitzt.

Betrachtet eure Erinnerungen, mit denen ihr von euren Reisen zurückkommt, nie als Lehren oder gar Weisheiten. Es kommt nicht (nur) darauf an, was ihr aus ihnen gelernt habt. Es kommt auf die Emotion an, die sie bei euch auslösten und die euch im besten Falle zu neuen Reisen motiviert.

Im Grunde ist dieses Kapitel ein Plädoyer dafür, selbst bei den Reisen eures Lebens, bei denen eure Kompassnadel auf »Ritual« steht, auf der Suche nach neuen Erinnerungen zu sein.

Sie sind nicht das Ziel eurer Reise, verleihen eurem Leben vielleicht nicht den großen, übergeordneten Sinn, nach dem wir alle suchen. Aber es sind schöne, aufregende, seltsame, beeindruckende und spannende Souvenirs, die wir von unseren Abenteuern zurückbringen. Und je mehr von ihnen am Ende unsere Erinnerungsregale schmücken, desto erfüllter war unser Leben.

18. Kapitel

Der Standpunkt

Wow, ihr habt es bis hierhin geschafft?

Oder habt ihr vorgeblättert? (Was auch kein Verbrechen wäre. Ich kenne sogar Thriller-Leser, die immer zuerst ans Ende springen, damit sie wissen, ob alles gut ausgeht, was ich allerdings weniger nachvollziehen kann als bei einem Sachbuch.)

Aber wenn ihr dieses Buch nicht nur quer, sondern auch mal längs gelesen habt, dann ist euch hoffentlich aufgefallen, dass ich mein Versprechen vom Anfang eingelöst habe: Das hier ist keine Gebrauchsanweisung fürs Leben, kein Rezept, das ihr nachkochen sollt. Es ist ein Appell, euch eure eigenen Gedanken zu machen und die Frage zu beantworten: Was ist mein Standpunkt im Leben?

Oder, noch größer ausgedrückt: Woran glaube ich?

Ich persönlich glaube, dass es unmöglich ist, auf dieser Welt an *nichts* zu glauben. Ihr könnt euch das Nichts noch nicht einmal vorstellen. Nur das Etwas ist greifbar, existent.

Wollen wir es ausprobieren? Also gut, denkt euch bitte mal das Haus weg, in dem wir wohnen. Jetzt den Garten, alle Häuser in der Nachbarschaft, die Menschen, alles futsch. Ebenso wie ganz Berlin. Das schafft ihr noch, oder? Okay, ihr merkt, worauf ich hinauswill, also machen wir gleich einen großen Sprung. Alle Kontinente sind weg, stellt euch vor, es gibt nur noch Wasser auf dem Planeten Erde. Und jetzt ist sogar das verschwunden. Als

Nächstes – schwups – denkt euch die gesamte Erde weg, und den Mond, der um uns kreist, gleich mit.

Was habt ihr jetzt vor dem geistigen Auge? Richtig: das große Weltall, gefüllt mit Abermilliarden von Sternen und Planeten.

Radiert auch die von der Landkarte eurer Vorstellung. Sonne, Mars, Venus, die gesamte Milchstraße, alle Galaxien. Und jetzt, zum Finale: Denkt euch das Weltall weg. Das gesamte Universum.

Woran denkt ihr jetzt?

Ich vermute, an ein großes, unendliches schwarzes Loch.

Das meinte ich aber nicht. Ihr sollt bitte an *nichts* denken. Also denkt auch *nicht* an dieses schwarze Loch. Lasst es verschwinden. Na, los doch!

Wie, geht nicht?

Sag ich doch. Der Mensch kann nur an *etwas* denken, das *Nichts* ist unvorstellbar. Viel unvorstellbarer als all die Wunder, die uns täglich begegnen.

Wir verstehen sie vielleicht nicht, aber hey, wir sind ja auch erst seit ein paar Hunderttausend Jahren mit im Spiel; vor uns hatten allein die Dinosaurier mehr Zeit, die Naturgesetzmäßigkeiten zu entschlüsseln.

Wenn ich euch rate, an *etwas* zu glauben, dann meine ich das nicht notwendigerweise im religiösen Sinne. Ich will euch nur zu dem ermutigen, was ich mit diesem Buch hier getan habe. Ich habe vor euch die Hosen heruntergelassen und muss mich fortan in aller Öffentlichkeit an meinen Prinzipien messen lassen. Dabei weiß ich schon jetzt, dass ich ständig gegen meine eigenen Regeln verstoßen werde. Weil der Mensch nun einmal nicht vollkommen ist. Die Ideen, die er hat, sind es nicht, und die Handlungen, die er diesen Ideen folgen lässt, erst recht nicht.

Trotzdem ist es wichtig, auf den Reisen seines Lebens einen Maßstab zu haben. Einen Prinzipien-Kompass, an dem man sich ausrichtet, selbst wenn man weiß, dass man den Weg nie hundertprozentig wird einhalten können.

Ich zum Beispiel glaube daran, dass das Leben klappert. Dass in dieser wunderbaren Unvollkommenheit, in der wir zu existieren versuchen, niemals alles hundertprozentig gerecht, harmonisch und korrekt abläuft. Ich glaube aber, dass es bereits ein großer Gewinn ist, wenn wir danach streben. Und es immer und immer wieder besser zu machen versuchen als zuvor.

Ich glaube auch, dass die Welt so unerklärlich und wundervoll wundersam ist, dass es für mich keiner weiteren übernatürlichen Wunder mehr bedarf. Gibt es Menschen, die Geister sehen können? Die telepathische Fähigkeiten besitzen? Die schon einmal gelebt haben?

Gut möglich, und vielleicht werden wir es sogar einmal naturwissenschaftlich erforschen und beweisen können. Aber ist es nicht ohnehin schon ein unerklärliches Rätsel, dass wir überhaupt geboren wurden?

Ist man einmal bei der Geburt eines Kindes dabei gewesen, ist es einem völlig schnuppe, ob es Vampire oder Elfen gibt. Allein die Tatsache, dass ihr monatelang in Fruchtwasser geschwommen seid, bevor ihr mit dem ersten Schrei eure Lungen aktiviert habt, ist für mich ein unglaubliches Wunder. Was braucht es da noch für einen Beweis?

Ich glaube, dass viel zu viele Menschen des Lebens überdrüssig geworden sind und das Reisen eingestellt haben. Das ist kein Vorwurf, nur eine Feststellung. Viele haben ihre Gründe, manche wurden so sehr verletzt, dass ihnen der Treibstoff (ihre Träume) ausgegangen ist, oder ihnen wurde der Mut als Antriebskraft geraubt. Sie haben vergessen oder verlernt, dass jede Reise ein Neuanfang sein kann, und schleppen zu viel Ballast mit sich herum, der ihnen das Weiterkommen erschwert.

Aus meiner Sicht betäuben sich gerade diese Menschen oft mit dem Gedanken an eine Wiedergeburt, weil sie auf eine weitere Chance hoffen und glauben, in einem zweiten Leben noch einmal von vorne beginnen zu können.

Aber was ist, wenn wir tatsächlich schon einmal gelebt haben, doch dieses Leben hier, womöglich unser einundzwanzigstes, ist nun auch unser letztes?

Es gibt viele, die sagen, man solle jeden Tag so leben, als wäre es der letzte. Ich halte das für etwas überambitioniert. Allein die ständigen Henkersmahlzeiten würden bei mir schnell zu einer Herzkranzverfettung führen. Ich empfehle eher, jedes *Leben* so zu leben, als wäre es das letzte.

Ich glaube, dass es einen höheren Plan gibt, aber nicht, dass unser Schicksal vorherbestimmt ist. In meiner Vorstellung ist die Lebenslinie ein starkes Gummiseil. Gespannt von wem auch immer. Irgendwer hat den Rahmen zwischen den beiden Fixpunkten Geburt und Tod gesetzt.

Ihr könnt das Seil in alle Richtungen dehnen. Nach oben, nach unten, seitlich – allein durch die selbstbestimmten Entscheidungen, die ihr trefft.

Ihr könnt euer Lebensseil mit anderen verknoten, im Einklang schwingen lassen oder euch verheddern. Es gibt Ausschläge nach oben und nach unten, Höhe- und Tiefpunkte.

Normalerweise hat das Seil eine natürliche Spannkraft. Ihr könnt es durch eine gesunde Lebensweise, Sport, Ernährung und eine starke Psyche in Schwung halten. Oder es zumindest versuchen. Es kann allerdings auch an einem Punkt auf der Lebenslinie zerreißen. Durch einen Unfall oder eine eigene Entscheidung, wie Suizid etwa.

Ich glaube, dass wir Menschen uns überhöhen und überschätzen. Der Gipfel der Arroganz ist es, den Schöpfer dieser Welt nach einem Vorbild mit menschlichen Zügen zu zeichnen.

Ich denke, wir sind wichtig, jeder für sich. Aber es wird uns vermutlich niemals die Einsicht gegeben sein, das gesamte Bild zu erkennen. Dafür spielen wir eine zu winzige Rolle im Universum. So, wie das Blutkörperchen vermutlich nie den gesamten Organismus Mensch begreifen wird, in dessen Blutbahnen es sich bewegt, werden wir den Gott nie verstehen, in dem wir alle aufgehen. Das ist mein Glaube. Wir sind ein Teil vom Ganzen, aber das Ganze zeigt sich uns nicht.

Wir haben euch nicht getauft, damit ihr euch selbst euren Glauben aussuchen könnt, der (selbst wenn ich da anderer Ansicht bin) auch darin bestehen kann, an nichts zu glauben.

Naturwissenschaftler sind ja oft der Meinung, unsere Entstehungsgeschichte ließe sich bis zum Urknall zurückverfolgen und komplett erklären.

Wenn ihr diese These verfolgt, hier noch ein interessantes Gedankenspiel, auf das ausgerechnet Mathematiker gekommen sind: Stellt euch vor, ihr würdet zehn Mal eine Münze werfen, und sie würde immer auf derselben Seite landen, sagen wir immer Kopf. Nie Zahl. Ihr würdet denken, die Münze ist gezinkt. Oder der Werfer hatte einfach extrem viel Glück.

Okay, vertraut eurem alten Herrn: Mit der Münze ist alles in Ordnung. Und jetzt werft ihr sie noch mal. Und sie landet die nächsten einhundert Mal immer und ausschließlich auf Kopf.

Das gibt es nicht? Nun stellt euch bitte weiter vor, ihr werft sie eine Quintillion Mal. Das ist eine Eins mit dreißig Nullen (ungefähr die Summe, die auf der Rechnung steht, wenn der BER-Flughafen endlich fertig ist). Ich weiß, schwer vorstellbar. Dann denkt einfach, ihr werft die nächsten fünfzig Jahre ununterbrochen immer und immer wieder die Münze, und sie würde nie, nie, nie auf Zahl fallen. Immer auf Kopf. Und sie ist nicht gezinkt.

Und jetzt stelle ich euch die einfache Frage: Was ist wahrscheinlicher? Dass das ein Zufall ist? Oder dass da irgendjemand mit einem Plan dahintersteckt, dass die Münze so fallen *soll*?

So, jetzt passt mal auf. Die Wahrscheinlichkeit, dass aus dem Urknall letztlich Leben entstehen konnte und ihr gerade dieses Buch in den Händen haltet und diese Zeilen lest, ist ungefähr so hoch wie die Wahrscheinlichkeit, dass eine nicht gezinkte Münze eine Quintillion Mal immer auf dieselbe Seite fällt.

Ein Schöpfungsplan ist logischer als ein naturwissenschaftlicher Zufall! Sage nicht ich, sagen hochintelligente Mathematiker.

Ich bin mir noch nicht sicher, ob ich das glauben soll.

Sicher ist mein Glaube nur in einem einzigen Punkt: Ich glaube an euch.

An eure Neugierde, Sensibilität, Empathie, eure Lebenslust, euren Entdeckerdrang und eure Liebe. Daran, dass ihr selbst euren Weg gehen werdet.

Ich glaube, dass ihr erkennen werdet, wer euch auf den Reisen eures Lebens begleiten soll und wem ihr besser aus dem Weg geht.

Ich glaube fest daran, dass ihr keinem vertraut, der

euch weismachen will, ihr müsstet nach seinen Regeln leben.

Ihr wisst, dass ihr alles erreichen könnt im Leben. Ihr könnt tief im Boden nach verborgenen Schätzen graben oder hoch in die Luft emporsteigen, selbst wenn andere behaupten, das ginge nicht.

Ihr seid die Fische, die auf Bäume klettern.

Das glaube ich nicht nur. Das weiß ich.

Ich liebe euch. Immer.

Euer Vater

Sebastian